媒体组合密码

| 谭新政　编著 |

电子工业出版社
Publishing House of Electronics Industry
北京·BEIJING

推荐序一

“江山代有才人出，各领风骚数百年。”

有人将清代诗人赵翼的这首诗改为“江山代有才人出，各领风骚三五年”，以此来形容一批又一批中小企业的命运。

为什么一大批中小企业生存周期如此短呢？有人说是产品缺乏技术含量，有人说是经营思路出了问题，还有人说是因为资金链断裂。如此等等。这些固然都是十分重要的原因，但还有一个突出问题实不应被忽略：胡乱投放媒体广告，被某些媒体“围攻致死”“绑架致死”“强奸致死”。

我国有一万多家传统媒体，上千万家网络媒体，数亿个自媒体，形成了“千姿百态，百花争放”的媒体超市，媒体到达率千江万河般分流。由于市场竞争越来越激烈，专业的，传统的媒体为了发展，纷纷站在自身立场，从小集体利益出发，使尽招数承揽广告。从而出现了广告乱象。回头看看，曾经的“标王”，今日风光在哪？曾经漫天抛撒“广告雨”的企业，而今还好吗？

纵观中外，不少企业得力于媒体，光辉于媒体。但也有一批又一批企业被媒体“绑架”“落井”，最终郁郁寡欢于媒体，落魄郁闷于媒体，江河日下于媒体，含恨倒下于媒体。

源于企业不懂媒体，乱投广告于媒体。

作者几十年从事新闻采编，营销策划，标准制定，国标认证，耳濡目染了一批又一批企业“发展得快，死得早”、“风光早，败得惨”。原因多种多样，但不少企业是因为不懂媒体，不研究媒体，盲目听信他人，最终败在媒体，死在媒体。可悲的是，有的企业至今还没醒悟，不知道媒体是“双刃剑”“三刃剑”，只用一种媒体广告，与“吊死在一棵树上”无异。

产品推广，品牌建设，危机公关，可持续发展。企业与媒体是“鱼水关系”“唇齿相依”。怎样用好媒体？使我们一半的广告费不再浪费。请阅读谭新政先生的经验之谈，呕心沥作——《媒体组合密码》。

这是中国商业联合会副会长、北京五洲天宇认证中心主任谭新政先生几十年的经验之谈，心血之结晶；这是一部企业家读后必有裨益的作品；这是一部广告经营者研究定有收获的作品；这是一部媒体人换位思考将振耳发聩的作品；这是一部公关人士可资借鉴的作品；这是一部理论工作者能受启发的作品……。如此，如此，还是自己去翻翻吧，开卷有益。

朱宏任

中国企业联合会

中国企业家协会常务副会长兼理事长

2017 年 6 月 7 日

推荐序二

全媒体时代，传播形式与受众形态的变化为媒体的发展带来了巨大的机遇与挑战。如何把握机遇，借势而为，是我们当前首要考虑的问题。

首先，媒体形式的改变使得广告传播速度更快、覆盖更广，同时也使得广告主对信息传播途径的选择与控制更加复杂。在传统的传播模式下，营销活动应该重视信息的发布与信息流动的渠道，以及信息的反馈。在这一过程中，作为受众的消费者接受处理信息的反应也是线性的过程，即接触—注意—理解—接受—保留。在新的传播模式下，广告主发布信息，信息会在不同媒体、不同受众圈子之间立体式传播，受众群体大大扩大，成本也相对降低。

这是媒体的组合和技术发展所带来的优势，但也因此，广告传播者几乎对信息的传播流向与传播内容失去了控制。

其次，如何利用受众“碎片化”与“重聚”特征，提高媒体投放精度与传播效果，成为全媒体时代媒体组合发展的挑战。受众的碎片化无疑增加了广告投放的成本，使得广告如何确定投放范围的难度加大；同时受众的重聚又大大提高了媒体传播的效率与精准度，利用受众重聚，媒体可以轻松找到受众对象。从某种意义上讲，受众形态格局改变，令媒体的运作重心转移了。从前广告主会将大量的精力与财力投放在广告与公关活动之中，而在全媒体时代，广告主更关注的是如何从媒体大数据中锁定精确的消费者，并为他们设计精准的广告投放方式。正因为如此，面向大众的传统媒体广告营业额大幅下降，企业对移动互联网广告的青睐则成为理所当然。

从某种意义上来说，技术的发展为媒体组合广告的应运而生提供了宝贵的机遇，但是同时它也是一把“双刃剑”，考验着媒体是否能够合理高效地利用新技术在全新的传播环境中实现广告目标。

媒体的发展改变了受众形态和媒体的传播形式，从而促进了广告运作方式的改变。当今的优秀媒体广告，采用媒体的组合策略，找到精准的目标群体，采用立体化、多层次的传播方式，建立、整合与维护品牌与顾客间的良好关系。在这种新型广告之中，媒体技术被最大化地应用，组合营销思想也被最大化地发挥。面对未来，媒体组合最大特色是与消费者的互动比传统广告做得更好。在全媒体时代，传统媒体模式“一对多”的线性传播已经被打破了，只选择权威媒体大范围反复覆盖目标群体就能够达到广告效果的时代一去不复返了。诚然，媒体组合为广告主与消费者之间的互动提供了经验。但是，如何在广告策划与运作之中，精妙地应用媒体技术与组合思想，巧妙地褪去硬广告的外衣，与消费者真诚地沟通，这仍然是现在媒体传播中的一个重要问题。

媒体组合除了增强互动性之外，媒体投放精确也是媒体组合传播的另一特征，而这一特征也直接关系到广告成本与广告效果。直观来看，媒体技术的发展使得广告推广形式更加多样化。不仅在内容上，媒体内容设计可以融合不同媒体的特征；而且形式上，“跨屏”、“多屏”也成为当下最火的媒体组合策略。但是这么多种组合形式，无疑都会大大增加广告主的选择困难。因此，在求多、求全的过程中，如何加强投放精准度，是至关重要的问题。换句话说，“多屏”联动广告的目标不是最大的覆盖度，而是将碎片化的目标群体注意力锁定并反复呈现。这看上去是扩大了投放范围，事实上却是通过媒介组合对目标受众进行精准、深入的信息传播。在这个意义上，未来媒体的发展，必然是以进一步加强精准投放度为前提媒体组合传播，这是大势所趋。

我会副会长谭新政先生有着三十多年媒体投放经验，在记者行业、营销策划、标准制定、品牌与服务认证、国家行业等协会方面摸爬滚打，在媒体投放方面有着丰富的经验。书中的媒体投放观点是作者多年实战经验的结晶，希望能给正困惑于媒体投放的商贸企业家、新闻出版、广告人等带来参考和意见。希望在新媒体组合的营销思想驱动下，广告业以一种极富生命力的广告形式将碎片化的信息及注意力聚焦，将产品与品牌信息和消费者需求良好地沟通管理。

隆重推荐此书。这是作者三十多年成功与失败的记录，这是得与失的研究成果，这是理论与实操的读本。开卷有益，收获多多。

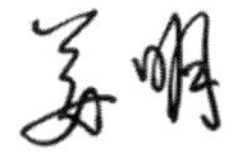

中国商业联合会会长

2017 年 7 月 11 日

自 序

世界上第一张报纸是1605年欧洲印刷的请求书；世界上第一个广播电台于1920年在美国播音；世界上第一家电视台于1929年在英国试播（BBC）；世界上最早的户外广告是4000年前古埃及的“方尖牌”；世界上第一则互联网广告证出现于1994年10月。

人类自从有了广告，市场变得战旗飞舞，“血肉模糊；公共场合眼花缭乱，躲避不及；日常生活千品干扰，万物诱惑。作为企业经营者，成也广告，败也广告；作为媒体经营者，生为广告，死因广告；作为消费大众，喜也广告，怒也广告。

著名广告大师约翰·沃纳梅克的一句话：“我知道我的广告费至少浪费了一半以上，但我不知道究竟浪费在哪里？”说的是由于广告投放不当而给企业造成巨大浪费。广告投放是一门学问。如何将有限的资金用在“刀刃”上，是企业主和公司公关人员要着重考虑的问题。

广告投放是企业经营和市场营销的重要组成部分，包括品牌要在哪些区域、哪些城市、以多大的广告规模、在哪些媒体上投放广告，主要针对本公司的哪些产品做宣传，广告以什么规格、什么时期来呈现产品的哪些方面等。从这些内容可以看出，在一定程度上广告投放策略是企业市场营销策略的集中表现。因此，对竞争品牌广告投放的监测就成为把握其广告策略，进而分析其市场营销策略的重要手段。由此，企业可以根据分析结果制定针对性的营销策略和广告策略。

媒体投放是企业的一种投资，需要最大的投入产出比。既然是投资，就有其战略性与科学性。“用最少的成本达到最好的效果”是所有企业投放广告的愿望。一般来说，企业广告的媒体预算可以从媒体传播的角度来定。它考虑到为达成品牌赋予的传播任务所需的投资额度，确保传播信息的产出。那么我们如何进行有效、科学的媒介投放呢？

对媒体详细评估。企业的媒体购买包括：媒体评估、投放排期、效果预估、投放、监播与效果分析。企业首先要确认目标受众来源，然后准确地把信息传送给他们。

媒体的最佳组合，就是解决媒体如何与创意完美结合，使传播达到最大说服效果的问题。组合方式多种多样，包括网络媒体与平面媒体，单一媒体与多元媒体等形式。不同的媒体对创意的承载能力不一，不同的创意策略需要不同的媒体。媒体组合是企业常用的媒介策略，它比运用单一媒体的广告效果要大得多。任何一种媒体都不可能覆盖广告的全部目标市场，因此企业在进行媒体投放时，常常不只使用单一的广告媒体，而是有目的、有计划地利用多种媒体来开展广告活动。媒体组合不仅使广告对象接触广告的机会增多，还能造成一种大的声势，因而容易引人关注。

每一种媒体的影响力不同，主要体现在两个方面：一是量的方面，指的是媒体覆盖面的广度，即广告被接触的人数越多，影响力越大；二是质的方面，指的是针对目标消费者进行说服的深度，即媒体在说服力方面的效果。组合后的媒体，其影响力会起到 1+1＞2 的效果。媒体组合后重合的地方，应是企业的重点目标消费者，这样才能增加广告效益。如果媒体影响力重合在非重点目标消费者上，甚至是非目标对象上，这样就造成广告经费的浪费。因此，要以增加对重点目标消费者的影响力为着眼点，确定媒体购买的投入方向，避免浪费。

笔者有三十多年媒体投放经验，在记者行业、营销策划、标准制定、品牌与服务认证、国家行业协会方面摸爬滚打，取得了骄人的成绩。并荣获首批“中国十大策划专家”、“中国十大策划风云人物”称号。策划了《全国糖酒会最佳广告宣传组合》《绿色希望工程春天大行动》《中国房地产策划大赛》《中国策划大会》《中国企业品牌评价活动》《全国售后服务评价活动》等一百多项大型项目。作者在媒体投放方面有着丰富的经验，本书是作者多年实战经营的结晶，希望能给正困惑于媒体投放的企业家带来指导意见。

你想花最少的钱推销产品，不再浪费那一半的广告费吗？你想长久塑造品牌形象，使企业可持续发展吗？请读此书。

你想为企业做好公关服务，赢得客户的点赞吗？你想为企业策划好广告投放，获得一批又一批回头客吗？请读此书。

你想办好权威媒体，扩大公信力吗？你想办好专业媒体，获得企业首选广告载体吗？请读此书。

你想探讨媒体组合奥秘，为社会提供理论支撑吗？你想了解媒体投放最佳方法，帮助企业走上光明大道吗？请读此书。

谭新政

目 录

第一章 企业大败局是营销还是媒体的错 //1

价值 200 亿美元的“爆炸门” //2
恒大冰泉到底败在哪里 //3
昙花一现的标王 //5
锐步 280 万美元和解，营销之错 //7
“凡客体”引发的轰动 //8
保健品帝国：三株往事 //10
托普十年一梦 //12

第二章 媒体是双刃剑还是三刃剑 //15

传统媒体的历史和未来 //16
新媒体广告潜力无限 //17
新媒体时代的传播方式 //20
百变营销与百变媒体 //22
媒体传播中的领头羊作用 //24
让更多人能看到你的广告 //26
移动互联网下的媒体大变局 //27
广告媒体组合的集团军作战方式 //29

第三章 媒体如何“绑架”企业 //31

作为领导，你懂广告吗 //32
企业运用媒体的技巧 //34
为什么你的产品不畅销 //37
你的广告费浪费在哪里了 //38
改变格局的力量：品牌推广 //41
媒体分流让企业看不懂 //44

第四章 用好媒体等于给企业插上金翅膀 //47

特殊媒体时代的大数据分析 //48
可口可乐把自己做成媒体 //49
小米为什么能深入人心 //51
粉丝也能让你飞起来 //53
内容是传播的生命线 //55
戴尔公司的媒体策略 //57
乔布斯是怎样与媒体沟通的 //58
京东的媒体品牌塑造 //61

第五章 解析媒体最佳组合密码 //65

媒体最佳组合策略 //66
媒体组合 1+1＞2 //70
广播媒体的组合密码 //73
电视媒体的组合密码 //74
报纸与杂志媒体的组合密码 //77
杂志与电视媒体的组合密码 //80
户外媒体与电视的组合密码 //83
网络媒体的组合密码 //88
手机媒体与户外媒体的组合密码 //92
流媒体的组合密码 //96

自媒体的组合策略 //99
区域媒体的组合密码 //104

第六章 多元媒体组合策略 //107

平面媒体与电视媒体的组合策略 //108
电视媒体与互联网媒体的多屏组合密码 //109
户外广告与传统媒体组合密码 //111
展览会媒体组合密码 //112
户外媒体的互联网策略 //114
DM（直投）媒体发展与优势 //115
全媒体全方位组合策略 //117

第七章 企业这样玩转新媒体 //119

杜蕾斯教你玩微博 //120
“罗辑思维”凭什么这么火 //122
报事贴：特殊媒体的新玩法 //125
红牛传递“正能量” //126
黄太吉是怎么卖煎饼的 //129
从 papi 酱看“网红” //132
UC 浏览器的新媒体计划 //134

第八章 企业危机公关中媒体扮演什么角色 //137

媒体是危机公关中的救命稻草 //138
企业危机公关中的媒体沟通 //140
自媒体时代企业危机公关的策略 //142
突发应变与公众抚慰 //145
企业直面媒体，不推卸责任 //147
充分利用媒体传播正能量 //148
危机公关一定要及时 //149
传统媒体和新媒体结合迅速扭转局面 //152

第九章　学会与媒体打交道 //155

企业如何与媒体交朋友 //156
如何与专业媒体打交道 //158
如何与权威媒体打交道 //160
学会利用软文传播 //162
企业如何用好自有媒体 //166

后　记 //171

附录 1　媒体一览表 //175

报纸媒体 //176
电视媒体 //180
杂志媒体 //200
网络媒体 //202
自媒体 //204

附录 2　相关法规 //207

广告法 //208
网络安全法 //218

第一章

企业大败局是营销还是媒体的错

全球信息快速传播的今天，要求企业时时刻刻注意本企业的公众形象，并且与各种媒体进行合作，积极维护本企业的信誉，把它当作一种资产。否则，企业的每一个有损于信誉的举动，都会成为企业的“自我毁灭”行为。媒体是企业的天使，同时也是企业的魔鬼。媒体能造就一个企业的辉煌，同时也能将一个个的当红品牌拖向了地狱。

价值 200 亿美元的“爆炸门”

2016 年对于手机巨头三星来说，可谓是水深火热。事情缘起于三星 Note7 爆炸事件。

2016 年 8 月 24 日，韩国知名手机论坛发布疑似 Note7 爆炸图片。

2016 年 9 月初，全球不断有媒体爆出至少有三十五起三星 note7 爆炸。

2016 年 9 月 18 日，中国媒体报出国行三星 Note7 首次爆炸。

2016 年 9 月 2 日，三星宣布在全球已召回销售的 250 万台（不包括中国）。

三星移动业务总裁高东真向三星用户鞠躬道歉。

三星电子美国分公司总裁兼首席运营商 Tim Baxter 对此公开致歉。

2016 年 9 月 29 日，三星官网发表声明，对没有考虑到全部的消费者感受向中国消费者道歉。

2016 年 10 月 10 日，据媒体报道，韩国三星电子决定暂停 Note7 手机的生产。

2016 年 10 月 11 日，三星电子宣布，在经历了电池爆炸起火事件后，现决定永久停止生产和销售 Galaxy Note7 智能手机，希望尽早结束公司历史上这一最耻辱的事件之一。

2016 年 10 月 21 日，日本媒体报道，一名外国人携带的韩国三星手机 Galaxy Note7，在该国关西国际机场发生冒烟事件。

2016 年 11 月 18 日，一名叫 Amarjit Mann 的加拿大男子向媒体反映，11 月 13 日他在开车回家途中忽然觉得装着三星 Galaxy S7 的口袋发热，便将手机取出，取出瞬间，手机就在他手中爆炸了。Mann 表示，爆炸导致了他的手部二级烧伤，手腕三级烧伤。

2017 年 1 月 2 日，有韩国媒体报道称，三星已查明 Note7 手机爆炸原因，此次爆炸原因将超越“单纯的电池缺陷”，三星将于 1 月中旬将爆炸原因公之于众。

纵然三星已要求所有运营商和零售合作伙伴在调查期间停止销售和置换 Note7，同时要求该手机用户关机并停止使用，亦已启动调查，然而，三星在“爆炸门”中所失去的消费者信任和品牌信誉已经无法挽回。2016 年 10 月 10 日，三星股价暴跌 8%，创 2008 年金融危机以来最大单日跌幅，市值瞬间蒸发近 200 亿美元；而外资抛售三星股票导致韩元也跌到近三周的低点，此事带来的伤害之大可想而知。

除了产品本身的问题之外，三星在处理“爆炸门”过程中的危机公关策略堪称公关界反面教材，几乎每一个节点都做出了几乎最糟糕的选择。从 2016 年 8 月份 Note7 全球开售，当月 24 日即发生首起爆炸，当时三星反应平平，没向媒体和用户做出任何道歉。后来，再传爆炸，9 月 1 日三星即承诺无偿维修和更换电池。此时已累计有 35 起爆炸事件，可同时三星在中国区国行版仍如期发售。9 月 2 日三星才启动全球置换计划，将爆炸归咎于电池供应商，这明显有推卸责任的目的。同时他们向中国用户保证国行版使用的是不同供应商的安全电池，并声称置换计划里换的也是和国行版一样的电池。由于爆炸不断，9 月 12 日全球已经有多个国家的交通部门和航空公司对 Note7 下禁令，媒体报道也在不断升温。9 月 18 日，在中国被三星公司称为“不会有问题”的国行版 Note7 还是炸了，三星态度强硬地对媒体强调国行版电池没问题，更怀疑消费者外部加热并欲起诉。9 月 29 日三星公开向中国消费者道歉。10 月，全球置换计划接近尾声，三星保证置换后的安全版不会有问题，结果 10 月 5 日又炸了。此后，安全版又出现连环炸。直至 10 月 10 日，韩媒报道 Note7 全面停产。这无疑是一次失败的危机公关。

品牌危机公关，喜欢使用“拖字诀”用时间稀释噪声，但这种策略在安全问题上很多时候并不适用。安全是最基本的，一旦出问题就很危险。当出现产品安全隐患，应该做的是全面检查确保产品安全，再竭尽所能让消费者相信是安全的，并将问题型号和其他款型进行切割，证明这是个别事件；而如果检查后发现确实存在设计上的安全问题，就不能心存侥幸，诚恳道歉、即时补救，是最好的方法。而三星则背道而驰。在出现问题后，他们不断否认产品本身有问题，结果一边否认一边爆炸不断。爆炸极具人身安全威胁和视觉冲击，当澳洲用户在酒店为 Note7 充电引发爆炸殃及酒店床单和地毯，当美国的 6 岁小男孩手被炸伤紧急送医院，这样的报道在社交媒体上病毒式传播时，显然会加剧消费者和潜在消费者的恐惧情绪。三星更错的一步在于更换了所谓的安全版电池，结果还是接连爆炸，这不仅让消费者对企业的产品和能力产生怀疑，更会质疑其诚信，认为其刻意欺瞒。此时已不仅是一个产品缺陷的问题，甚至会影响整个品牌乃至整个公司的命运。

恒大冰泉到底败在哪里

我国熟识度高的矿泉水品牌并不多，恒大冰泉也许是一个。但它似乎没能靠品质引得消费者关注，而是凭借土豪式的广告营销手段来“哗众取宠”。不管是首次出现在亚冠赛恒大足球队胸前的标识，还是一线明星范冰冰、成龙拿着恒大冰泉的广告代言，抑或是国际巨星金秀贤、全智贤代言，人们对于恒大冰泉的关注似乎从来都不在“水”上！

作为恒大斥巨资打造的旗下第一款矿泉水，恒大冰泉可谓是含着金钥匙出世。2013 年 11 月 9 日晚的恒大亚冠赛夺冠庆典上，恒大冰泉横空出世，赚足了观众眼球。紧接着，第二天，恒大集团就在广州总部举行恒大冰泉上市发布会，全面解开恒大冰泉的神秘面纱，正式对外宣布进军高端矿泉水市场。

但是出身豪门的恒大冰泉，并没有取得预想中的辉煌，2014 年目标 100 亿元，实际销售 10 亿元（9.68 亿元），而 2013、2014、2015 年 1-5 月累计亏损达 40 亿元。

一场具备了足够资金、产品力和传播能力的大手笔产品运作，最终却交出了累积亏损 40 亿的巨亏成绩，为什么？

可以说，恒大在地产行业是极为成功。2014 年恒大与地产界老大万科的差距已从 836 亿元（万科 2151 亿元、恒大 1315 亿元）缩小到 577 亿元（万科 2627 亿元，恒大 2050 亿元），或者未来恒大极有可能对老大万科形成重大冲击！恒大地产团队的战斗力也是超强的！

作为来自于资金实力最雄厚的地产大佬恒大，恒大冰泉出身无疑具备了很强实力基础！

在运作之初，从商业运作的角度而言，恒大冰泉具备了多项优势——投入资金实力、产品特点和传播推广力度，都具备很强的实力和竞争力。首先我们来看一下恒大冰泉的优势：

一、资金优势

这一点可以说，做快消的没几个企业可以和恒大比财力。位列中国富豪榜前 15 位，2015 年销售 2050 亿元、净利润 173 亿元，3 年累计营收超过 4300 亿元、净利润超过 490 亿元，在中国商界都属于绝对的超有实力企业！截至 2014 年底，恒大冰泉累计投入超过 55 亿元！

二、产品优势

恒大冰泉有一定的产品优势，长白山天然矿泉水的诉求还是颇具优势！做水饮品产地资源尤为可贵，一般都会占据自然优势的区域，如雪山、天池、自然湖水等。恒大所打出的长白山这一天然优质资源，还是有很大亮点，且取名“冰泉”也非常不错。这甚至让国内的水饮品巨头农夫山泉感受到了压力，原本以千岛湖为主打宣传的国内饮料巨头农夫山泉，把自己的传播主力变成了长白山，然后对水源、工艺、设计等进行全方位的传播。竞争对手的举措正说明了恒大冰泉这个产品占位不错，如果恒大冰泉能提早意识到这点并牢牢掌控在自己手中，一定会给竞争对手很大的威胁。农夫山泉下了很大的功夫，基本把长白山这个优势概念抢到手里了，恒大冰泉的这一损失很可惜！

三、传播推广优势

产品的媒体推广对一款产品是否成功起着重要作用，传播推广力度越大，意味着知名度越高，知道的人就会越多，引来大量消费者关注、感兴趣，就会实现购买力，当然能否实现购买是另一方面，不过有了流量，就意味着有可能。

强大优势没有一炮打响，却出现巨额亏损。2015 年恒大曾计划分拆恒大冰泉单独上市，根据当时普华永道的审计数据显示，恒大矿泉 2013 年、2014 年和 2015 年 1 月至 5 月分别营收 3480.22 万元、9.68 亿元和 2.84 亿元，净利润分别为-5.52 亿元、-28.39 亿元和-5.55 亿元，累计额亏损高达 40 亿元。

出身豪门、又具有很强的优势，却出现了巨额亏损，为什么？恒大冰泉到底败在哪里？

首先是定价问题。这是恒大冰泉操作最失误的一点，客观说在 2013 年 11 月 9 日，在恒大的亚冠夺冠庆典上，作为中国足球俱乐部首次夺取亚冠，万众瞩目的时候，恒大冰泉的标识公布，恒大冰泉赚足了眼球，包括之后的广告传播，都吸引了足够的眼球。但是有个问题一开始也就暴露出来。成为致命软肋，那就是定价太高——5 元。

营销上有“定价定天下”的说法，价格定位不合理，可能就会把企业放到一个尴尬的境地。客观地说，恒大在产品卖点上已经找到了不错的诉求方向，“恒大冰泉——3000 万年长白山原始森林深层火山矿泉，世界三大黄金水源之一”，充分体现了水源的独特卖点和价值，诉求还是很吸引人，如果价格合适，绝对能在市场上形成巨大冲击！

其次代言人换花了眼，广告语严重“失焦”。恒大果然是财大气粗，一个产品的广告主题在一年时间内竟变化了九次。从“天天饮用，健康长寿”到“健康美丽”再到“长白山天然矿泉水”“我们搬运的不是地表水”“做饭泡茶”“我只爱你”“一处水源供全球”“出口 28 国”“爸爸妈妈我想喝”，如此繁多的广告语早已让消费者眼花缭乱，更加疑惑于恒大冰泉的定位。

而与之配套的当然是它的代言人，也从里皮到成龙、范冰冰，再到金秀贤、全智贤，无不是一线明星大腕。中国的商业战神史玉柱曾经说过“广告最怕变来变去”，它其实是一个投资，是对消费者大脑做的一项投资。如果你广告语老变的话，一年两年就变个广告语，那前面的积累就全丢掉了，前面的投资就等于全浪费了。所以广告语能不变尽量不要变。

另外，销售却很不乐观。经销商叫苦连天，市场部也压力山大。这么好的水，这么响亮的品牌，这么强大的铺货渠道，为什么会销售不畅？于是内部分析的答案是：广告做得不好！怎么办？换！

两个月后，销售量怎么还是不行？再改，再换。

如此循环往复几次，我们就看到了前所未见的“广告奇迹”。也许是当时夸下的 2014 年销售 100 亿元，2016 年销售 300 亿元的目标压力，恒大冰泉团队如此急功近利的广告轰炸，不仅失去了消费者，也给恒大冰泉的品牌价值造成了多次伤害。

而反观它的对手农夫山泉，“农夫山泉有点甜”“我们不生产水、只做大自然的搬运工”都坚持打了很多年，也彻底在消费者心中构建了“农夫山泉=好品质水”的品牌形象，最终构成了它的销量。

所以，好的产品、合适的价格、好的渠道资源、好的媒体推广，一起构成了一个品牌成功的关键要素！都做好了，成功也是自然而然的事情！

昙花一现的标王

20 世纪 90 年代，是山东白酒狂欢节的市场。一条条耳熟能详的广告语至今还让人回味：“孔府家酒，让人想家”“喝孔府宴酒，做天下文章”还有“永远的绿色，永远的秦池”。

1995 年秦池酒厂经营厂长姬长孔赴京参加每年一届“标王”竞标，以 6666 万元的价格夺得中央电视台黄金时段广告“标王”后，引起出乎人们意料的轰动效应，秦池酒厂一夜成名，秦池白酒也身价倍增。中标后的一个多月时间里，秦池就签订了 4 亿元的销售合同；实现利税 6800 万元，相当于秦池酒厂建厂以来前 55 年的总和。至 6 月底，订货已排到了年底。1996 年秦池酒厂的销售也由 1995 年只有 7500 万元一跃为 9.5 亿元。事实证明，巨额广告投入确实带来了丰厚的回报。对此，秦池酒厂领导队伍十分满意。

之后，秦池酒迅速成为中国白酒市场上最为显赫的新贵品牌。1996 年，根据秦池对外通报的数据，当年度企业实现销售收入 9.8 亿元，利税 2.2 亿元，增长到 5 到 6 倍。秦池完成了从一个地方酒厂到全国知名企业的大转变。

1996 年，秦池取得了决定性的绝对成功，但是，是否可以认为秦池以后的市场状况会一直这样持续下去呢？是否可以肯定秦池已在中国白酒市场新一轮的竞争中站稳了脚跟呢？

正是因为这种盲目崇拜，姬长孔说出了那句流传江湖的名言：1995 年，我们每天向中央电视台开进一辆桑塔纳，开出的是一辆豪华奥迪。今年（1996 年）我们每天要开进一辆豪华奔驰，争取开出一辆加长林肯。1996 年 11 月 8 日，秦池集团以 3.2 亿元的天价卫冕标王。

信心满满的秦池酒立刻在全国遭遇普遍质疑，标王的荣耀也显得苍白无力。1997 年，秦池酒厂的销售额不是预期中的 15 亿元，而是 6.5 亿元。1998 年，降低到 3 亿元。之后，它淡出媒体的视线至今默默求存，曾经辉煌一时的秦池模式成为转瞬即逝的泡沫。

究其原因是 1997 年初某媒体发了一组三篇通信，披露了秦池的实际生产能力和收购川酒进行勾兑的事实。这组报道被广为转载，引起了舆论界与消费者的极大关注。由于秦池没有采取及时的公关措施，过分依赖于广告效应，而且是只投一种媒体。因此，在新闻媒体的一片批评声中，消费者迅速表示出对秦池的不信任。秦池的市场形势开始全面恶化。

1997 年，尽管秦池的广告仍旧铺天盖地，但销售收入比上年锐减了 3 亿元，实现利税下降了 6000 万元。1998 年 1 月—4 月，秦池酒厂的销售额比 1997 年同期下降了 5000 万元。

1997 年全年只卖出一半，全厂十多条生产线也只开了四五条，全年亏损已成定局。曾经短期创造了中国白酒销售奇迹的秦池逐渐淡出人们的视线。

在秦池无言没落之后，关于秦池败因的议论一直余音未了。曾有媒体人分析过秦池的七大危机：

（1）传媒主导秦池发展，这种发展的来势之猛，令人始料未及，所以，这种发展本身还不定型，属于“泡沫型增长”。

（2）过分急速的增长可能导致市场与企业不相适应的局面，或使企业营销失控而超出企业所能承受的产能。

（3）企业的迅速增长可能激发企业管理跟不上，激发出企业发展速度与企业规模之间的矛盾。

（4）短期的过快增长可能导致企业紊乱、没有效率，并因此对企业长期发展造成危害。

（5）企业发展的概念不单是市场份额的扩大，不单是产品产量的增加，而是以企业全方位进步为特征的。企业做媒体宣传，一定要量力而行。

（6）不懂综合利用媒体，没有掌握媒体组合密码。

（7）错过了企业危机公关的最佳时机。

以今视之，秦池之败，在某种意义上，是其传媒整合策略的紊乱所导致的。秦池可以说是胜也媒体、败也媒体。

首先，秦池在传媒面前始终展现的是“强者”的形象，强调只使用“电视广告”争媒体，似乎唯有这样才可以与其标王身份相符。岂料，中国传媒历来有同情弱者、打压强者的传统。对于强者，大抵是畏而不敬。即便在秦池鼎盛之时，也会有人提出质疑、寻找负面新闻、赢取新闻轰动，更何况企业本身就存在这种致命的弱点。所以，秦池在日后的新闻危机中几乎没有获得一点同情分，这自然与其一贯的传媒形象有关。

其次，在勇夺标王、掀起新闻热浪之后，秦池患上了“媒体依赖症”，以为只要通过一轮又一轮的电视轰炸，便自然能够诱发一波又一波的热销高潮。因此，企业长久处在广告的焦点中心。最终，引起了媒体更多的关注，一旦出现负面报道，其造成的影响对企业来说那是致命的杀伤力。综观秦池倒下的全过程，没有主角，没有预谋，没有策划，只是各种小道新闻和言论如潮水般汹涌而至，一下子就把不知所措的秦池给“淹没”了，其他媒体也在之后纷纷转载，此时却没有一家媒体能够主动地与秦池进行邀约采访，在报道上缺乏必要的公正性。虽然秦池善于运用媒体造势，但却缺乏危机公关的能力，毕竟舆论的力量是强大的，秦池就倒在强大的媒体报道中。

从秦池的发展到衰退让我们看到了媒体的力量，同时给我们警示，我们要学会运用媒体传播自身品牌。秦池的教训就是过于依赖一家媒体，而忽略了媒体组合的运用。如果秦池善于使用媒体组合来传播，那么今天的秦池或许不会是大家看到的样子。

笔者有幸于 1997 年与秦池酒厂有一次大合作，对管理层提出了一个切实可行的危机公关方案，可惜高层在 1998 年才醒悟，错过了最佳时机。

锐步 280 万美元和解，营销之错

多年来，跑鞋和运动鞋行业一直面临批判，也充满担忧。抱怨多与鞋子高昂的价格，使用国外劳动力进行生产，以牺牲更实用不可缺少的商品为代价来购买这种最流行、最前沿的鞋而给父母和孩子带来巨大的社会压力有关。

近年来，锐步遇到了一个新的难题。公司在美体塑身鞋类市场的 Easy Tone 和 RunTone 产品系列被设计成了圆形或其他不稳定的鞋底。锐步、新百伦（New Balance）和斯凯奇（Skecher）等公司都设计生产这类鞋子，目的是迫使穿鞋者在锻炼时必须调整肌肉状态，保持身体的平衡。不同的鞋子款式分别适用于跑步、散步和健身，售价为 100 美元/双。锐步的这类鞋子在美国已经卖出了500多万双，在国外卖出了1000多万双。仅仅几年的时间，塑身鞋已经形成了一个成交额达 11 亿美元的市场。

在 Easy Tone 和 Run Tone 系列的广告营销方面，锐步做出了具体要求。一定要使穿鞋者确信，与普通的运动鞋相比，这是一款超级适合女性的商品，仅通过散步，EasyTone 运动鞋便能加强腿腱和腿肚的锻炼，效果比普通运动鞋高出 11%，对人体支撑部位（如臀大肌）的锻炼效果比普通运动鞋高出 28%。对此，也有人提出了质疑，埃利·克鲁普尼克（EllieKrupnick）在《赫芬顿邮报》中提到的那样：“确切地说，锐步打算如何为这些数据提供支持？”

美国联邦贸易委员会也介入了这一事件，要求锐步支付 2500 万美元的和解费，因为其未能实现在媒体广告中宣传的有关塑身的承诺。联邦贸易委员会裁定，锐步的广告宣传是没有根据的。联邦贸易委员会消费者保护局主管戴维·弗拉德克说：“联邦贸易委员会想让全国刊登广告的人都能明白，他们必须承担某些责任，保证他们对健身器材的宣传能完全得到科学研究的支持。”

锐步坚持其关于鞋子的立场，声称“我们有 Easy Tone 技术做后盾——通过平衡球训练激发出来的第一种塑身鞋种类。接受和解不代表我们同意联邦贸易委员会的指控；我们不同意。我们已经从成千上万的 Easy Tone 顾客那里收到了大量热情的反馈，我们会继续努

力开发我们的 Easy Tone 产品系列。对我们而言，顾客是第一位的，我们将继续提供顾客信任和喜欢的产品。”

锐步不是遭到联邦贸易委员会训诫的唯一一家公司。斯凯奇同意为一款类似产品的广告和营销支付 4100 万美元的罚款。在这两种情形中，美国联邦贸易委员会得出的结论都是，其所做的广告宣传是误导性的。

广告形式和广告信息中可以渲染自己产品的优点。在很多广告语中我们通常可以看到“最……”，如最友好、最好、最棒、最佳、最优等。因此，“我们的品牌最好”或“我们的招牌菜采用最上等的原料”是无可厚非的。法院和监管机构把这些陈述视为吹捧，认为消费者知道公司广告中惯常使用这些词。比如，Karns Foods 的一则广告自称是“宾夕法尼亚家庭最好的肉类经销商”。这个陈述就属于吹捧。该陈述只是一种观点，无法证明真假。

“最好”一词通常更容易作为吹捧而被接受。“更好”一词则表示对比。棒约翰公司使用的“更好的成分，更好的比萨”以及汉斯公司（Hunt’s）的“只有最好的番茄才能变成汉斯番茄酱”这些都是很优秀的媒体广告，但其他很多广告被裁定为吹捧广告。

而另一个例子是浦氏公司在广告中使用了“发现浦氏口味更好”这样的字眼。金宝汤公司对这个广告提出了质疑，称浦氏所说的“口味更好”是吹捧广告。金宝汤的代表声称，通过口味测试来确定一种食品品牌的味道是否比其他品牌的更好，这是可以做到的。法院支持了金宝汤的说法，判决浦氏要么修改这个广告用语要么证明浦氏汤的味道的确更好。

快餐厅及其他食品供应商开始使用诸如“有益健康、新鲜、天然和本地出产”等词语以规避针对广告中有关健康的宣传实施的监管。这些词语措辞模糊，并没有反映任何具体的营销含义。而且，消费者能够接受这些词语。媒体推广本身就存在渲染的成分，如果把宣传成分写实化，那就引不起消费者的共鸣，所以，能够引起消费者购买欲望的广告就是成功的广告。

“凡客体”引发的轰动

2011 年，凡客最鼎盛时公司有 13000 多名员工，总裁级的领导就有 34 位。还记得当年满大街满地铁的凡客体吗？有多少人用它撰写了个性体，有多少创业公司用它激励着产品成长。

提起凡客，时下的年轻人都会想到它的 T 恤、帆布鞋等各种质优价廉的产品，以及韩寒、李宇春、黄晓明等具有个性特点及时代特色的代言明星，随之而来的还有充斥大街小巷耳熟能详的“凡客体”广告语。

可以说，除了超值的价格优势外，凡客带给消费者更多的是一种“做自己”的勇气。它为那些有想法、有个性、有特质的消费者提供了一个展现真实自我的机会。正因为如此，凡客成为最具代表性的本土平价时尚品牌之一，而在这背后所蕴藏的凡客品牌营销策略更值得细细品味。

凡客是怎么选择广告代言人的呢？明星代言并不是什么新鲜的方法，但凡客的成功贵在一个“适合”。在一个适合的时机，选择适合的人物，利用适合的广告宣传语就能得到意想不到的收效，比如之前的韩寒和王珞丹“凡客体”、黄晓明“挺住体”、李宇春“生于 1984”，以及续签韩寒的“春天体”。

凡客在明星的选择上很懂得掌握时机、抓住消费者的眼球。众所周知，目前的网购消费者中 80 后、90 后，以及年轻白领居多。如何利用好这个消费群体所关注的人和事是广告营销的重中之重。因此凡客的每一轮广告营销都在互联网上掀起一股跟风、戏谑的浪潮，在广告的轰动效应之下“引无数消费者尽掏腰包”。

“爱网络，爱自由；爱晚起，爱夜间大排档，爱赛车；也爱 59 块帆布鞋，我不是什么旗手，不是谁的代言，我是韩寒，我只代表我自己。我和你一样，我是凡客。”2010 年，从韩寒开始，然后是王珞丹，这则“我是……，不是……”的“凡客体”广告开始在互联网上走红，一则小小的广告被互联网迅速放大，凡客由此家喻户晓。这一年，凡客投入上千万元户外推广费，加上“凡客体”的互联网效应，直接将年销售额从 5 亿元推到 20 亿元。2011 年 10 月，李宇春代言广告上的服饰一度卖断货。

同年 3 月，由韩寒代言的 VT（凡客 T 恤）上线第一周，销量就超过 70 万件。这一次次销售奇迹背后是相应主推产品的疯狂热卖。2010 年 5 月，凡客将 T 恤产品从 59 元大幅降至 29 元，超低的价格令其他时尚平价品牌措手不及。那么，凡客的 T 恤究竟卖得有多火？凡客公布数据表示，2011 年凡客诚品共销售超过 1000 万件 VT，占到国内 T 恤市场总量的 20%。在这些数据基础上，用销售为王来形容凡客再恰当不过了。可见，适合比什么都重要。

凡客是一家很懂得媒体组合营销的公司，它的每一轮营销都会引起社会轰动效应，同时凡客还是一家十分懂得新媒体推广的公司，利用代言人的人气，推动公司的品牌价值，从而引发营销热潮。凡客推出了以李宇春为主角的“我爱你，无所畏”系列广告，引发了众多网友的热议。媒体泄露李宇春广告牌提前上街的原始微博转发达到 32.7 万元，评论多达 7000 余条。这个数字在凡客新媒体传播工作中，可谓是一个新的纪录。火爆 2011 年的黄晓明“挺住体”当日转发为 12 万元，而李宇春“生于 1984”颇具号召力的微博，当日转发超过了 20 万元。对比这次的微博转发 32.7 万元，这不仅标志着微博转发数的再创新高，更展现了凡客在微博营销方面的不俗实力。

显然，声势还远没有结束。5 月 20 日网络情人节之际，以“我爱你，无所畏”为主题的“真爱告白”活动在微博创造了高达 83 万条的主题“告白”，网页搜索则高达 213 万条，再次刷新同类纪录。李宇春“我爱你，无所畏”的关键词，甚至超过当下大火的“舌尖上的中国”“扎克伯格结婚了”等热门关键词，并全天维持在前三名。“520 无所畏”有奖转发活动，以李宇春签名的 10 件 VT 作为奖品，得到粉丝的疯狂追捧。

在媒体嫁接上，凡客也给我们上了一堂经典课。2013 年凡客诚品官方正式对外公布，与中国好声音第二季达成战略合作，成为其官方唯一服鞋类授权品牌商。后续，凡客诚品还将围绕“中国好声音”的品牌形象和第二季好声音学员等元素进行服装的设计、生产及销售，成为首家签约第二季好声音学员的品牌商。

凡客方面表示，这与“中国好声音”平台通过音乐想要展现的精神十分吻合，而凡客的互联网服装品牌优势又能将好声音的音乐魅力二次传播并发酵延伸。基于此，双方很容易就达成了合作共识。

音乐是不老的主题，服装作为能充分展示自我个性的载体，一直以来也与音乐颇有渊源。服装品牌围绕音乐主题来做文章，更是维系与消费者关系的绝佳途径。

凡客品牌的成功可以说应该归功于广告传播的成功。对于凡客而言，从最初成立到快速发展，再到后来的调整期，所有广告都带有鲜明的品牌精神烙印，这无关乎企业管理，也无关乎产品质量，更无关乎资金运作，这只是凡客的媒体组合广告故事。这样的故事见证了媒体传播的力量。

保健品帝国：三株往事

史玉柱在《民营企业的 13 种死法》中提到的前三种死法分别是：不正当竞争、碰到恶意的“消费者”、媒体的围剿。命中一招即可毙命。那么吴炳新的三株公司连中三招，按说应该会陷入万劫不复的境地。三株没有被搞死，却也遍体鳞伤。靠媒体推广，三株站到了民营企业的巅峰，也因媒体报道，让三株负面报道缠身。可谓是成也萧何，败也萧何。有人说，吴炳新熟谙消费者心理，所以三株保健品才会一飞冲天；同时他又不懂大众的消费心理，所以才使三株一度坠入无底深渊。

20 世纪 90 年代的中国人，荷包微鼓，健康保健意识也逐步觉醒。1994 年，全国保健品行业正处于鼎盛时期。

吴炳新嗅到了商机，他自称“吴大胆”，风风火火、敢想敢干，迅速投身进保健品领域。他热衷于毛泽东的军事思想，并运用到他的公司营销管理中来。不同于其他企业家，他开创了“农村包围城市”的销售模式。吴炳新洞察到中小城市、农村消费者爱热闹、爱攀比的天性，辅之以“传单、农村墙体广告、电视专题、咨询活动”三位一体的宣传方式。一时间，关于三株的广告铺天盖地，“三株口服液，有病治病，无病保健”这一广告语曾诱惑无数消费者纷纷倾囊。

和竞争对手的产品相比，三株公司的产品应该说没有多大的差异性，其成功就在于利用三株公司所谓的“法宝”作为宣传手段。也就是说，三株公司当时即使不生产销售三株口服液而是用相同的手法推销其他产品，在当时的营销环境也同样可能取得成功。那么，三株公司的媒体营销宣传有哪些值得学习的地方呢？

一、宣传单

宣传单被三株公司称为重武器。人们认识三株公司，对其形象定位就是通过宣传单这个媒介。大量入户散发宣传单是三株公司的首创，因此初期取得很好的效果。也正由于初期取得了较好的效果，以至于产生了对这些宣传手法作用的迷恋征候。后来当三株内部营销出现问题时，上层总是单纯或者是简单强调是因为在运用这种宣传方法上出现了问题，或者是后来的干部没有掌握好这种媒体宣传的精髓。三株公司中发展的初期就是用宣传单，轰开了成功的大门。

二、墙体广告

这也算三株的创建。大规模地在农村房屋墙面上刷广告，成本低，普及面广，把“农村包围城市”广告营销运用到极致。

三、电视媒体的运用

电视专题是三株公司宣传的另一件重武器。电视专题片突出的是产品效果和产品机理，一般来说专题内容是完全本地化，这种做法在实践中产生了很强的可信度。电视专题配合宣传单使用，激发宣传单已经形成的营销势能，爆发出强大的视觉和感觉冲击力。

四、营销手段的创新和推广

三株公司各级各地营销公司在实战中总结出的大量具有创造性的营销手段，通过产品营销企划中心迅速推广，例如：农村电影放映队，健康俱乐部，口碑宣传，社区美容队，联营美容院等。三株公司营销人员大多是没有实际营销经验的年轻人，重视创新与推广一方面使他们的潜力得到发挥，另一方面也使他们的能力得到迅速提高。这种方式使得很多新人进入三株公司在短短的几个月时间里就可独当一面地工作。从这个意义上说，三株公司的营销模式已经成为了一种社会财富。

五、超细分的市场营销策略

如果把不同市场、不同产品、不同销售方式之间任意两者或三者的组合都认为是广义的市场细分策略的话，三株公司能够最大限度开发市场潜力的另外一个原因就在于，它实施了同一产品不同的销售方式与不同市场相组合的超细分的营销策略。三株公司对很多市场的挖掘几乎达到了最大限度。实际上，就是不放过每一个潜在的消费者或营销机会，这种方式几乎是对潜在市场的蚕食。

然而，1996 年，湖南常德六旬老汉陈伯顺在喝完八瓶三株口服液之后，离奇死亡。三株被诉至公堂。当时的吴炳新正处在事业最巅峰的时刻，三株年销售高达 80 亿元。

1998 年，湖南常德中级人民法院宣判三株败诉，并被定性“三株有毒，谁喝谁死”。媒体也纷纷加入报道。自此，三株销售额一落千丈，从月销售额最高时 7 亿元滑落到 1000 万元，并且有 15 万员工陆续下岗。

这时需要高水平的危机公关，可惜三株没有请到高人，注定无力回天。

尽管 1999 年湖南省高级人民法院终审判决三株胜诉，称三株是无毒安全的，但已无力挽回。老汉的幽灵仿若在三株游荡，三株遭遇咒语般一病不起。

或许大家会发出这样的疑问：为什么常德事件发生在 1996 年，但这一“丑闻”被媒体大规模爆出却是在 1998 年？没错，媒体是在三株被常德法院一判败诉之后才大规模介入的。有人说，三株是被媒体搞垮的，这有点言过其实，但未必失真。当“常德事件”发生两年之后，各大媒体又纷纷用“八瓶三株口服液喝死一老汉”做标题，轮番轰炸，一时间三株江河日下，失去了市场，更失去人心。

1999 年，湖南高院判三株胜诉，2000 年央视也为三株举行了高规格的“平反”。当时，有记者问吴炳新“你是否恨过媒体”时，他很笃定地回答：“当今社会，人咬人不叫新闻，人咬狗才是新闻，把责任推给媒体界完全是不公平的。”

媒体是把双刃剑，用得好，它能助你迅速成功；用不好，它能加速你灭亡。

托普十年一梦

托普集团曾经赢得了无数的赞誉和荣耀，一度在 2000 年前后的中国资本市场上叱咤风云。可如今的托普却是千疮百孔、日薄西山，其创始人和领导者宋如华也仓皇出逃美国，他留下的不仅仅是 40 亿元的资金“黑洞”，三家垮掉的上市公司及其数万名股民，27 家软件园区的上万亩荒芜土地，还有一连串让人困惑的疑问和深刻的反思。宋如华从白手起家到市值 100 亿元，再到最后以 2 元钱转让股权，是什么成就了宋如华和他的托普，又是什么让它走上了今天的末路？

1992年，身为成都电子科技大学应用物理系副教授，掌握英、法、日三门外语的宋如华下海，创立托普集团，开始蹬三轮卖电脑的辛苦创业之路。

四川建设信托投资公司因需要安装电子显示屏，致电成都电子科技大学，要求15天内安装完毕，安装费用32万元。仍在大学任教的朋友将该消息转给宋如华，没有任何基础但出于赚钱的目的，宋如华硬接了该项目，然后开始研究和施工，每天只睡2个小时，终于在13天内完成，赚取了人生第一桶金。

一个偶然的机会，税务局某领导问曾为教授的宋如华是否能开发一个自动计税打印软件，宋如华发现机会，组织人员开始努力开发，推出相应税务软件后得到成功应用，并开始在中西部县区税务局大卖。

托普自动计税打印软件在中西部县市的大卖引起了当时四通、方正等活跃在一线城市软件商的不满，四通、方正通过努力向国家税务总局建议“各地计税软件混乱，需要统一”，由此导致国税总局推动“金税工程”。托普软件一时天降横祸，面临第一个十字路口，摆在宋如华面前的有以下四条路：

（1）与四通、方正等大型厂商合作；

（2）努力争取成为金税工程试点厂商之一；

（3）争取成为中西部地区的试点单位；

（4）放弃，另寻出路。

宋如华最终选择了“放弃计税软件，另寻出路”。但出于对软件行业市场前景的看好，并借国家一次组织出访印度考察的机会，看到印度通过软件园聚集软件企业形成高新产业联动发展的经营模式，便决定回国后搞软件园建设。

回国后，宋如华在四川历史上颇有名气的郫县红光公社低价购买了100亩油菜花地，立牌“西部软件园”，并在成都举办了一个小小的新闻发布会。

令宋如华始料未及的是，这个小小的新闻发布会竟然在四川省引起轰动，后来经过追根溯源才知道，原来四川省在当年年初的两会上决定将信息化产业作为重要扶持产业，但苦于找不到亮点，托普无意之中给省政府送上门一杆大旗。结果宋如华和他的托普公司得到省政府大力支持，并在一次省长的亲自视察过程中，宋如华得到省长的允诺，争取到上市指标。就这样，幸运再一次光顾了敏捷、努力且有胆识的宋如华。

争取到上市指标后，宋如华开始筹备收购川长征的实际行动，为了在收购过程中少花钱，借着省政府已宣布托普收购川长征，大力建设西部软件园的战略举措，最终以全部借款（7000万元）的名义让托普实现了零成本收购川长征的目标。托普收购川长征成功借壳上市后，宋如华开始对川长征股票进行炒作，使股价从6元飙升至24.58元，当年直接盈利达2亿元。

此时，宋如华发现西部软件园模式成了各地政府的推广典范，同时，宋如华也积累了大量的资金。于是，宋如华开始奔赴全国各地，以几近相同的方式圈地，和政府洽谈，以投资建设、引入软件商、发展高科技园区等理念推广软件园模式，大受各地政府欢迎。1999年至2002年间，宋如华先后在东北鞍山、浙江绍兴、江苏南京、浙江嘉兴等省市挂牌成立了共27个软件园，并在此期间，宋如华将“软件园”的概念进一步发酵延伸，向国家科技部提出在三年之内建成中国“东部软件带”，投资 29 亿元，带动 290 亿元的年产值。该提案竟在 2 个月内得到了国家科技部的批复，成为国家火炬计划，并在上海南汇圈地成功并动工建设。

时至 2002 年，中国互联网兴起，凭着宋如华敏锐的市场嗅觉，宋如华毅然投入互联网产业，首先花 12 万美金购买了 Chinese.com 的顶级域名，宣布投资 6 亿元建设横跨 5 大洲的“炎黄在线”社区网站，并开始大力投入广告，当年广告费用 3600 万元。同时，宋如华以炎黄在线的名义收购金狮股份，又开始新一轮的股票炒作，使股价从 9 元左右迅速飙升至 33 元。由于各大软件园项目一直没有进入实际的建设和招商阶段，并且说不清楚自己到底怎样盈利，托普从银行贷款开始越来越困难。宋如华需要进一步的概念来为自己实现新一轮的“成长”。最后，宋如华做出了一个十分大胆的炒作举措——在全国大打广告，宣称“招聘 5000 名软件工程师”。

由于托普当时的影响力，此举一出，引起了中国软件界的巨大恐慌和争议，同时，宋如华也把自己推到了舆论的风口浪尖！各大媒体开始挖掘托普的实际状况，竟发现托普旗下软件园几乎全部是空城，所有提及的产品都只是概念！

结果，《21 世纪经济报道》以《托普泡沫》为题，对托普的实际经营情况做了全面的报道，举国哗然！此后，关于托普的负面新闻不断，托普处于泡沫破灭的危险边缘。

面对危机，宋如华此时的选择似乎有点出人意料，他把公司出现危机的原因归咎于公司内部的规章制度和流程，然后开始在内部开展了长达一年的整风运动，编制了大量的工作流程和规范。

同时，继续在市场上不断地抛出更多的概念，包括要进军物流产业、数字网络产业、健康产业等等，引来的是媒体及大众更多的质疑。

至此，宋如华已经完全没有了回旋的余地，于是开始了辞去 CEO 职务、以 2 元的价格转让股权、畏罪潜逃到美国。

由此，我们可以看到正面的报道可以让公司快速发展，负面报道也是致命的毒药。有时候一篇报道能让一家上市公司轰然倒塌。所以，作为企业领导者要善于使用媒体，可以说是得媒体者得天下，失媒体者失天下。

第二章

媒体是双刃剑还是三刃剑

媒体是一柄双刃剑。网络时代媒体越来越发达，企业品牌在享受社会化媒体高性价比的同时，也要认识到它在失控状态下的特性。企业的品牌推广人，必须有如履薄冰的意识。同时，媒体也是一把三刃剑，媒体不单是起到传播的功能，更担当起社会监督的作用，这也是媒体发展的必然。

传统媒体的历史和未来

20 世纪是传统媒体的天下，21 世纪传统媒体遭遇新媒体的冲击。新媒体以其低成本、高效率、高互动等优势，正在一步一步蚕食着传统媒体所统治的领域，大有取而代之之势。传统媒体或发展、或转型、或消亡，成了媒体人讨论的焦点话题之一。如何才能让传统媒体在未来发展中立有一席之地，需要从一个长远的角度进行全面分析。

一、传统媒体向空中发展

当今社会，广告无孔不入，为标新立异而绞尽脑汁的广告商们已经开始打火箭和卫星的主意了。欲将自己的广告打入太空，把影响面扩大到地球以外的领域。其用心之苦、用意之绝，让人不得不刮目相看。

据美国国家航空和宇宙航行局公布的消息，1992 年 3 月底，美国发射的运载火箭上携有的广告是美国电影明星诺尔德·施瓦辛格和他主演的《末路英雄》。这位“硬派明星”的大名出现在六个外部火箭助推器的表面上，而 16 米高的火箭主体的外壳上由影片的名称《末路英雄》几个字来装点，分别用红色、橙色和黄色的特殊颜料写成。火箭所运送的主体——科学卫星的表面也涂有这部惊险动作影片的广告标志。

这枚无人乘载的运载火箭于 1992 年 3 月 31 日由设在弗勒浦斯岛上的美国国家航空和宇宙航行局的发射场发射升空。据称，这次火箭发射有 20 多个竞争者竞相投标要把自己的广告打入太空，开广告上天之先河。而最终哥伦比亚电影公司花了 50 万美元才得以将影片广告送上天。只可惜，广告随运载火箭上天之后，只有寥寥无几的宇航员偶尔能看到，地球上的广大受众则没有福气一睹尊容，最多只能靠其他媒体间接了解，或就其本身制造出新闻效应。

1992 年，西昌发射卫星。当火箭冲天那一刻“五粮液”三个大字映入电视画面，使观众记忆犹新。

近来中国有一位科学家提出在月球上做广告的设想，将广告产品名称“写”在月球表面上，使得全世界的人们都能在皓月当空的夜晚看到产品广告。这也许将是广告界一件令人震惊的事，能否成功，人们正拭目以待。

二、我们步入移动互联网媒体时代

2014 年被很多人称为中国的移动互联网元年。从数据上看，中国的手机网民在第二季度的统计中已达到 6.68 亿人，智能手机用户占全球手机用户的比例已经超过三分之一；从生活习惯看，春节前后人们忙着抢红包的时候，发现自己的银行卡、信用卡已经和微信绑定在一起，这个绑定将在你用打车软件付费时被频频使用；从接受信息的方式看，个性化的新闻推送、朋友圈的转发内容已经成为人们非常重要的信息获取渠道……

电话从最初意义上的听觉系统的交流工具，发展为各类信息包括广告信息的传播媒体。借助来势汹涌的移动互联网浪潮，众多领域的新媒体各显神通，迅速赢得了广大用户的青睐。“不论是文字还是图片，音频还是视频，数字技术使得原来需要依赖不同载体生产和传播的各种信息形态全部整合到手机媒体平台，实现无缝对接，灵活跳转。”现在很多传统媒体也大力发展网站、微博、微信和移动客户端，一个很重要的原因就是希望将传统的单一媒体叙事方式变为跨媒体叙事，以更好地为用户呈现全媒体信息。

三、媒体表现技术的多样化

广告媒体技术的多样化，主要表现在两个方面：一是媒体技术种类的多样化；二是大众化主要媒体技术的不断先进化。

媒体技术种类的多样化，具体表现在除四大媒体之外，发展出许多形形色色的广告媒体技术。到目前为止，广告媒体的种类除了传统的广播、电视、报纸和杂志四大媒体，以及电影、邮寄、户外广告、销售点广告外，随着现代通信技术的发展，衍生出许多新的媒体技术。这些新媒体技术主要有网络、电话、录音、录像、图文传真、计算机通信、卫星通信、激光、视频广告、微电影、电子广告牌、光纤广告、空中广告等。比如，光纤媒体利用光导纤维技术来传输广告信息的图像，这种广告形式比电子显示广告更具有图像清晰、色彩艳丽的特点。在一些发达国家的大城市中，光纤广告既起到传递广告信息的作用，同时又美化了城市。它们的发展都是同现代电子技术的发展是分不开的，是新的高科技成果在广告媒体中的应用。这种应用一方面开拓和发展了新的媒体技术，另一方面对原有的媒体技术进行了大幅度的改进。

我们相信，随着科技的发展，还会有更多的新型广告媒体出现。由于高科技的运用，在发展出新的媒体技术的同时，也发展了原有媒体的制作技术。摄影、摄像、制版及印刷技术的发展和改进，使广告媒体技术发生了质的飞跃。在这方面，最典型的范例是电视技术的改进，已达到日新月异的程度。

此外，近年来电子技术在广告测试方面也获得广泛应用，它使广告活动增加了科学性，为广告宣传效果的测定提供了客观依据，使得对广告效果的描述进入数量化阶段，使广告目标命中率更高，效果更加明显。

新媒体广告潜力无限

从来没有一个时代会像现在这样，由“粉丝”自己来做主，由“网红”来引导。而这个时代因为新媒体的不断出现和发展，更加推动了消费者人群的增加。比如微博和微信等新媒体平台，让个体的“人”在社会中更加主动，更加活跃，更多参与，从而创造出更加多样的世界！

新媒体是相对传统媒体而言的，是继报纸、杂志、广播、电视等传统媒体之后发展起来的新型媒体形式，是依托互联网向用户传播信息、提供各项服务的新型媒介形态，包括互联网媒体、手机媒体、数字电视等。从历史上看，每一种媒体的出现都深深影响和改变了人类社会，新媒体的出现更是扩大了传统媒体在视觉、听觉上所能延伸的范围，让人的耳目又为之一新。可以预见，新媒体将会和它的“先辈”一样，深入到人类的政治、经济、文化和社会的各个领域中，影响着人类的思维方式和生活习惯。从广告层面来说，新媒体广告主要包括以下几类：

一、互联网媒体

互联网最初由美国政府建立，其前身是 20 世纪 60 年代美国国防部尖端研究管理局（ARPA）资助建立的 ARPAnet 网络，该网络把美国的部分军事机构和学术研究机构的计算机连接起来，主要用于科学研究和学术交流。

研究人员为了使不同的计算机系统之间相互识别，进行通信，建立了一系列的通信规则，通常称这些规则为“协议”。在这组协议中，IP（网络互联协议）和 TCP（传输控制协议）是两个最基础、最重要的协议。TCP/IP 协议是一个向社会公开的通信协议，很多网络公司为了自己的软件、硬件产品能够在网上推广应用，纷纷在自己的产品中加入对 TCP/IP 协议的支持，使 TCP/IP 协议逐渐得到了全社会的认可。

由于有了一个统一的通信协议，不同的网络用户能够很方便地在网络上传输各种信息，越来越多的计算机用户连入网络，从而促进了网络的迅速发展。互联网在中国的迅速发展则是原邮电部开始进入互联网之后。1995 年 10 月，原邮电部开通了中国公用互联网络——CHINANET，1996 年中国金桥信息网（CHINAGBN）开通。

进入 20 世纪 90 年代，互联网用户不断增多，互联网逐渐发展成为继报纸、杂志、广播、电视之后的第五大媒体。由于互联网网站众多，网上的信息非常繁杂，于是一种新的服务开始出现，很多网络专门的网站为用户提供信息搜寻服务，从而成为网络的进入门户。这些网站访问人数众多，一些生产厂商看到其中的巨大商业机会，从而在网站上发布产品信息，由此衍生了一种新的广告形式——互联网广告。与此同时，很多具有实力的传统广告公司和生产厂商开始建立自己的网站寻求网上商机，并在网络上发布产品信息和销售产品。众多企业的介入，极大地促进了互联网广告的发展。

人们在研究互联网媒体时基本上是借鉴传统媒体广告的方法和理论，并据此指导互联网广告的发布和经营。由于互联网广告和传统媒体广告存在很大的差异，导致人们在认识和实践上的错误，从而影响了互联网广告的进一步发展。因此，有必要对互联网广告进行系统而又深入的研究，找出其特有的内在规律，以指导互联网广告的实践活动，达到推动其发展的目的。

在中国，近年来随着互联网的迅速发展，互联网的商业应用也呈爆炸性的增长。早在 1999 年 1 月，中国互联网络信息中心就发布统计报告显示，在 CN 下注册的域名总数为 18396 个，其中商业域名为 13913 个，占域名总数的 75.6%。由此可见，商业应用在互联网中占绝对统治地位。正是基于这种情况，网上的无限商机吸引了众多的互联网服务商和生产厂家，他们纷纷建立网站，或提供信息服务，或借此宣传自己的企业形象并销售产品。一些有实力的企业也投入巨资，建立自己的网站，如海信集团、海尔集团等均建立了独立的网站。从 2001 年起，中国的网络广告呈现先平稳后迅猛发展的态势，特别是近年来连续多年呈现较高增长率。网络广告在发展过程中逐步超越了杂志、广播等广告收入。按照现有的发展趋势，互联网媒体将于未来几年成为仅次于电视广告的媒体。

二、手机媒体

作为一种可以随身携带的电话终端，手机从诞生之日起就以其无与伦比的便捷性和互动性迅速得到了推广和使用，并在世界范围内获得了巨大的成功，引发了一场前所未有的“移动通信革命”。人手一部手机的梦想几乎已经成为现实。所以很多人认为，手机是继报纸、广播、电视和互联网之后的“第五媒体”，是人类的“新器官”。

世界上最早的一部手机诞生于 1983 年，是由通信业巨头美国摩托罗拉公司研究制造的。在这之后，手机的技术不断升级，前后共经历了四代技术的革新。科技的进步和人们对手机愈来愈高的要求直接催生了智能机的诞生，而 4G 通信技术为智能手机提供了更为牢固的基础。最新一代手机称为 4G 手机，它融合了 3G 和 WLAN 技术于一身的新型移动通信手机。借助于 4G 技术，手机可以达到 100Mbps 的下载速度，可以随时随地收看高清晰度的视频文件，或者下载大量的文件和资料，轻松完成各种任务。做个形象的比喻，如果说 2G 是乡村小道，3G 是省道和国道，那么 4G 就是高速公路了。

手机在诞生之初仅局限于人与人之间的交流，个人通话和短信的隐私性使用很难让广告商从中谋利，手机广告的形式也局限于手机短信这一种。“XX 楼盘金秋热卖，机会不容错过”、“XX 旅行社特举办新马泰 8 日游优惠活动，数量有限，赶紧报名”等广告短信随处可见。这种短信广告虽然对他人的生活造成了一定干扰，但优点在于内容简单，覆盖率高，成本低；至今仍是手机广告最常见的形式。

据有关部门统计，中国经常使用的有十二亿部手机。

随着手机技术和通信技术的不断升级，手机开始搭上互联网的快车，逐渐具备了新媒体的特性，这也标志着手机从私人领域走向了大众传播领域，广告商的又一个春天到来了。原则上说，各种类型的互联网广告在手机上都可以采用，比较常见的手机广告有微信广告、手机客户端广告、WAP 广告、彩铃广告等。这些形式使得手机媒体形式愈加成熟。基于手机用户的巨大数量给了手机广告充分的发展空间，相信在今后很长一段时间内，手机广告的发展也将取得长足的进步。

三、数字电视媒体

数字电视是指电视节目从摄制、编辑到发射、传输、接收等环节均采用数字技术的电视系统，是在黑白电视、彩色模拟电视之后的第三代电视系统。它可以为观众提供上千余可供选择的频道，大大丰富了电视观众的选择。

数字电视最大的优势在于其节目制作和传输的全程数字化，在数字技术的保证下，数字信号的传输速率可以达到每秒 19.39 兆字节，这意味着较之于传统电视，相同时间内可以输送更多的数据信息，大大增强了电视画面的清晰度，接近宽荧幕电影的标准。同时，数字电视允许在传输电视节目的过程中同时存在几种制式的信号。它们之间互相不干扰，可以满足不同业务的需要，充分提高了信号传输的利用率，形成综合业务网络。相较传统电视而言，数字电视克服了原有模拟信号信息量小、信号不稳定的缺点。同时，借助互联网技术，数字电视将会向着高级发展阶段——数字互动电视发展，同传统电视相比，受众不再作为被动的接受者，而是可以利用数字电视完成视频点播、视频回看、互动购物、互动娱乐等在内的多项活动，极大地丰富了数字电视的功能，满足了电视受众多元化的需要。

数字电视自出现以来就受到了世界各国的重视，很多国家都开始进行全国范围内数字电视的推广。荷兰早在 2006 年 12 月就完全停播了本国的模拟电视信号，成为全球第一个普及数字电视的国家。随后，英国、法国、美国等国家也逐步完成了模拟节目的关闭。

新媒介平台的出现必然导致商家和广告商的竞相进入，数字电视同样如此。数字电视广告是伴随数字电视应运而生的产物；是广告主以数字电视作为中介，向数字电视受众提供产品和服务信息，从而达到促进产品销售，提高企业形象的一种传播活动。数字电视广告将拥有高清化和互动化这两方面的优势：一方面，得益于数字电视高品质的节目质量，数字电视广告的质量也将提高一个层次，高清晰的画面和 CD 般优质的声音将在很大程度上提升广告的美感，加大广告对消费者的吸引力；另一方面，借助数字电视的互动性特征，受众可以根据自己的需要选择与广告的互动方式，比如在看到一则广告时，受众可以暂停、快进或者回放广告，甚至能够对产品画面进行选择和放大，从不同侧面来感受产品。同时，通过数字电视交互技术，数字电视可以精确地记录下不同家庭成员的收视习惯，从而利于广告主针对不同人群，在不同时段投放更为精准的广告。

总而言之，数字电视的时代是一个讲究分众化、人性化的时代。针对不同人群的需要制定和投放更为精准的广告，突出广告受众的主体性和互动性，是数字电视广告发展的核心。

新媒体时代的传播方式

新媒体时代技术的发展是催化剂。而信息，则是“人”的世界中不可或缺的元素，也是数字化的“人”的有机组成部分。在开始探讨这个以人为本的新媒体时代之前，还是有必要来简单回顾一下新的技术带来的变化。

互联网的重要性不在此赘述，它是新媒体时代的“前辈”，由计算机和互联网构成的互联网时代，革命性地颠覆了工业化时代的诸多方面。它让一个个小的团体和组织有机会成为一个庞大的社会或者虚拟组织的一部分。如果我们的世界没有经历过打乱之前的大的“合”，就不会有新媒体时代再打乱的个体的“分”。

综观现代社会，网络连接了全世界，电子邮件成为个人通信的重要应用。随着即时通信软件的发展，个体又有了一个私密的、即时的沟通工具，而电子商务则将人与人之间的互惠互利进行了数码化和网络化。

智能通信设备的发展也令人惊讶。移动电话进一步将人与人之间的距离拉近。移动通信和一对一的短信成为生活和工作中的必备工具；接着，位置的确定也在大跨步地发展，一开始是基站位置，后来是 GPS 定位位置；还有蓝牙，也可以进行传递和交互，同时进一步又发展成为 NFC（Near Feld Communication，近距离无线通信技术），比如 RFID（Radio Frequency Identification，射频识别技术）等技术进行非接触式交互；QR 码也在快速发展，不仅成为物的标识，也成为信息交叉的载体。

随着移动电话进入智能时代，智能手机将互联网和移动电话进行了融合，在这样一部智能的移动电话上，不仅可以提供常规的电话、短信等服务，还可以访问互联网、进行移动即时聊天、应用各种智能应用程序（APP），以及进行移动电子商务和移动支付。

在社会化媒体时代，话语权被交还给个体，我们每个人在微博上发出自己的声音，如就餐时点评，逛街时签到，看到好玩的就拍下来发出去，在同学朋友网络里面交往着，或者在陌生的环境中交往着。在这个时代，充分体现出个体的主动和参与，尽力创造着无限的内容和数据。

在这个个体主导的时代，越来越多的消费者开始参与，开始主动发出声音，开始主导消费和创造，开始主导内容和行为。以前的那种广播式内容已经逐渐被淘汰，取而代之的是广场式交互，进而是客厅式交互，乃至于卧室式交谈。而且，越来越多的用户开始创造内容（即 User Generated Content，简称 UGC）。

消费者与企业之间的关系正在发生着微妙的变化，企业不再是交易的主角，消费者开始自己主动搜索、询问社会化媒体中的其他消费者的建议、体验和口碑，并开始比较价格、选择渠道，甚至开始探讨个性化需求的定制。

随着原有的组织关系被打破，以无组织和自组织的形式出现的新的关系群体，几乎很难再有传统的消费者和企业的关系角色，更多的是混杂在一起的新的组织关系、交易关系和社会关系。消费者处在主动和骚动的状态中，企业也在迷失和困惑自己的角色到底在哪里。

草根型消费者是“长尾效应”里所说的里面的“尾巴”。海量群体里面的弱势群体，而且是非精英群体。因此，在社会化媒体中，精英群体更适合具有媒体属性的平台，而个体则更适合小众的、平等的 P2P 网络工具，比如 QQ、微信、易信等。这些个体，基于社交化的即时聊天工具，形成长尾的尾巴+中部，将海量的弱势进行小众的、扁平化的聚合，从而逐渐打造成一部分奇特的“弱精英+非精英”。

在沟通上，商务和工作交流更多的是使用电子邮件，因此精英群体的主要沟通渠道也是电子邮件和媒体或精英自媒体；而草根个体更多的是用 QQ 和微信，因为他们只是在伙伴和好友之间使用，而不用担负媒体的责任。

由于个体的主导在加强，因此营销逐渐转化为交互和沟通，企业开始关注与娱乐和感情相关的潜移默化的营销，开始构建在生活中创造忠诚的客户圈子。营销转化为娱乐和关系，在体验和关系中以娱乐的方式进行传播，开始更多地受制于消费者的口碑推荐。

口碑推荐是一种“病毒性”营销，它的本质是起源于消费者独特的、自发的个人信息的交换，而不是由企业或者专业广告营销制作和设计的。当然，也有一部分口碑营销活动在本质上是非常戏剧化的。它可能由口碑营销人员创建，但是很隐蔽地传递给消费者，让消费者发现并有兴趣参与，并愿意传播给他们的朋友和同事。

口碑营销虽然已经存在了相当长的一段时间，但是社交媒体已经改变了它的本质和环境。在互联网时代，企业的销售代表能够伪装适当的身份，在社群中寻找目标受众，推销产品和服务；在博客等网站，广告主也在寻找合适的“博客主”进行另外一种数字媒体的口碑营销。而在社交网络时代，个人被关系网络包围着，企业也很难再伪装成消费者。每个人在不同的网络或群组里面，他们有着相对应的好友和人际关系，使内容交付和消息传递更容易量化，更容易产生真正的口碑推荐。

现今，这是不争的现实：人人都是文字记者、广播记者、电视记者，而且人人都是“首席记者”、“总编辑”。

百变营销与百变媒体

广告媒体的范围是随着人类社会的发展及社会科学技术的进步而不断发展变化的。从古代一些简单的传播媒体，如叫卖声、鼓声、招牌、烽火等，发展到后来出现的大众媒体，尤其是现代社会，新兴的广告媒体物质被广泛采用，并上升到领先地位，如电子媒体（包括电视、广播、电影等）的影响远远超过了报纸、杂志。

又比如，由于飞机制造业和化学工业的发展，有些国家又出现了空中广告。利用飞机在数千米高空用烟写字，这种烟是用先进的化学产品配制而成的，在空中的书写效果相当好，已经引起大众的极大兴趣。可见，广告媒体的内容是不断发展变化的，可以作为广告媒体的物质越来越多。

媒体的进步促进营销的发展，而营销的发展又促进媒体的发展，两者之间是相互依存、相互促进的。近年来在广告领域，媒体及媒体技术都发生了日新月异的变化。这不仅表现在媒体范围的日渐加大，更重要的是表现在广告媒体越来越多地运用高、新、尖科学技术方面，比如，互联网和移动互联网的发展，使媒体面目为之一新。

下面就近年来所出现的新媒体、新的营销技术及新方法做一些简单的总结。

一、新闻发布会

这是一种很常见的宣传手法，也是容易被滥用的宣传手法。很多人以为有一种新产品上市，就可以保证产品新闻得到发布，其实这种理解是不全面的。

召开新闻发布会要考虑的第一件事，就是我们要发布的新闻有没有新闻价值。或者新产品上市，或者是新大厦落成，或者是贵宾来访，都可以有不同的报道角度。怎样去寻找一个有意义、有新闻价值的角度报道某一件事，这就是我们的责任。

二、试用、试食

当你确信自己的产品比市面上的竞争产品优胜，在质量上、价格上、味道上或方便程度上比其他产品好，那么你应该考虑举行试用、试食的宣传活动。

这种宣传手段特别适用于快速消费品，例如，牙膏、肥皂、汽水饮料、饼干、茶叶、护肤品等，这类产品一旦消费者试用、试食之后，如果喜欢的话，他们以后都会继续购买使用，所以一次的投资是十分值得的。

试用、试食活动的范围可大可小，可以是在某一商店里举行，也可以是在某一地区的所有相关商店里，或者是在整个城市的有关商店里举行，还可以直接送到每个居民家里。不过，最好是从小范围做起，慢慢将范围扩大。这种宣传手法要切记两件事：第一，产品一定要显著地比其他同类产品优胜；第二，消费者在试用、试食后，一定能清楚地知道在哪里可以购买到。

三、赞助活动

近年来赞助活动十分流行，一般的做法是由赞助单位付一笔款给活动主办单位，赞助单位可以借助活动搞宣传。这种宣传要注意两个方面：

第一，赞助一些与产品有关的活动。搞宣传应该积极去找有利于产品的活动，不应盲目赞助“找上门”的活动。合适的活动，在性质上、宣传对象和形象上都应该与产品吻合，才能相得益彰，收到事半功倍的效果。

第二，赞助后尽量利用这些活动去搞宣传。有些广告主付过赞助费后，就袖手旁观，以为活动主办者会替自己的产品做宣传，这是不大可能的。活动的主办人有很多其他更重要的事情要做，不会忙着替广告主宣传产品。他们只提供机会，怎样去利用这个机会是广告主自己的事情。我们要知道，除了一笔付过的赞助费外，很可能要付出同样或更多的广告费去宣传这项赞助活动，这样才能使赞助有意义，使消费者认识我们的产品。

四、经销商推广活动

大多数的商品都需经过经销商才能卖到消费者手中。经销商包括批发商和零售商。经销商其实是市场营销中很重要的一部分，不管产品怎么好，宣传多么好，如果没有经销商的支持，无论如何也没有办法卖出去。

一种新产品就算没有大众媒介的广告宣传，也不能缺少一个介绍给经销商的活动。经销商一定要认识和了解产品，所以发售前要征求经销商的意见。最好的办法是举行一次沟通会，邀请有关的经销商，介绍产品，示范产品，让经销商了解产品性能、订货渠道、价格信息等，厂方亦可以解答经销商的问题，这对日后的买卖都有帮助。这种方式可能更适合推销我们的出口新产品。

五、印刷宣传品

这是宣传产品不可缺少的东西。印刷宣传品可以是简单的单页、小册子，或者是画册。一般来说，我们是通过印刷宣传品去介绍一种产品或者一个企业。由于没有像电视广告和报刊广告的时间和篇幅的限制，印刷宣传品可以详细地介绍产品、企业的能力和服务项目。

有三点要注意：第一，做一些有创意的印刷宣传品。因印刷宣传品没有电视那种主动性，所以要用较强的创意去吸引读者；第二，做一些高质量的印刷宣传品。顾客在还没有看见产品前，只看印刷宣传品，印刷宣传品给他的印象就是产品的形象。第三，设计一定要新颖。好的印刷宣传品一眼就能抓住读者，吸引他们去读宣传内容。如果你要人家对产品有好印象，就要先在印刷宣传品方面下功夫。

六、直接快递

这是近年新兴的营销方式。直接邮寄可以免去“中间人”（即经销商）环节，将产品或服务直接介绍给顾客。

进行直接邮寄宣传，一定要有下列三项条件：

第一，你提供的产品或服务不是随便在市面上可以买到的，这样才可以使人感到邮寄有意义，对顾客有吸引力。

第二，你有对象顾客的名单、地址。例如，你卖办公室用品，那么你一定要找到顾客的名单和地址，才可以将资料寄去。

第三，顾客要有方法回复，你也要有办法将产品送到顾客那里。通常的做法是在寄去的资料里包括回函，当你收到回函后，便可按地址将货物送去或寄去。说来容易，其实需要很精密的安排和计算。

直接邮寄的好处有两点：其一，免去了“中间人”环节，通常可以将成本降低。其二，寄出的资料因为没有时间和篇幅的限制，可以很详尽地介绍产品。同时，资料可以经测试后逐步改进，以达到最佳效果。测试范围包括产品的规格、邮寄名单、信封、资料内容等。

七、促销活动

促销活动多适用于消费品，目的通常是希望在短时间内将销量提高，尽量保持在促销活动过后仍不下降。方法通常是通过比赛、节庆、晚会、游戏或抽奖等送出礼物，顾客有机会在购物时得到礼物，自然有兴趣多消费一点。搞促销活动要注意两点：第一，送出的礼物要对消费者有吸引力；第二，促销有可能会降低产品形象，这要小心处理。

八、雇员媒体

这是当今许多发达国家喜欢采用的一种广告形式，即雇人充当广告媒体。在国外一些城市街头，经常可以看到穿着广告衣或拿着广告牌的人招摇过市。有时，他们还在街头表演一番，并高声喊出广告上的内容。

媒体传播中的领头羊作用

中国有句俗话：“擒贼先擒王。”虽然这看上去与媒体传播一点也不搭边，但却能深刻地揭示消费者的心理活动。以从众效应的角度进行剖析，如果你试图影响人们购买你的产品，首先要影响那个在某一方面具有权威影响力的人。这种人被称为意见领袖。

所谓的意见领袖是指能够非正式地影响别人的态度，或在一定程度上改变别人行为的人。在媒体传播的过程中，这些意见领袖往往决定着你的传播能否成功地影响更多的人。各种广告无论多么强势，往往并不能仅仅通过自身的传播达到最佳的传播效果。如果要达到最佳的传播效果，一般都要依靠传媒与意见领袖之间形成良性互动、优势互补。

在美国的选举中，选民的主要消息和影响来源就是意见领袖。在总统竞选中，传媒所提供的信息常常是混淆且扰乱视听的。这些意见领袖往往是他人熟悉、尊重和信赖的人，他们的传播就比传媒传播更有说服力。他们不仅扩大了传播的范围，而且其传递消息和表述意见的活动更具针对性、更灵活、更容易被人接受与相信。

意见领袖不仅活跃于政治领域，他们在娱乐、购物、医疗、选择服务等方面都能发挥重要作用。比如，微软的 MVP（最有价值专家）的用户中有一名被大家称为“Excel 先生”的人。其网页的访问量有时能超过微软 Excel 界面——这意味着他对于微软有着举足轻重的意义。于是，微软开始透露给 Excel 先生一些内部消息，并且让他提前试用其新产品。而作为报答，Excel 先生和其他的 MVP 们帮助微软开拓新的市场，这样另类的广告可以为微软公司省很多钱。

那么，什么样的人才能当意见领袖呢？

一、各领域的明星人物

常常在广告中出现明星人物的身影。比如仁和的广告，经常出现赵薇、陈道明、周杰伦等明星，目的是通过他们的偶像力量来影响粉丝消费者。

二、名博博主

博客博主通过原创专业化内容进行知识分享，争夺话语权，建立起个人品牌，树立自己意见领袖的身份，进而影响读者和消费者的思维和购买行为。

如小米创办人雷军，就采用了意见领袖型的营销策略。雷军利用自己的微博上众多的粉丝，在新浪上发布了关于小米手机的一些信息，就得到众多小米手机关注者的转发与评论，更能在评论中知道消费者是如何想的和消费者内心的需求。

三、先期购买者

为了让更多人了解产品，广告人应不失时机地激励早期购买者向他人推荐产品，劝说他人购买产品。最后，随着满意用户的增多，会出现更多的“信息播种机”“意见领袖”。企业赢得了良好的口碑，长远利益也就得到保证。

最早购买者在新产品的全部接受者之中所占的比例是 2.5%。他们是新产品刚上市时最先实施购买的消费者。

最早购买者的个性特征是自信心强，社交活跃，对产品信息敏感，富于创新精神，敢冒风险。同时由于经济条件较优越，对风险有较强的承受能力。

最早购买者人数很少，但可以起到示范、表率、带动其他消费者的作用，因而是新产品推广的首要力量，是新产品消费带头人。

四、具有社会影响力和传播力者

意见领袖之所以能产生巨大的影响力，主要的因素是在于他与一般人既有联系又有区别的特点。意见领袖一般具有社会地位，像职位、金钱、名气等；也包括个人在家庭关系中所处的地位，像妈妈、爸爸等长辈或者更年长者……

五、新兴“网红”

互联网时代，自媒体时代，每天都可能出现新兴“网红”，他们或代表某一群体，或引导一种新的潮流，或带动一种新的消费倾向。要注意分析，研究，结合企业实际及时为我所用。

意见领袖对某一个问题的看法较一般人更全面、深刻，但他又生活在人们中间，而不是高高在上。

老年人在家庭生活中的重要地位也使其常常成为意见领袖。河南建业房地产开发有限公司在短短两年多的时间里，成功地开发出多个效益好、影响大的项目，成为快速起步、超常发展的成功房地产产业的黑马。在其成功的诸多因素中，争取意见领袖是一个重要因素。消费者（住户、业主）聚楼而居，给营销服务提供了特殊的方便，因此很容易找出意见领袖。这种意见领袖就是老年人，一是他们在家时间最长；二是他们对居住条件等最敏感；三是他们有的是空闲时间与家人、邻居交流看法；四是他们的意见对亲友、熟人极具影响力。建业房地产开发有限公司的营销服务的首要一条就是关爱老人、做到老有所乐、老有所学、老有所为……为此公司设置了老人休闲场地、老人健身场所、老人茶庄，并成立了置信老年棋牌协会、老年书法协会、老年腰鼓队，还开展老年交谊舞会、老年服饰表演、老年秧歌表演、老年读书活动、老年系列运动会等丰富多彩的活动。老人生活充实，心情愉快，既促使家庭和睦，也营造了社区安宁祥和的气氛。而更重要的，从营销服务的角度看，还在于老人的唠叨习惯。他们会不断把他们的意见（满意或者不满意）对别人诉说，意见领袖就这样发挥起作用来。

最后要说的是，意见领袖必须深入一般的公众中间，了解公众的普遍意志，取其精髓，去其偏颇，才有可能获得追随者，将群体其他成员统一于某种舆论之下。

让更多人能看到你的广告

随着经济全球化、信息全球化进程的加快，大众的注意力成为现代社会稀缺的资源。商品乃至世界经济的竞争，正在演变为吸引消费者眼球、吸引消费者注意力的竞争。在人们过度拥挤、过于受刺激的大脑记忆库中，你的广告能占据什么位置？

如果消费者不知道你的存在，你将永远卖不出你的产品。全球每年有许多新产品迫不及待地要把自己介绍给消费者。但是，大多数产品都无法激起消费者的热情，常常是不到一年就在市场上销声匿迹了。那么新产品该如何炒作自己呢？

广告就是利用各种手段来说服消费者消费：告之、劝说、夸耀、引诱，或者是施加压力。因为广告具有内容可以变换，时间可以控制，能在短时间内造成较大的影响力，还可以强化消费者的印象和好感，有助于提高企业品牌的知名度，树立品牌形象等特点，因而企业在开拓市场时大多考虑通过媒体的方式来宣传自己的产品。

因此，在现代营销中，媒体成了吸引大众眼球最主要、也是最受重视的一种方式。媒体广告的表象是传播，广告的实质是说服。广告就是通过有效途径把真实的信息诉求变成消费者头脑中已形成的某种认知，促使消费者对广告商品产生良好印象，进而说服其去购买广告传播的商品或服务。

俗话说“酒香不怕巷子深”，但在产品供大于求的今天，在市场经济发展的今天，“酒香也怕巷子深”。企业要通过媒体传播的方式，让大众知道积压在巷子深处的好酒，于是他们吆喝，这种“吆喝”便是广告。世界上最早的广告就是通过声音实现的，叫作口头广告，又称叫卖广告。若从广义上来说，人类从一出生就会做广告，声音就是我们的媒体介质。我们的第一声啼哭就是在提出诉求，正如那句俗话，“会哭的孩子有奶吃”。

媒体作为一种信息传递形式在商品和商品交换刚刚产生时就出现了，只是由于受到经济发展水平和人类传播工具的制约，早期媒体的功能和形式都十分简单而已。大家熟知的《水浒传》中“三碗不过岗”，作为一则很有水准的酒肆招牌广告文案出现在北宋末年。

今天，随着社会市场经济的飞速发展，媒体广告在现代社会生活中无处不在。一般情况下，无论是打品牌、推产品，抑或个人宣传，都离不开广告的推波助澜。曾几何时，哪个产品一旦在中央电视台播广告，生意就好得不得了。最广为人知的是当年秦池酒厂勇夺标王的豪举，他们说，“每天开进电视台一辆桑塔纳，从电视台开出一辆奥迪”。可见，在营销中广告确实起到了重要作用。

尤其是当人们渴望满足消费需求的时候，广告就成了与人们生活紧密联系的一大情报来源。

一些强势品牌，如可口可乐、麦当劳、劳斯莱斯、丰田、万宝路、宝洁等，其成功无不与广告密切相关。劳斯莱斯通过“在时速 100 千米时，新型劳斯莱斯最大的噪声来自车上的电子钟”的绝妙广告。不但受到美国消费者的关注，迅速打开了美国市场，也成了世界著名汽车品牌。

今天，我们每个广告人仍在不断寻求一种更新的交流方式，一种让消费者能记住并产生行动的方式。

移动互联网下的媒体大变局

“没有成功的企业，只有时代的企业。”张瑞敏的这句话一语道破移动互联网时代玄机。移动互联网时代不是改变，而是颠覆人类的生活。而中国媒体的变局关系着数百万媒体从业者，涉及数千亿元资金流向，决定着数十亿媒体读者，观众每天看什么，想什么。媒体不再分纸媒体、电视媒体、网络媒体、新媒体，因为所有的媒体都叫一个媒体：全媒体。

全媒体概念在我国的土地上落地生根发芽，所有全媒体机构都根据自身 DNA 和核心优势在谋求改变。而一千家媒体就有一千种变局，怎么变？见下。

一、互联网电视是全媒体必争之地

中国互联网电视市场规模在 2016 年达到 13.8 亿美元。中国的电视受众数以亿计，客厅传播无疑成为未来所有厂商争夺的主战场，谁把握了客厅传播，谁就把控了中国未来互联网的流量。

中国传统电视的开机率已经从 70%下降到不到 30%，这一数据令电视制造商没了激情。而智能电视异军突起，大屏、高清的客厅电视一波三折，在被一度唱衰之后再度收获家庭用户的宠幸。另一数据显示，互联网流量的 80%是视频业务，这意味着在线视频服务商将全面杀入客厅市场，在线视频第二春近在咫尺。

而纵观当前几大主流视频网站踌躇满志纷纷打响攻占客厅第一枪的时候，乐视 TV 在发力、暴风 TV 也不甘落后，先后发布了自己的数字电视产品，都欲抢下这块市场。

二、深度内容+跨平台多屏互动是王道

内容的跨平台输出，保证与用户 360 度全方位多维度的接触是全媒体的核心。而只有保证内容的多样性和高质量输出才能保障用户体验。

这一点其实是全媒体整合的难点。从产业发展格局来看，多屏互动，电视电台和互联网融合是大势所趋！而只有在优质内容输出的基础上方能实现在 PC 端、移动端、电视端的跨屏播出，真正意义上实现全媒体跨界互动深度整合。

全媒体整合是媒体发展的大势，而变局的关键在于如何根据自身属性，一切以用户多屏互动体验为导向，实现资源的再次重组。

三、传统新闻媒体的组织方式正发生变化

传统的媒体个人和组织是线性的组织方式，是合一的，有归属感的。互联网将这些个人从已有的组织中解构出来，通过新的方式重新架构，成为新型的移动互联网新型组织。这种变化是极其深刻的，我们现在只是在这个变局的门槛跨越中。这种变局将在未来对整个行业进行颠覆，我们现在只是刚刚感受到了温度。

我们现在面临的不可回避的问题是，我们本质的出发点是传统媒体的变局，现在全球的传统媒体都在寻求转型。

四、越接近用户，媒体的价值就越大

当你不控制用户界面的时候，你的价值就大大打折。有意思的事情是，当渠道变得特别多，传输成本越来越低，当终端越来越便捷，当各种渠道的传播方式变得类同，这个时候，好的广告内容又成为大家要争夺的资源。

这种变化是相互的博弈，强势的内容可以帮助渠道产生、激发、吸引流量，在这种渠

道和内容的博弈中，内容本身也是一种入口，成为强大的吸引流量的入口。

在辽阔的媒体版图中，不是每一家都有机会这么做。作为内容基因的传统媒体。不能畏缩不前，不能甘于基因，不能不跨越。今天是必须要跨越和整合，要进入渠道建设领域。失去的平台我们要再造，这就是我们的选择。不是每家都能这么做，但是每一个国家总要有媒体集团肩负这个使命，横跨在两端，成为优质内容的创造、整合分发者，同时也是渠道的建设者。这是我们重组后要建设的目标，我们不会停止于内容的既有优势。在重组的格局中，我们要有话语权，建构新的平台和通路。

广告媒体组合的集团军作战方式

在营销推广中，常常有这种情况，有的企业看到别人的产品和自己的差不多，但是就因为别人会做广告，产品就比自己的卖得好。所以你也会想，“我们也做广告吧”。于是偶尔在一家报纸上打出几则广告……但是没用，浪费钱，你会这样抱怨。通过媒体造就商品销售的神话，是真的、还是传说？

我们要解决这个问题就必须提高广告的传播效果。媒体广告战和发动一场真正的现代战争没什么两样，没有人可以仅靠飞机或大炮就能赢得全部战争。仅依靠电视广告并不能将产品信息说透（比如药品、保健品），结果是消费者知道了你的产品名称，但却并不能确切地了解这个产品到底有什么用，以及为什么会有这个作用。这时候没有其他形式广告的配合是不行的。

每年不知有多少中小型企业在中央电视台打广告，然后销声匿迹，连一点水花都没看见。并不是说打广告不行，问题是谁可以打。有些品牌的名气已经是响当当的，打广告可以起到提醒记忆的作用；而那些刚刚露脸的产品，打广告可以说很难引起人们的注意。这就好比两个刚认识的人就得多说几句话才能让彼此了解，日后再见面，打打招呼就可以了。如果刚开始就只打打招呼，可能扭头彼此就忘了。

下面的场景似乎在生活中不难见到。

某个星期天的早晨，一位消费者睁开惺忪的睡眼，刚打开电视准备收看今天的天气预报，一则A感冒药的广告跳入她的眼帘。她厌烦地走出卧室，凭窗而眺，又看见远处高楼上一个同样的广告。吃完早餐后她去上班，在半路一家药店门口又看到了A感冒药飘动的旗帜广告。回到办公室打开电脑，屏幕上突然蹦出一则动画提示，说最近有一种计算机流感病毒，请点击下载杀毒软件，她不禁好奇地点击了一下，原来是一个有奖促销活动，又是A感冒药。晚上，她要到超市里去采购一些日用品，走到药品专柜的旁边，又看见了A感冒药的大型广告宣传单，她今天正好有点鼻塞、头痛，于是决定购买一盒试一试，用了一段时间，发现效果还可以，后来她竟然就成了A感冒药的忠诚消费者。

这是一例消费行为的浓缩场景，说明一个商品只有从不同层面强烈地刺激消费者的感官，才能引起消费者的注意并产生记忆，也才能进一步博得消费者的好感，让其产生购买欲望。

许多传统的人到现在还笃信20世纪80年代的成功经验，迷信单一媒体的魅力。要知道，在当今的市场情况下，仅靠单一的广告操作是远远不够的，而要进行媒体的组合，研究各种媒体如户外广告、车体广告、路牌广告和网络广告的效果。

我们来看看可口可乐是怎么做的。在任意一个地方，“Coca-Cola”几乎是无处不在，超市、街边、校内小店、餐饮门店、各类食堂、网吧、店招、户外广告牌，或者火车、飞机上，我们都可以看到它亮丽、红艳的身影。据相关资料显示，从世界范围来看，可口可乐的广告已经占据了全球 200 多个国家和地区。

现在，无论是广告的数量，还是媒体的种类都在大幅度飙升，从传统的电视广告、报纸广告发展到现在的各种户外广告、售点广告、网络广告等，整个世界广告缤纷。过去人们收看的电视节目还不到十个台，但现在却有几十个甚至上百个台，还有多种当地的报纸和随时弹出的网络广告。急速增长的广告话语、广告画面、广告音乐让消费者眼花缭乱。一个产品在传播过程中要接近足够数量的消费者越来越难，只有频率、数量、媒体工具的种类都达到一定的组合度才能产生效果。

因此，在选择媒体的时候，应该采用目标人群容易和乐意接受的方式进行传播，具体的方法可形式多样、不拘一格。只要能达到推动产品销售的进程，能促进产品在市场中形成优势地位，就是好的广告传播形式。

第三章

媒体如何“绑架”企业

这是个全民皆广告的年代，微博也好，微信也好，各大网站媒体比比皆是，过去、未来我们的生活，不可避免都会被媒体绑架，媒体是社会生存环境的守望者。纵观古今中外，不少企业得力于媒体、辉煌于媒体，但也一批又一批企业被媒体“绑架”，最终郁郁寡欢于媒体、落魄郁闷于媒体、含恨倒下于媒体。这是缘于企业不懂媒体，乱投广告。企业和媒体之间的关系不亚于“戴着脚镣跳舞”。

作为领导，你懂广告吗

做广告最重要的是媒介运用，其次是平面表现。

不同的产品定位不同的目标客户群，不同的客户群有不同的广告接收渠道，例如房地产就局限区域性，不能在全国性媒介做广告，除特别顶级的楼盘或者针对特别客户群体！一般都是距离很近的区域。不同消费群体出入场所和媒介接触频率是不一样的，比如30～40岁的企事业领导、白领等就很少看电视！电视广告效果肯定不明显。

如今是一个全民营销的时代！哪怕你是美女，也得包装；哪柏你是英雄，也得营销！对于商品，没有“广告”，不成“买卖”！哪怕你的产品品质很好，价格很有竞争力，如果没有媒体把它推广出去，也只能像一个深锁闺院的大美女，最终也只能变成一个无人问津的老处女！

对于一个商品而言：

（1）离开了广告，商品很难在琳琅满目的货架上脱颖而出！

（2）离开了广告，商品的单品利润一般都很低！同样的商品，别人赚 10 块钱，你只能赚 3 块，很难卖出高附加值来！

（3）离开了广告，渠道商都不好找，即使谈好的渠道商也随时可能弃你而去！为什么会这样？很简单，因为渠道商对于一个没有广告支持的商品缺乏最基本的信心！

（4）不仅如此，没有广告，产品只能是产品，很难形成“商品”，很难做成“品牌”！

对于一个没有“品牌”的产品，消费者自然就对你的产品缺乏起码的“了解”和“信任”，这样一来，你的产品也就常常会被消费者们当作“杂牌货”而备受冷落！

广告的目的在于告知，一是告知商品本身的信息，二是告知消费者购买的理由。

经济的高速发展导致了人们生活节奏的加快，也导致了消费群体对广告接受效率的大大降低。一方面，广告制作者花了大量人力、物力投入广告宣传；另一方面，广告的传播效果却没有太大成效。曾有人用短信发送了 200 万条信息，而回信者只有 50 人。造成这种局面的主要原因是广告没有针对性，也就是没有探明“鱼群”的所在，漫天撒网而所得甚少。

有句话讲，在黑暗中划亮一根火柴，它会比白天里点燃的一根蜡烛更明亮。我们所投放的广告就是要做“黑暗中的那根火柴”。

心理学家认为，只有那些直接作用到消费者的潜意识，甚至可以左右他们思维的话语才是最有效的。而广告的目的就是要能够满足消费者的潜意识中的需求，满足消费者的某方面的利益点。因此，广告要站在消费者的角度，思考和认识这个利益点对消费者的作用是什么。比如太阳雨太阳能根据自己的核心保热技术，提出了“太阳雨太阳能，有保热墙的太阳能冬天才好用”，鲜明地提出了“好用”这个消费者的利益点。

广告的核心其实是一种承诺。承诺要让消费者从中得到某种好处。著名的广告制作人欧格威在谈论怎样创作高水平的广告时曾经指出，“你最重要的工作是决定你怎么样来说明产品，你给消费者承诺什么好处”。在他所创作的成功的广告中，有许多广告就是采用承诺这一方法的。例如在朵芙香皂广告中，它采用了这样的利益点：使用朵芙洗浴，可以滋润您的皮肤。

想要抓住一个产品的利益点，就要抓住重点。它并不是告诉消费者可以直接看到或已经知道的明显利益点，而应该是不易为人所发现的重要利益点。比如，雀巢咖啡向消费者诉求的是“味道好极了”，而不是“能抑制瞌睡”。尽管许多人是为了熬夜而喝咖啡，但却是因“味道好极了”而选择了雀巢咖啡。

在现代激烈的市场竞争中，某种商品的具体功能可能与其他竞争品牌没有太大差别，此时仅介绍商品的具体功能就缺乏说服力。而从商品的某一特色功能着手，却可能达到意想不到的说服效果。比如，在别人都在介绍洗衣机的全自动功能、洗涤量大时，你说明你的洗衣机省电往往会更有说服力。上海大众轿车曾以售后维修服务作为诉求点发布了一系列报纸广告，其中有一则广告的标题是“全国超过 200 家维修站——即使你远在天边，上海大众的优质服务都近在眼前”，从“维修点多”的角度突出强调上海大众的售后服务水平。

克劳德·霍普金斯是现代广告业的开辟者之一。他说，“不要和竞争者比较他的产品，也不要说价格。只要宣传某种产品的某一方面，而这一方面并非某种产品所独有，每一种菜豆罐头都是在 245 摄氏度高温下煮的，可只有第一个当事者说出来才有价值。”

广告人花钱打广告一定要清楚自己想传达什么，想让受众从中得到什么。广告人要善于站在消费者的立场上，说到消费者的心坎上，而那些放之四海而皆准的空话、大话、假话，消费者听着烦，广告主也是白扔钱。

话又说回来，谁不想做广告呢？可“广告”一般人不知道怎样去做，也不是人人都做得起的！“广告投入猛如虎！”这话一点也不假！

因为巨大的广告费用支出而导致企业的资金断链，最终致使企业倒闭的案例也数不胜数！尤其是现在，企业投入广告的性价比变得越来越低，获取有效顾客的成本变得越来越高！

广告就像一个“白富美”，每个人都想娶她为妻的“千金大小姐”。而中小企业呢，恰恰又像一个没钱、没房、没车的“三无屌丝男”。虽然做梦都想抱得“白富美”，以期夜夜共枕眠，但实际上，只能远远观望，无福消受！

对于没有资金做广告的企业，怎么办呢？企业活着就得要吃饭，饭从哪里来呢？于是，这些企业分化为三条路：

第一条路：凭自己的坚忍，靠着业务员的勤奋打通渠道，开发市场！这样的精神可嘉，但是这样的做法掀不起什么大浪，永远只能小打小闹，销售额也很难突破目前的瓶颈！

第二条路：为了过日子，不得不沦落为别人的贴牌加工商，这是一种无奈的选择！加工在整个的商品流通环节中是极低级、利润微弱的环节，赚的都是汗水钱！一条在商场卖 500 元的牛仔裤，加工商能挣到 2 块钱就算好的了！不仅如此，你还得看人家的脸色！人家高兴，给你做；人家不高兴，连 2 块钱也不让你赚！

第三条路：收缩战线，只安于一个很小的区域市场，集中优势资源在一个小地方，这样虽然也能勉勉强强地填饱肚子，而且还可能会有点“存粮”！但是，这种偏安一隅的做法，在强大竞争对手的规模优势的压力下，总显得弱不禁风，时刻都有被吞没的危险！

这个时候，有老板就说了：“我的情况要好得多，因为我有资金去投广告……”

有钱投广告，难道日子就好过了吗？我看未必！

我要问的是：你的广告到底“砸”出了多大的一个“声响”？

你的广告投入产出比是多少？

你的广告有效受众人群是多少？

你的广告转化成实际利润又是多少？

做过广告的企业都知道：80%的广告投入最终几乎都是白白浪费了的！

很多中小企业，千辛万苦，东凑西借，甚至把自己的房产都拿去抵押了，换来的资金投在广告里，结果却收效甚微！为什么会这样？

说到底还是你不懂媒体，不懂广告，不懂广告的老板去做广告，结果只能是白白地浪费掉你有限的资金。

那么如何去做广告呢？如何让广告产生它应该有的价值呢？下面我们举例说明：

牙膏不只是牙齿的清洁剂，它还能让你大方微笑充满自信；香水不只是身体清香剂，还是泡妞利器；衣服不只是保暖防寒，还是政治、礼仪、阶级、审美、性格综合体；车不只是多出来的腿，还是第二张脸；房子不只是遮风避雨的场所，还是梦想、身份、成就……

成功的广告出发点并不是知名度，而是说服购买、占领记忆、影响心智。耐克是勇敢坚决，可口可乐是幸福快乐，脑白金努力让自己等同于送老人的礼品。这就是广告应该起到的作用，在本书里我们会告诉广大读者，让你们了解媒体的传播方式，更有效地去为你的产品做广告。

企业运用媒体的技巧

媒体运用技巧即选择和使用媒体的方式。要贯彻实施媒体计划、首先就要对选用何种广告媒体做出决定。在选定广告媒体之后，广告排期是企业运用媒体中一个很重要的环节。广告排期主要有以下几种方式：

一、稳定排期法

稳定排期法的关键在于重复某一广告信息。为了能加深消费者对产品的印象，广告主会不厌其烦地重复传播某一产品的广告信息，正是由于如此反复传播某一广告信息，才使得广告信息的暴露次数能够达到较高的水平。但是要长时间地重复刊播广告，就需要广告主付出大量的广告费。

二、选择排期法

由于稳定排期法不仅要求广告主投入大量的广告费用，而且还要求不断变换广告信息的内容，因此广告主感到难以做到两全其美。为此，他们希望能够找到一种每隔几天或间隔一段时间刊播一次广告信息的广告排期方式。于是选择排期法便应运而生。依据形式的不同，选择排期法又可细分为两种：

1. 均匀法

均匀法就是均匀地安排广告的排期。确切地说，均匀法即每隔一段固定的时间便刊播一次广告信息。广告主之所以要采用均匀法，其目的在于在保持广告连续性的前提下，不至于使受众因为常接触同一广告而产生厌烦心理。均匀法虽可为广告主节省一定数量的广告经费，但间隔时间的长短主要取决于广告费的多少及安排使用情况。均匀法具有一个极其显著的特点，即每一次刊播的广告，无论是在规模上还是在时间长短上，均采用同一标准，彼此之间不存在差异。

2. 交错法

与均匀法相比，交错法既有相同之处，也有不同之处。相同之处在于，两者都是每隔一定的时间刊播一次广告信息；不同之处则在于，交错法无论是在广告规模、还是在广告时间长短上都是呈递增之势，只是每隔一段时间便会出现一次周期性循环变化。

三、脉动排期法

脉动排期法实际上是稳定排期法与选择排期法的综合体。它的具体表现形式是，广告主在 3～4 周内稳定地刊播广告信息，而后偃旗息鼓 3～4 周，此后再掀起一个高潮，如此循环往复。由于这种方式在图形表示上呈脉动状态，故名脉动排期法。脉动排期法的最大好处在于可以使广告主花费较少的广告费用即可取得较好的广告效果。

由此可见，脉动排期法的作用就是利用连续不断的广告支持作为先决条件，再辅之以间隔出现的广告信息，从而利用不断增强、加深消费者对广告信息印象的方式来使广告产生良好效果。

四、季节排期法

某些广告主由于自身产品所具有的季节特性，不得不考虑在适合产品销售的季节安排广告排期。例如冰激凌生产企业在安排广告排期时就必须错开冬季；而服装生产企业在安排广告排期时也会尽可能地考虑适于穿着某一种（或某一款）服装的特定季节，并以此为依据来安排广告排期。

五、逐步递增排期法

逐步递增排期法也叫媒体进度依需渐次加强法，这种排期法目前主要用于新商店、新产品或是任何希望能够引起受众注意的活动。它之所以能引起受众注意的原因在于，它是利用逐步递增的方式来不断扩大广告规模，不断增加受众对广告信息的累加效应，随着广告规模而不断加深印象。但广告主要注意的是，在采用这种方式安排广告排期时，切忌将整个周期时间拉得过长，以免广告攻势尚未接近尾声，受众就先对广告信息的内容产生了厌恶心理。

六、逐步递减排期法

逐步递减排期法也叫媒体进度先多后少法。同逐步递增排期法截然相反，逐步递减排期法广告攻势的重头戏安排在广告投放的初期，而后逐渐降低广告暴露频次，直至最后完全消失。这种排期法是为了迎合某些公众心理而设计的。广告主在实施逐步递减排期法时，通常都是先对受众发起“闪电式”广告攻势，而后逐步降低广告攻势规模。在认真评估广告效果后，广告主考虑是否再掀起新一轮攻势或选用其他排期方式。

那么企业宣传如何有效利用媒体资源呢？在对媒体资源的运用中最重要的是熟悉媒体运作规律。

熟悉媒体运作规律是企业选择宣传工作的重中之重，产品要达到宣传效果必须明白哪些媒体是有效媒体，哪些才是对自己有用的媒体。千万别“眉毛胡子一把抓”，要做到有的放矢。运用媒体并不是越多越好，而是越精越好。无论在什么地方一定要首先熟悉当地媒体哪些是有效媒体？哪些是目标媒体？哪些媒体的读者和观众是自己目标客户所喜欢看到的？看起来要做到这些很困难，但是仔细一想并不难。

（1）通过媒体的朋友和关系获取一份媒体的影响力的情况介绍。电视台有收视率的排名；报社有发行量；电台有收听率；网媒有浏览量的数据，掌握好这些数据才能有效地熟悉当地的媒体情况，真正要想做好产品推广，这是首要的工作。

（2）熟悉媒体栏目的情况。不同媒体有不同栏目，不同栏目的影响力和覆盖率是不一样的。比如说四川电视台文化旅游频道在成都地区的收视率名列前茅，但是他们主要做民生类的新闻和专题，并不是企业产品推广的理想栏目，若选择硬性广告投放的话，要考虑这些栏目的播放时段。

（3）做精品节目的深度报道十分重要。深度报道和纵深报道对于产品推广来说是很有必要的。寻找一个合适自己产品的媒体栏目，进行深度推广和纵深报道是必不可少的。

（4）合理利用网络媒体炒作。越来越多的数据表明，网络媒体对于企业的炒作，比企业本身花很多钱来邀请代言人，找很多媒体采访收效快得多，成本节约得多。

企业在对以上各种因素加以认真考虑、妥善处理之后，便可制定出详细的媒体排期及确定所要购买的媒体类型。一般而言，内容详尽的广告排期表不仅可以起到计划指导作用，而且还有助于广告主做出购买媒体的决定。若企业决定在全国范围内开展广告宣传，确定购买媒体类型便由此而成为一项重要工作。由于媒体计划要求覆盖面广，故而广告主要同许多媒体机构进行接触之后才能最后敲定所需媒体，其中的工作难度是可想而知的。如果企业不想为此而浪费时间，也可委托专业服务机构代为办理。

为什么你的产品不畅销

太多企业主都以为自己的产品销售量不好是因为知名度不够。的确，我们见到很多厂房宽敞、设备昂贵、渠道资源丰富的企业产品卖得不好。最开始老板会反省是不是产品不够好，可是看看这么好的厂房、这么贵的机器、这么好的代理商，研发人员也是一流的，博士、硕士、顾问、专家全部齐备，不可能是产品的问题啊。不然你看，我们的材料、技术、理念，甚至比那些世界一流的产品都要好。

那么问题一定出在知名度上了。的确，耐克没有自己的厂房，就靠天天打广告；可口可乐也只是糖水，就靠天天打广告；蒙牛这个牛奶，还是靠打广告；最明显的就是每个月销量都上亿的脑白金不就是靠广告吗？所以我们早早下好结论：“说到底，都是因为知名度！”想要提升产品的知名度就必须做广告。而广告植根于商业，没有商业就没有广告。也就是说，当人们需要交换价值的时候，广告就产生了。但并不是你站到人面前喊一声“我有货”，别人就会来买你的货，而是要说清楚你有价值，你的价值是什么，为什么他应该和你交换价值。

就像 HR 不可能因为你说了一句“我毕业了”就会录用你。你还必须告诉他，你有什么能力，你擅长什么、你实习经历有哪些、你外语水平怎么样、能不能熬夜、会不会做报表等，这些都是你的价值。他录用你，给你发工资。你贡献你的价值，他花钱买你的价值。

打广告之前只想着知名度，你要知道你卖什么。如果你卖酒，什么酒？谁会喝你的酒？为什么喝你的酒？为什么他要费尽辛苦跑到巷子里来喝你的酒？这一句句追问就是要搞清楚你的产品对目标群体的价值在哪儿，你的产品和服务能不能满足他的需求，你有没有打中他的痛点。这是企业做广告前应该弄清的问题。下面的问题就是分析怎样把你的产品的价值传播出去。

“互联网时代，眼球聚焦已经开始变迁，手机和电脑屏幕就是商机！”当下，应用电子商务改造、提升企业信息化水平和利用网络渠道扩大产品销售，已经成为越来越多企业的战略选择。“新媒体营销”这个概念已经逐步融入消费市场，企业开始思考如何创造和改造已有的传统商业模式，来迎接网络经济高潮的到来。掘金路上一条新的康庄大道被越来越多的商家认可，如何利用新媒体来扩大企业的营销成为许多商家看准并思考的问题。

一、弄清消费者的需求

“满足用户需求”几乎是老生常谈，与需求相关的有三个容易混淆的表述。第一是“欲求”。欲求是人们希望得到但又没有能力得到的东西，或者说是想要又支付不起的东西。第二是“需求”。在经济学上，“需求”是把人们想获得某种东西的数量或质量，与人们为了获得这些数量或质量要付出的代价联系起来的函数或关系。“满足用户需求”不仅是他有我没有，而是我和他一样多。

二、什么时候被需求

人们生活中面对事物有两个维度，一个维度是紧迫性，一个维度是重要性；两个维度构成四种境况，即紧迫且重要、重要但不紧迫、不重要但紧迫、不重要且不紧迫。所谓“需求”的场景或境况是紧迫且重要，经济学上将紧迫且重要时价值称之为边际价值或边界价值。

三、控制产品销量的是价格

老百姓常说的“便宜，就多买点；不便宜，就少买点”，表示的就是经济学上的需求法则。需求法则表示的是消费者在任意给定价格下计划购买的数量。也就是，当其他条件不变时，物品价格上涨，则需求量下降；物品价格下跌，则需求量上升，即：需求量与需求价格成反向变动关系。

免费是媒体常见的一种的价格形态。免费往往能产生特殊的市场奇效，使得媒体产品的销量激增，甚至出现哄抢。免费在经济学上称之为零价格，但不代表零价值，否则，免费也没有意义。也就是说，免费是有价值的商品采取零价格的一种销售方式。

四、媒体广告的价值稀缺性

1845 年爱尔兰发生灾荒，土豆价格上升，但是土豆需求量反而增加了。这就是“吉芬商品”现象与需求法则相悖。

一般情况下，人们日常消费媒体的时间总量是相对固定或变化不大；也就是，消费者消费这个媒体时间多了，消费其他媒体的时间就少了。突发事件、新闻、绯闻等具有稀缺性，按照经济学观点，越是稀缺，价值越高。哪个媒体掌握了稀缺性的资源，哪个媒体的价值就越高，吸引的读者或观众就越多，而其他媒体吸引的观众就会减少，其媒体的价值就会降低。

所以，提供产品的价值信息，以及在什么媒体，做什么样的广告，广告向消费者传递怎样的价值信息，这决定着你的商品是否畅销的基本原因。

你的广告费浪费在哪里了

广告圈广泛流传著名广告大师约翰·沃纳梅克的一句话:“我知道我的广告费至少浪费了一半以上，但我不知道究竟浪费在哪里？”说的是由于广告投放不当而造成巨大浪费的问题。

广告投放如何将钱用在“刀刃”上，使企业的每一分钱都发挥效用呢？

广告主不懂媒体，乱投广告，常见的有以下几种表现形式：

（1）权力广告。领导或上级指定在某媒体投放巨资广告；

（2）回扣广告。这种方式在企业里经常有，如公开回扣、私下回扣、变相回扣等，企业公关人员拿了回扣不问发行量，不管收视（听）率，无视广告效果。

（3）诱导广告。媒体夸大广告效果，诱导企业老板、企划经理在自己媒体上投放广告。

（4）狭隘广告。企业主不做调查研究，拍脑袋做决定，认为只要在某媒体投放广告，就有助于产品的销售。

（5）利益广告。媒体站在自我生存立场，利用中介、广告公司等与媒体达成高回扣协议，全方位向企业推荐某媒体的夸大广告效果。

（6）偏激广告。企业新产品上市或公司上市、出口产品等，不问市场乱投广告。

（7）攀比广告。企业同行、同类型产品攀比，如某企业请800万元的明星代言，另一企业就请1200万元的明星做代言。

因此，在某种情况和地域内，企业是被媒体“绑架致死”，“围攻致死”，“吊死在一棵树上”。

广告投放策略是企业经营和市场营销的重要组成部分，包括品牌要在哪些区域、媒体策略制定，促销宣传的核心。大多数企业已经明白：自己的产品不可能卖给每一个人，每个产品都应该确立自己的目标人群。产品应针对这些目标人群，传播自己产品的核心卖点，进行有针对性的诉求。但大多数企业在进行传播时对媒体的选择却非常粗放。

事实上，任何产品的目标消费人群都有一定的媒体接触习惯，而产品的传播要通过适当的媒体发布，才能有效地传递给诉求对象。这样，就需要事先做好媒体的选择与评估。由于现代媒体也是企业，企业与媒体合作就像和经销商合作一样，要协调媒体单位的时间、资源，对广告的发布时间早做计划。所谓媒体策略就是针对广告使用何种媒体、对不同的媒体如何组合、广告发布的时间和频率怎样安排等问题进行事先的安排。

我国批准出版发行的媒体有一万多家，各家媒体的定位、发行区域，针对人群都不一样，媒体重复、分流的现象十分突出。

广告的发布是产品促销活动中重要的实施环节，同时，由于通过媒体宣传需要支付大量费用，因此，推广策略直接影响促销的效益。从这个意义上说，媒体策略是促销活动的核心内容。

首先，对媒体的特性进行了解，是为了根据每种媒体的不同特点进行组合，互相取长补短。不同的媒体在表现形式、覆盖区域、传播范围、受众数量、受众特点、对受众的作用和影响程度、媒体自身的定位等方面都各有特点。除了凭借媒体策划人员的经验进行定性把握外，评估媒体主要有三个指标依据。

一、发行量和覆盖人群

媒体的发行量是衡量媒体的规模和影响面大小的重要尺度。一般来说，报刊的发行量，指发行（包括零售和订阅）的总份数；广播和电视的发行量是指收听或者收看的受众总量。

二、有效受众人群

接触媒体并具有广告诉求的目标对象特点的受众人群。在总体受众里，特定的广告针对特定的人群进行诉求，而这些人群只占总体受众的一部分，这才是有效受众。在广告界有句名言：“我知道我的广告费至少浪费了一半以上，但我不知道究竟浪费在哪里？”事实上，大多数的广告浪费就出现在广告宣传的目标受众仅占总受众的一小部分。这样，大量的宣传就针对了非目标人群，对于产品销量毫无帮助。例如：某一个电视栏目是少儿节目，其目标受众就是少儿和他们的父母。那么，在这个节目时段插播的广告如果恰好就是针对这类人群诉求的产品，对这个产品的广告而言，它的效益就好，因为它的宣传对象里目标受众最多。反之，则大大影响广告效果。从这个意义上说，根据媒体和受众的特点预测有效受众的多少是进行有选择的媒体投放。

三、每千人成本

这是一个我们常常在选择媒体时听到的术语，它指某一媒体发布的广告接触每 1000 人受众所需要的费用，一般的计算公式是：广告费用除以媒体的受众总量再除以 1000。这个尺度可以明确地显示出在某一媒体发布广告的直接效益，因此常常作为评估媒体的重要量化标准。一般来说，千人成本最低，媒体成本也就最低。了解了各种媒体的特点和评估媒体的方法，就可以进一步进行媒体的组合推广。

传媒的丰富使人们获得资讯的方式越来越多，也必然会增加受众对媒介的选择，当然，也增加了广告主对媒体的选择。在我们对一种产品进行传播和推广时，已经无法找到可以把产品信息传播给我们受众的单一的一种媒体。因此，如何在众多的媒体中选择最符合促销的目标市场策略、产品定位策略、诉求策略的媒体，并把这些媒体合理地进行配置就显得至关重要。

所谓媒体的组合就是指根据不同广告媒体的特征，依据互补性原则，对媒体进行时间、版面的配置，以提高传播和诉求效果。如何衡量备选的媒体是否适合整体的促销策略并且能收到预期的效果。

EKEN 是一家大型涂料生产企业的主导品牌，是该企业推出的一种新的墙面漆。该产品原料及工艺均来自德国，产品通过了 ISO9001 和 ISO14001 质量体系认证，获得国家环境保护协会的环保标志，可以说产品的质量和使用效果没有任何问题。在定价上，走高价位路线。在市场销售上，该产品几年前开始风靡欧洲，至今仍有较大的用户群。产品的消费群分为两类，一是家庭型消费，二是工程用（如酒店装饰）消费。企业为该产品准备了上千万元的启动资金，准备在产品的品牌上多下功夫。产品上市初期，经过两个月的准备，已经把货铺到城市主要的 100 多家销售终端。

品牌推广方面，企业决定在城市的主流媒体进行全方位的广告宣传，主要在收视率较高的地方电视台、读者群较大的地方性晚报、早报、新闻报上发布广告，并配合系列软文。在强势入市、多种媒体组合的宣传攻势下，该产品的宣传覆盖面达到城市的 70% 以上，但在用了近 400 万元的广告宣传费后，销售状况仍然不很理想。除了原有关系客户的开发较为顺利外，依靠经销商和广告而吸引的客户始终不多。为此，企业希望能找到问题的原因。

首先，他们分别对家庭用户和工程用户进行了调研。调研发现该产品的目标受众对广告的印象不深，甚至多数人表示没有看到该产品的广告。进一步了解得知，产品的目标消费群锁定在30～40岁、收入较高的白领阶层，而这部分人很少看地方台电视，对于城市晚报和早报的关注更是少之又少，几乎不关注广告版面；在消费者需要购买墙面漆时，他们大多数会留心报纸的家居装潢专版；一些企业的决策者在选择材料时会关注比较权威的专业性期刊，在专业性媒体上寻找新的产品。

通过对经销商的访谈和调研得知，在经销商关注的有关装饰的电视栏目中，在晚报和早报的家居专版中，在一些专业性期刊上，均看不到该产品的广告。因此，经销商对该产品了解不多，仅知道这种墙面漆正在强力打广告。

通过以上了解，企业找到了产品销售不畅的主要原因出在媒体推广上。第一，在媒体的组合上考虑收视人群的量而不是质，没有锁定目标消费者，致使广告大量地浪费；第二，广告的组合和投放版面的组合过于粗放，没有考虑读者的阅读习惯；第三，没有任何针对经销商的宣传，或者说把经销商当作消费者一样来宣传；第四，没有系列的地面促销活动的跟进和配合。基于以上原因，所以没有起到相应的效果。

在广告宣传中，怎样把两种以上的媒体进行合理搭配，才能达到理想的宣传效果呢？这就涉及媒体的组合原则。

首先，媒体组合有助于扩大广告的受众总量。任何一种媒体都不可能与企业产品的目标消费群完全重合，没有包含在媒体受众里的那一部分消费群需要借助其他媒体来完成。因此，媒体的组合应该最大程度互补，以满足广告发布覆盖最大的有效人群。

其次，媒体组合有助于对广告进行适当的重复。消费者对广告信息产生兴趣、记忆、购买欲望，需要广告有一定的频率来提醒消费者。因为受众对于一则广告在一个媒体上重复刊播的注意力会随时间推移而减少，因此需要多种媒体配合，延长受众对广告的注意时间。

最后，媒体组合有助于传播渠道的互补。不同的媒体有着不同的传播特性。比如，电视广告对于吸引消费者的注意力有所帮助，但不能传递太大的信息量，报纸、杂志就可以传递较大的信息量。一般促销活动的信息发布可以由电视或报纸完成。因此，媒体的组合应该充分考虑信息的互补。

在多种媒体上同时或间隔地发布大版面、长时段的广告不一定能达到最佳的效果。因此要对在各种媒体上发布的广告规格和频次进行合理的组合，以保证在达到广告效果的情况下，为企业节省下广告费用。

改变格局的力量：品牌推广

如果消费者不知道你的存在，你将永远卖不出你的产品。全球每年有许多新产品迫不及待地要把自己介绍给消费者。但是，大多数产品都无法激起消费者的热情，常常是不到一年就在市场上销声匿迹了。

那么新产品该如何推广自己呢？广告就是利用各种手段来说服消费者消费：告之、劝说、夸耀、引诱，或者是施加压力。因为广告具有内容可以变换，时间可以控制，能在短时间内造成巨大的影响力的作用。

媒体或其他利益相关者可能也在密切注视品牌的推广过程和结果。概括和了解产品的特点是为了企业制定适合的推广计划和媒体投放策略，并能找准时机使之拥有一个较高的市场起点。

一、整合多种媒体终端，全媒体投放

在全媒体时代，技术更新换代的速度非常快，不管哪一种形式的媒体，都不能像以前一样独自躲在自己的领域摸索发展，否则只会在同类市场上受到新兴媒体的排挤，最终被社会淘汰。

除此之外，各种媒体形式也逐渐得到更新，户外媒体、移动媒体等新兴媒体成为亮点。随着信息技术的发展，人们接受信息的方式呈现出多样化的发展趋势，很少有人在家通过单一的电视了解一些自己感兴趣的信息，所以传统媒体所存在的时间、地点不能移动的劣势就此显现了出来。而人们在户外活动中的所见所闻，却能够达到非常理想的宣传效果，因此人们就可以充分利用一些移动媒体来进行宣传，诸如车载移动媒体、户外广告牌等。这样不仅能够轻易吸引受众的注意力，还能够扩大宣传的外延，而产品的品牌也自然就随之得到进一步的提升。

二、实现消费互动，提高参与度

在媒体的传播过程中，受众是其传播的主要对象，是接收媒体传播信息的接受者。当前，对于媒体业的受众者来说，最基本的需求就是互动，所以各个媒体都非常重视能不能在和受众互动方面取得实质性的效果。受众是媒体发展的主要生命线，广告主市场和受众市场同时受到信息产品的服务，所以一个发展成功的媒体品牌需要树立亲民的公众形象。例如，湖南卫视近年来最热门的娱乐节目《快乐大本营》，节目组就充分落实了“受众至上”的宣传理念，给予了受众者最大的互动权利，实现受众与节目的互动。

三、专业+品牌+区域

在全媒体时代，各个媒体所提供的信息已经进入到了饱和阶段，逐渐形成了信息爆炸的现状。此外，各媒体在不断增加所提供的信息数量的同时，信息同质化的现象也逐渐产生了。因此，在媒体品牌打造中，将信息内容实现本土化，也是全媒体时代媒体品牌构建中所实施的一种差异化战略。当大多数媒体都在追求为受众提供全面、高端、大气的信息时，一小部分媒体以某一地区的受众为信息传播的对象，并为其提供相应的信息需求。与此同时，在媒体竞争如此激烈的背景下，媒体还可以实行市场化的服务，这样不仅能够从市场中获得利益，还能够给受众提供更加多元化的信息，进而为媒体品牌的发展提供更加充足的动力。

四、战略上加强策划，推动营销

不管对于何种市场媒体策划都是非常重要的。策划就是充分挖掘和利用现有资源，采取最佳组合方式，能够达到好目的、取得好效果的系列方式方法。是一个企业为了达到品牌推广的目的，通过构思与设计，最终制定出来的一个科学的方案。不管做什么事情都要有一定的规划性，只有在前期做好充分的调研和策划，事情才能科学合理地朝着预先计划好的方向发展。

下面我们来看发生在美国的一个例子。安迪·威廉姆斯的月亮河剧院就建立在布兰森市。普雷斯利家族（与摇滚巨星猫王普雷斯利没有任何关系）的乡村朱比利剧院也在那儿，著名的乡村音乐小提琴家田渊胜次在那里也有一家自己的剧院。在过去的十五年中，布兰森建了三十多个豪华的音乐厅。

没有人知道这一切是怎么开始的，为什么那么多的乡村音乐家都被吸引到了布兰森，但是那些剧院每天下午和晚上都挤满了热情的观众，而且表演都棒极了，或许这是美国中产阶级现象的最好体现。

当时这个城市的知名度仅限于周围的几个州。尽管每年来看演出的观众已经达到了130万元的惊人数目，但是当地那些剧院的主人们却有个更大的梦想。

剧院的老板们成立了一个协会——奥索卡市场推广委员会，委员会就是客户。他们有两个目标：一是让全国的人们都知道布兰森，二是在两年内使来布兰森的游客增加到350万人.他们希望通过战略公关达到这两个目标。

但很明显，如果只是把重点放在那些乡村音乐明星上，这样一个娱乐推广角度是达不到目标的。这样做尽管非常符合逻辑，但是却不足以让那么多人了解布兰森并乐于来这里参观，因为这样做会让报道仅局限于娱乐媒体。

媒体是利用布兰森还没有广为人知这一点来吸引人，这可是新鲜又时尚。因此媒体策划了一个众多明星都参加的布兰森新一季“盛大献映”活动，向全国新闻媒体介绍如下：“让我们告诉你一个你从来没有听说过的地方，这就是密苏里州的布兰森。它位于密苏里州南部的奥索卡山脉，只通有一条两车道的盘山公路。但是去年来布兰森的游客却将近迪士尼乐园游客的三分之一。但你还是不知道这个地方是吗？”至此，我们一般会停下来让那些使人印象深刻的信息点沉淀一下，然后等着受众的反应。

随后当地举办了有史以来规模最大的表演节。大家的注意力被吸引过去。新闻界那些主管纷纷跑来问还有哪家新闻机构在做这个报道，然后就产生了所谓的“滚雪球”效应。一家著名新闻机构向我们保证他们一定会来。很快事态的发展已经超出了预料。当美联社提前报道了大家如何为布兰森即将到来的最大盛会而激动时，事情发展到了最高潮。布兰森登上了《时代》杂志的封面，其他新闻机构也想参与进来。对于布兰森的经营者们来说，则产生了另一种滚雪球效应。他们接到了其他乡村音乐明星要求参加这个活动的电话。可以说一夜之间，全国数以百万计的人们都知道了布兰森，这都得归功于媒体传递给广大观众的那些激动人心的信息。

媒体分流让企业看不懂

今天，我们面对的是一个高度商品化的社会，过剩的不仅是商品品类、数量和商品主，就连沟通传播的方式都发生过剩。中国正处在一个媒体泛滥的时代。据统计，中国的电视台目前省级有 60 家，700 多家城市台，5000 家有线电视台，26000 个频道，而广播电台也超过 1800 家，各类报纸超过 1000 家，各类期刊近 9000 家，这种应运而生的媒体，使中国人生活在一种恰如居伊·德彼笔下的“商业性影像表现的社会景观现象中”。

媒体过剩导致了品牌商品传播成本的双向制衡：一是媒体的垄断作用下降，品牌传播的单项成本大大下降；二是媒体品类更细分多样，使传统媒体传播的覆盖率和到达率都在下降。

媒体过剩导致品牌信息传递的分离。一边是品牌营销费用加大，广告投入的比例下降，另一边是媒体分流、广告到位率下降，导致企业在品牌推广上瞻前顾后。

媒体的过剩导致广告传播分流、到达率的模糊、有效性锐减，致使我国消费者对媒体传播信任度下降。

首先，消费者消费理性形成，对以媒体形式传递的商品“诱购信息”进行本能的筛选、分析、选择，再次决定是否购买。

其次，各品牌广告传递信息的交叉重复化，相互抵消同一品类商品的到达率，这里也有品类和产业之间广告传播的相互抵毁攻击，导致广告率下降。

第三，媒体为了自身的生存发展，不惜动用各种手段推广，于是出现了“权力广告”、“关系广告”“回扣广告”“绑架广告”等。

因媒体分流导致人们接受品牌传媒传播的信息效果不是很明显，广告分流性导致企业对品牌传播的质疑。那么，企业应如何应对媒体分流带来的品牌推广阻碍呢？

一、正确分析品牌，制定媒体投放的策略

无论是面临媒体的分流，还是渠道成本的增高，品牌塑造与传播的资源都是不能取消的。品牌的作用是一个企业特定的价值符号，而同一产业的产品结构是相对同质化，企业与企业的差异特征并不在于产品实物的差异，而在于品牌的无形影响力。

二、科学的营销预算保障品牌投入

品牌投入费用必须通过企业营销预算预留和保证。营销预算要体现“互补平衡”的理念，即要善于通过对营销流程的各个价值链的盈亏测算，以盈利的价值链互补亏损的价值链。一个创造品牌溢价的预算必须留有品牌投入，关键问题是企业对预算中的品牌投入费用的认可，是真实执行还是“叶公好龙”。一个品牌投入费用在营销预算后得以全面执行。在于这个公司的预算是营销溢价型？还是市场规模型？如果是后者的预算，往往无法保证品牌投入的费用，更谈不上如何在媒体分流下保证广告投入。

媒体分流对产品的宣传有很大的影响，那么，企业如果在媒体分流下做好产品的品牌传播？面对媒体细分导致品牌传播效果分流，这样的问题又如何解决呢？

1. 传播内容高度整合

以品牌传播的整合应对媒体细分而出现的效果分流。传播整合即把品牌传播的内容高度整合到一起，形成系统之势。传播内容整合，不是一些公司所做的在一个特定时间、保证特定的媒体覆盖面和曝光频次的传播计划，这是一种技术做法。具体操作如下。

首先，充分体现品牌鲜明的“稀缺性价值”。最大化区分对手，由于具有品牌“稀缺价值”，品牌传播识别效果是截然不同的，识记度高的传播效果即使传播频次有限也能抵消媒介的分流。

其次，传播必须有一个符合品牌“稀缺性价值”的主题。企业的品牌传播不是一个静态流程，它由不同时间、不同地点、不同媒介、不同产品或销售内容表现。这诸种形式如果缺乏一个鲜明主题来统领，那么传播效果势必淹没在媒体分流之中。不论传播形式如何变化，都有一个鲜明主题，或以不同阶段的传播主题共同呼应品牌的“稀缺性价值”，那么各个子系统就会构成一个大系统集成模块，使品牌传播的效果整合一体，抵消媒介分流的干扰。

2. 品牌推广要符合消费者的价值认知

企业的品牌营销策划传播常常犯“以我为主”的促销，比如打折、赠品并不是消费者所喜爱，缺乏站在消费者的角度思考销售……

消费者价值满足有两个层面：一个是物质层面，通过产品和服务、合理价格，让消费者获得使用功能的满足。另一个是精神层面，消费者获得一个产品，更多的是希望这个品牌文化能给他带来一种价值炫耀的满足。

通过系统思考和分析，找到他们内心深处的需求，并创造获得消费者参与体验的机会，是抵御媒体分流的另一好办法。

美的空调能够成功传播都是紧扣中国最省电的空调主题，使“美的”成为消费者认可的品牌。美的空调年度品牌推广和终端促销，都在这个主题下创造消费者体验，如消费者对空调的十项技术指标的 PK 认知、全球空调消费者参与外观体验设计等活动……这种紧扣品牌“稀缺性价值”的体验促销，使美的传播内容有效抵御媒体分流。

海尔的产品最初并不是一流的，但海尔售后服务做得很到位，因此获得消费者的普遍认可。海尔紧紧抓住“售后服务”这张王牌，得以成为国际品牌。

3. 组合传播，让你的产品成为爆款

目前媒体处于特殊媒体时代，它分成六大品类：电视（数字）、声像广播、纸媒体、户外终端、网媒体、自媒体。品牌传播在媒体形式分流的情况下并不等于品牌传播主体分散。如果你的品牌能以一个动人、传奇的故事来体现，那么媒体传播的文化生命力会

持久。

网媒体在某种程度上将另几大媒体整合在一起，网媒体保存期长，有越来越多的受众。今天网媒体传播力量几乎超越了所有媒体。如果品牌传播具备了奇特故事，那么在媒体分流的今天，仍能保持品牌传播的整合性。

4. 企业建立品牌传播组织

在企业建立一个高效的品牌传播组织，给予真正授权，并和优秀的外脑机构（智囊）合作，以最佳创意、最低成本、最优传播效果战胜媒体的分流。

第四章

用好媒体等于给企业插上金翅膀

企业与媒体的关系，绝不仅是广告和宣传那么简单。媒体是企业的产品在市场中获得成功的重要保证。企业可以通过媒体广告和宣传迅速建立企业品牌和影响，但从没听说过企业的产品可以不靠广告宣传就能销遍全球的。企业可以通过广告手段和策略，利用媒体扩大品牌知名度，实现企业利润，传播企业形象，增强企业竞争力。

特殊媒体时代的大数据分析

现在，我们进入了大数据时代，进入了前所未有的3V时代，即一个信息Volume（海量）、Variety（多样化）、Velocity（快速）的时代。据《华尔街日报》总结，这种变化是源于三种技术的结合：大数据分析、智能制造和无线网络。而大数据分析的实现，又与无线网络密不可分。

在20世纪末也有所谓的大数据——几百家公司，几十年的数据，十几个变量，乘起来就是几万个数据点，然后用统计软件找出变量之间的关系。这在当年是最前沿的大数据分析。而如今，一般的数据也有几亿个数据点。现在有人说要用过去20届世界杯的数据预测比赛结果，那简直是开玩笑——才几千、几万个数据点，你怎么保证数据的有效性呢？所以没有互联网，数据分析总是很有限的。

全球畅销书《社会消费网络营销》的作者拉里·韦伯认为，大数据包括企业信息化的用户交易数据，社会化媒体中用户的行为数据和关系数据，以及无线互联网中的地理位置数据。大数据的意义并不仅仅在于大容量，更重要的是，通过对海量数据的系统分析，可以创造出新的价值。美国作家维克托·迈尔·舍恩伯格在《大数据时代》中前瞻性地指出，大数据带来的信息风暴正在变革我们的生活、工作和思维，大数据开启了一次重大的时代转型。

比如，美国有位教授以前觉得机票早订比较便宜，后来他偶然发现有时临近起飞再订反而更便宜。于是，他索性办了一个网站，想购票的人只要给出航班时间和飞行地点，他就可以根据过去几亿个数据点的规律，免费建议想购票的人是提早3天订票划算，还是提早3个星期订票划算。用了他这个网站的人，平均每一单能节省50美元。

大数据给我们带来的影响是，有些人做的业务在传统经济时代是很难发展的，但在互联网时代就有了发展的可能。有个人在天猫上卖皮草，每单生意能卖到4万元。他是如何在网上找到那些相信他并愿意出高价购买的人呢？他说，很简单，可以根据网民的上网记录等原始数据进行分析，判断哪些人是潜在的网上买家。他打包买下这些用户数据，相应地推送广告。这样的方法非常有效，一年可以轻松做到几千万元。

大数据时代的全面来临为广告的思维方式也带来了深刻的变化。

一、被动的数据采集将成为关键

目前大多数广告公司都是基于主动的数据采集方式，即调查者问，被访者答。大数据时代，人们往往置身于数字化环境下。手机移动设备的发展使我们可以掌握消费者的地理位置动态。例如，通过地理位置感知，能够使得我们了解消费者此时在哪里、在做什么，他们可能会去什么地方等。这样不仅可以追踪到消费者购买了什么，还能追踪到购买前的浏览和购买路径。已经有一些网站把这种被动的数据转换成“推荐”，告诉浏览者当你浏览到这个页面或者你点选这个产品的时候，可能有百分之多少其他的类似用户也在看什么。

这让被动式的数据采集方式成为一种可能，并将逐步发展成为未来的主流方式。它的优势在于：

第一，提升数据的准确性。主动的数据采集以问答形式进行，往往是依据消费者的记忆状况。另外，由于消费者有时候又过于理性，隐藏真实的想法。而采用被动的数据采集，广告人依靠消费者自发的或无意识的数据提供，能够提升准确性。

第二，非介入式的方式使得消费者更具自发性。广告人是去观察而非干扰（提问），这样的调查结果便更具自发性。

第三个优势在于快速、即时性。广告人可以在消费者行为发生的当下，去捕捉其表现和状态，而不是事后诸葛亮。

二、从大数据到大系统思维

通过被动式的数据采集，企业和广告公司将会获得海量的数据信息，不仅是数字，更有文字、音频、影像、地理位置等多元化的信息流，而且数据的获取往往是即时的。那怎么能够把已获得的海量的数据转变成大系统思维呢？这将是一个持续的挑战。

毫无疑问的是，大数据为企业的营销提供了及时、有力的数据支撑，帮助其更快地做出决策，建立新的营销模式，让销售自动化和个性化等。麦肯锡管理咨询公司曾表示，在制造业等领域，整合各业务部门的数据可以显著减少投放市场的时间并提高质量。比如，制定行动方案，为高度细分的人群提供定制的产品和服务；对于零售商而言，可以根据实时销售数据来调整库存和定价；创新产品和服务，详细的销售数据将为开发新的和更新的产品提供依据。

三、与消费者的整合、合作、共创

我们可以看到消费者的角色已经开始发生转变。在大数据时代，消费者能够更多地参与品牌的建设、内容推广、服务等方面。这有助于了解消费者如何看待品牌、产品和服务等。

总而言之，科技正在以一种越来越聪明的方式创造价值。但同时要注意的是，数据还是得依赖广告人将其转变为有意义的方案，才能为消费者和企业创造更多的价值。

可口可乐把自己做成媒体

可口可乐正计划将更多广告投向社交媒体，而不再是传统媒体。可口可乐董事长兼CEO 穆泰康在一次新闻发布会上重申了可口可乐对社交媒体的偏爱。现在可口可乐在FACEBOOK 上拥有大约 7000 万粉丝。

穆泰康说：“在中国，我们现在有 10%的产品广告是通过社交媒体平台来完成的。2015

—2016 年，这比例将上升到 75%。”他解释这一做法的初衷是因为：“15 年前，我们只要生产出质量好的产品，做个好广告，给消费者制造一个积极的产品印象，就可以把产品摆到货架上去卖了。现在，你必须去创造消费者表达意愿，让消费者愿意主动地谈论你的产品和公司。这也改变了我们的业务，改变着我们和消费者沟通的方式。”在这次来中国前，穆泰康刚刚在缅甸参加了两家新装瓶厂落成仪式。可口可乐是第一个在当地拿到外商投资许可的企业。

可口可乐是社交媒体行家，在营销上的创新让穆泰康引以为傲，其中包括“小小世界”案例：可口可乐在印度和巴基斯坦拥有自动贩卖机，他们在机器上装了摄像头，使两国消费者可以通过摄像头看到对方。很多人在社交网络上谈论这件事情，这个小小的技术创新，获得了大范围热议。穆泰康说：“你要始终保持在潮流前端。有的时候需要冒一些风险，因为没有风险就没有回报。”

不久前，可口可乐“卖萌表演”在社交平台上走红。一系列印着“高富帅”“有为青年”“天然呆”等网络流行语的可口可乐，被很多消费者买来拍照上传到微信、微博。除了可口可乐品牌外，该集团旗下还有其他 499 个品牌，3000 多种不同的产品。

如果把货架上的可口可乐的瓶子当成媒体来发消息，每天十亿级别的销量，意味着它的传播将高过任意单个媒体。

2013 年夏天，“你是我最重要的决定”“阳光总在风雨后”“我愿意为你”等几十款流行歌曲歌词被印在可口可乐的瓶身和易拉罐上。据可口可乐公司提供的数据显示，6 月份，“歌词瓶”带来可口可乐整个汽水饮料销量的增长高达 10%。

“谢谢可口可乐送我有专属名字的瓶子”这是歌手林俊杰 2013 年 6 月发布的一条微博，他收到可口可乐公司寄送的“昵称瓶”，昵称是“有为青年”。随后，包括黄晓明、王心凌、蔡少芬、林更新、陈建州等，网上一共有 2430 位各路明星和意见领袖在各自的社交网站上分享了自己收到可口可乐“昵称瓶”的惊喜。

这些“昵称瓶”都是可口可乐公司送给这些名人的，并随后正式宣布推出“昵称瓶”的包装，引发了网友广泛热议。要知道可口可乐的经典瓶型外观一直没有多少改变，这次突然发布如此“接地气”的包装着实让网友吃惊，甚至有很多人表示是不是山寨可口可乐。一时间，可口可乐换装的消息遍布微博、豆瓣、天涯、人人等新媒体平台。随后，大量传统媒体也跟进报道。

如果说，“昵称瓶”是人与人之间身份认同或风趣打招呼的一种方式，那“歌词瓶”就是一种深入的情感表达与双向对话，两者使包装本身成为一种“自媒体”。从产品本身出发，让产品在货架上跟消费者产生独特的沟通，这样想来，全世界没有比可口可乐瓶身更大的户外媒体了。

早在 2009 年，可口可乐全球制定了“2020 战略”，用十年的时间，让品牌在 120 多年时间内创造的规模实现翻番，也就是说，从每天供应 16 亿瓶可口可乐产品增至超过 30 亿瓶。

要完成这看似“不可能完成”的任务，可口可乐认为，关键在于“内容”。

“品牌故事的内容如液体（Liquid）般，自由地流向每一个角落。但不论它们流淌到多远，都与品牌战略和目标相连（Linked），”可口可乐高级副总裁 Wendy Clark 在一次演讲中如此阐述“品牌与流动性传播连接”的关系。

详细分析下来，首先品牌在传播的过程中要有故事，有生命力的故事可以在任何一个媒体传播；其次，邀请品牌的粉丝一起创造故事，只有这样，故事才有真实性、有说服力，被消费者主动传播；接下来，创造广泛而有效的渠道，让消费者参与进来；最后，同样重要的是，所有的内容和渠道都是在品牌策略的指引下。

可口可乐正是将每一瓶"歌词瓶"化身为表情达意的载体，让消费者可以向家人、朋友、爱人、同事或同学"唱出"心声，分享情谊。这些被选择上瓶的歌词大多来自明星们脍炙人口的单曲，而且经过了精心的挑选，考虑到不同年龄、不同性别、不同性格的人群的喜好和对流行歌曲的认知区别。虽然应用场景不同，但共同点是具有正能量，积极乐观的。

2012年，可口可乐在中国成立社交媒体中心以来，聆听消费者呼声，了解消费者需求变得更加直接和有效率。这个类似"即时舆情监测"的部门，一边对接公司的各个品牌团队，另一边传达至系统外的装瓶厂。消费者在社交媒体上有关"可口可乐"等关键词的意见，在社交媒体中心的疏导下，能够快速反馈到公司相关的节点。

一个典型的例子："歌词瓶"项目自上线、在市场上铺货后，每一天，营销团队都会用一段时间聆听消费者在线上谈论什么。他们注意到，消费者在社交媒体抱怨"要跑很多地方找'你是我最重要的决定''你在我眼中是最美'这两句歌词的瓶子"。

为什么会这样？因为这两款"歌词瓶"很适合婚礼，而所有的铺货是随机的。要凑齐一定数量，就必然要去很多地方寻找。

一探究，就发现了新的机会。可口可乐集团立刻与1号店合作，推出了"结婚'歌词瓶'"系列。当消费者有需求时，就可以在这个专区通过购买一定数量的可口可乐，来定制有名字的"歌词瓶"。

我们希望在夏天把快乐带给所有可口可乐的消费者和喜欢可口可乐品牌的大众。此外，随着社会化媒体的地位日益凸显，我们也希望在产品中体现"接地气"的一面。这也正是可口可乐昵称瓶活动的初衷。其实，可口可乐昵称瓶的灵感来自于两年前在澳洲广受欢迎的"Share A Coke"广告，他们把最常见的Amy和Kate等澳洲人的名字印在产品包装上。

在中国，我们对这个概念进行了本地化处理，把大家在社会化媒体上使用最多、最耳熟能详的热门关键词印上了瓶。利用社会化媒体聆听系统来抓取网络社交平台上过亿热词大数据，把网民使用频度最高热词抽取出来，使可口可乐与消费者拉近了距离。从销售结果来看，这种自媒体的传播方式非常不错，使得可口可乐在中国的销量较去年同期实现了两位数的增长。

小米为什么能深入人心

小米的互联网企业模式——粉丝营销，彻底冲击了传统企业的传统思路。传统企业的思路只是传统的营销理念，而小米正是靠着粉丝的力量将其推到了大众的面前。近来，整个传统手机业已经进入小米时代，并掀起了全民学习小米的浪潮。魅族MX和中兴旗下的Nubia早就已经学习了小米营销并抢滩登录互联网市场。2013年11月，联想集团公开表示联想VIBE Z（K910）开启现货预售并且以抢Z码形式进行，这正是学习小米的饥饿营销。

而仅过了一天就被另一家手机公司金立抢了头条。金立召开发布会，声称将推出全新互联网手机品牌 IUNI，其战略口号为“以小米反小米”，首款产品将于春节前后发布，并搭载 IUNI 0S。与此同时，OPPO 原营销掌舵人离职，他将策划全新互联网手机品牌，这意味着又一个新的杀入者出现。

华为在 2013 年 12 月发布了两款比小米和红米手机更有竞争力、更超值的荣耀（型号）手机，将荣耀品牌从华为独立出来专门走电渠销售。

更令人不可思议的是，除了手机通信行业，还有消费电子、家电、网络设备和其他生产制造企业，也都在学习小米，试图复制小米的模式。

一、通过自媒体培养忠实粉丝

从小米论坛就可以看出来，他们利用论坛的互动来带动忠实粉丝帮助口碑宣传，虽然目前我们不知道小米的忠实用户有多少，但我可以肯定的一点是小米的忠实粉丝非常多，这就是雷军利用用户引来客户的口碑宣传。我们可能在某一个领域非常陌生，但在另一个领域有非常多的粉丝，我们可以利用另一个领域的忠实粉丝来带动这个领域的口碑宣传。站长经常参加一些站长活动，投资方自然也就是希望他回去以后能够写一点感悟之类的，为他们宣传宣传。

二、定期举办新品发布会

发布会都是土豪做的事情。但一般来讲，能做这样的产品自然是有能力来做发布会、找媒体登记信息等操作。其目的在外人看起来是做广告用的，但实际是把新闻发布会在线下做推广，同时在线上让忠实粉丝推广口碑。外加雷军本来就有不少的粉丝，小米的微博阵地有两个，一个是雷军本人的，利用自己在 IT 产业的影响力不断发声，目前已有粉丝 800 多万，也就是雷军每一次发声有 300 多万的人在收听！另一个是小米手机的官网微博，目前粉丝也有几百万，同样是一个庞大的数字。

三、用影响力带动饥饿营销

放在其他企业，饥饿营销还真做不出来，我们经常可以看到有淘宝小店在做饥饿营销，但饥饿后还是无法营销。小米手机每次都是限量销售，每次都是销售一空，累计销售逾 180 万部！饥饿营销的意义在于，首先造成一种物以稀为贵的假象，其次是批量销售有利于厂家控制产品的质量，即使出了问题也可以控制在一定范围之内，后一批产品在销售前可杜绝同类问题的发生，最后，人为造成供不应求的热销假象。

四、完美的产品体验

用户想要一个什么样的手机？硬件好、价格低、外观美，在大家眼里小米这几点都做到了，可以说在业界没有漏洞可以钻了。其次是为了提高小米手机更好的体验，小米官方一直在开发新的产品，如：小米手环、APP 应用等。虽然在手机上做不到用户体验的极致，但小米手机能够在附加产品上做到了极致，并且手机上不亚于其他手机，这就是最好的用户体验创新，比如：手环在其他品牌出售价格在700-1000元不等，但小米手环推出的价格在79元，这就是一个非常大的改善，配合饥饿营销的模式，小米完全颠覆了手机行业。

这样，一家史无前例的公司在争议和吐槽声中“发烧”产生了。从MIUI—米聊—小米1—小米1S—小米配件—小米青春版—小米2—小米2S—小米盒子—小米3—红米—小米电视—小米4S—小米5S。只有你想不到的，没有小米做不到的。

如今，数以万计的米粉们（小米手机的粉丝，简称米粉）每周都参与到小米系统的开发订制中，小米创始人雷军曾自豪地表示：“苹果的更新是一年一次，谷歌是一个季度发布一个版本，而小米则是一个星期发布一个版本，风雨无阻。”聚集小米粉丝的小米社区用户已达到900万，每天关于手机讨论的帖子多达几十万条。

并且，我们还可以看到小米的饥饿营销和巨大的销售量：QQ空间1分30秒内，10万台红米售罄。而今红米F码“一码难求”。另外，在天猫“双十一”节中，小米第一次参加便连夺数项第一，短短时间实现5.5亿销售额。而且小米手机3与微信合作，15万台被抢光。这一切实在是太疯狂了。

其实，小米的媒体宣传并不神秘，它源自于美国苹果公司，但却将这种粉丝经济扩展到极致；作为创始人的雷军，并非像苹果公司的乔布斯那样遥不可及，而是作为小米品牌第一人冲在社交媒体第一线上；他创办米粉节，让全国各地的小米粉丝们有了一种集体归属感；并且在全国各地创办小米之家，不断推出针对粉丝的线下活动；从微博到微信，小米可谓深谙社交媒体的沟通交流之道。

这一系列举措让小米公司成为中国发展最快的互联网公司之一，2015年的估值已经高达450亿美元。短短几年，小米成为手机行业一个新巨头。

粉丝也能让你飞起来

社交网络最核心的环节不只是创造有价值的内容，而且还有另外一个关键元素：人。对于企业而言，更关键的是这个“人”是不是你的“粉丝”。

这个主体是社交网络中的人，也是你的粉丝。这个人，不仅指名义上的粉丝，还有那些与你有关的、暂时还没有关注你的，但是在社交网络上与你的关键词匹配、与你的相应业务场景对应的人，他可能已经是你的粉丝，也可能还不是你的粉丝。所以，在企业的社交网络运营中，关注你的粉丝不是一切或者主要的，而是你的社交联系“人”或者社交“消费者”，这才是大粉丝的概念。

企业在社交网络的所有动作就是如何建立与人的信任。如果在这里面的人们说的内容是有效的、真实的，即使你参与进来也只能是有限的影响。其实，我们要学习如何在社交网络上有效地“影响”他们，这不仅是在事件发生的时候才去行动，而是从一开始就要有效地创建一个重要的、可以防御的社交网络阵地。这里面更多的是你的客户和粉丝的声音，那才是你真正的“核武器”。

比尔·盖茨用了12年才获得他的第一笔十亿美元，雅虎的创始人杨致远则将这个时间缩减到了 3 年。而同样是 3 年时间，雷军甚至将小米做到了百亿美元的估值。它所引领的“粉丝营销”，也成为企业营销的圣经，被大量崇拜小米神话的企业家信徒奉为圭臬。

粉丝当然是好资源，它看上去声势浩大且整齐划一，获取廉价又不求回报。但是另一方面，粉丝文化是将传统意义上的品牌管理施以“快餐化”处理之后的产物。它抛掉了那些难啃的工作，比如对品牌资产进行可持续的扩张、建立品牌信誉的高效评估机制等内容，仅仅保留并极致浓缩了“与客户建立亲密关系”，这本质上有着取巧成分。

那么，你如何影响人群呢？既然你不能告诉“它”怎么说怎么想，因为你试图直接控制它的想法一定会失败；那么，就不如来认真地倾听它、利用它，并从中吸取经验教训。所以，社交网络的特征之一是，你可以倾听它，参与它，衡量它，跟踪它，与它互动，随着时间的推移，你可以对你所学到的经验进行不断的修改和完善，然后你就会明白应该提供什么，并逐渐学会如何影响一对一的社交讨话。

这就引出了什么是社交网络的核心，以及如何将它作为一种营销工具的问题。社交网络是一个自然形成的、基于人群相互之间真正感兴趣的话题的交谈。如果你试图用各种权势、胁迫和控制等手段来影响结果，那么这种结果即使存在也是毫无意义的。你需要的是用透明的方式，找到“人”，那些可以“影响的人群”，引导他们在社区中积极地交谈，然后再对其产生的对话不断改善。是的，你需要找到你的达人和粉丝，影响他们在朋友圈或者所在的不同群组介绍和推荐你。如果你按照这种方法，随着时间的推移，你将被从那些不挖掘社交网络的竞争对手中区别出来，尤其是那些选择快捷方式或者水军营销的企业。在这个过程中，企业需要关注的是对粉丝持续的跟踪和互动，以及信任程度的不断改变。

苹果公司一直以“高冷”的形象示众——不开设任何社交媒体主账号，也无意与用户在社交媒体上互动。不过随着社交网络已经成为不可替代的生活方式，一直在营销上特立独行的苹果似乎开始逐渐转变。近期，苹果在周四开设了一个新 Twitter 账户@AppleSupport，专门用于提供客户支持。

在这之前，苹果的客服特色是旗舰店里的“Genius Ba”（天才吧），不过想要与高级技术人员见面，还需要提前预约，与许多商家提供实时的在线客服完全相反。而现在，用户们只要通过关注@AppleSupport，人们就能随时向苹果提出自己的问题了。

苹果公司希望能在 Twitter 上为用户提供建议、技巧和其他有用的信息。总的来说，它就像一个标准的客户服务号。在上线 24 小时内，@AppleSupport 就获得了 12.1 万粉丝，发布了 2200 次推文。这个粉丝数量已经超过了戴尔的客服账号，而微软的客服账号也只有 30 万粉丝。

在 Twitter 上开设客户服务号早就成了许多公司的服务标配，比如微软、Adobe、Spotify 等公司都有这样一个类似的技术支持账号。与此同时，Twitter 也一直通过新工具鼓励企业家们把这里当成与顾客沟通的核心平台之一，因此它还放弃了私信的 140 个字符限制，允许发送链接和图片，还推出新工具，便于企业向用户发送更多信息。

以前苹果很少以官方姿态参与公共平台，但没有人怀疑苹果公司的营销能力。从 Mac、iPod 到 iPhone、iPad，作为一个屡屡为世界带来神奇产品的品牌，它从来都是以一种“天才的视角告诉人们什么才是最酷的。但自从首席执行官库克（Tim Cook）上任后，这种情况就似乎开始发生变化了，毕竟如今社交网络已经成为开放、互动的代名词，融入社交网络不仅对于营销有巨大意义，同样也是获得用户反馈的最直接、最快速的途径之一。

2013 年的苹果以超过 2 亿美元的价格收购了社交媒体分析公司 Topsy Labs（Topsy 专注于对 Twitter 的数据分析，以帮助客户追踪用户需求）。2014 年 8 月份，苹果挖来耐克的前高管穆萨·塔里克，以补齐苹果在社交媒体营销上的短板。同时，库克等苹果高管也相继开通了 Twitter、Facebook 等社交媒体账号，随后 App Store Games 等也落户 Twitter。而现在，苹果也融合依托社交网络作为技术支持平台成为发展的潮流中。

仔细分析那些拥有庞大"粉丝"群的产品品牌或个人品牌，你不难发现，人性是贯穿"粉丝"营销始终的一条清晰主线。苹果如是，小米也如是，它们不仅产品酷，更人性化，它的系统每年都会升级。企业在为它们的粉丝着想的时候，粉丝也在为企业带来不可估量的宣传作用。

内容是传播的生命线

纸媒体必然会因为移动互联网和社交媒体的冲击而发生巨大的变化。现在，我们的交谈已经不再仅限于身边的人了，我们开始搜索和选择话题，甚至直接与这些话题的专家、作者、编辑等进行直接交流。当然，如果我们喜欢正在读的杂志或者报纸，就会一直购买它；如果不喜欢，我们就会停止购买或者切换到电视频道。可以想象的是，当后者情况出现时，广告主会撤销他们在纸媒体上的广告，从而导致数百万出版物取消出版。你会发现，不少报刊会流失读者而逐渐退出市场。

社交网络使这一切都不同了，它可以通过花费少量的成本去创建一些让人们喜欢的、有价值的消息内容。它也使我们不再只是通过出版物与作家、编辑进行沟通，更关键的是可以和世界各地的人进行交流。现在每个人都可以申请一个博客网站或者微博账号，或者开通一个微信或易信的公众账号，然后可以添加文章或者视频。而且，每个人都可以评论其内容，影响它的风格和出版方向。

这就是社交媒体及其带来的内容革命。

正如 Facebook，它并不是一家出版公司，本身不创建自己的任何内容，不发表任何文章和帖子，也不上传任何影片或者图片，它只是让用户按照自己的想法去设计自己的主页。当然，每一个人撰写文章后，都希望他们的朋友或者读者能够在文章的底部留下他们的意见，从而围绕这些争论点撰写新的文章和添加新的信息。

再比如移动社交的即时通信软件微信和易信，也是通过朋友圈进行内容的分享和传播。虽然移动社交更多的是一对一的私密互动，但通过朋友圈这个具有媒体属性的功能，可以在加强关系网络中传递和传播内容。即使传播数量不及微博等社交媒体，但到达率和打开率都遥遥领先。

这就是社交网络中的"社会"，它充分展现了发布消息就是参与。成功使用社交网络不仅是添加内容、他和她之间的交谈，还需要创建社区来进行交谈，这才是社交网络的美妙之处。是否达到这个目标就在于人们在该社交网络的参与程度如何。当这些关系被运用到商业中时，将有效地促进品牌的忠诚度。

社交网络吸引了大量的人，而这些人很多都是受过高等教育、享有高薪，并且是各个领域的专家。你现在应该很清楚，社交网络为企业提供了一个巨大的机会，一个推广其产品、确定他们想要达到的市场范围，以及重构与消费者之间的信任关系的机会。

现在，你应该更好地了解到社交网络的核心是粉丝和内容。是的，社交网络是以个体为中心，由用户创造内容的平台。首先是用户，其次是内容，二者缺一不可。企业的社交网络运营是经营粉丝和内容。内容包括定调性的资讯、基本面的商业、促销类的活动，以及阻击类的竞争对手等；而粉丝是互动、分类和持续跟踪的对象，基于信任程度和社交管道进行可持续管理。

当然，社交网络上的人与内容需要整合，内容来源于人，影响于人并聚合人群；人创造内容，分享内容并利用内容。我们现在看来，企业有效地利用新媒体，本质上是一个整合的问题。你的企业可能已经进行整合营销很多年了，社交网络只不过是与其他营销工具一样的新的渠道。渠道可能会有所不同，但是你仍然需要将它计划在你的业务策略和活动目标的背景下，将目标客户转化为品牌的粉丝，并与多渠道进行有效的整合。

美国史上最伟大的培根交易发生在 2012 年夏天。卡夫食品公司（Kraft Foods）旗下的肉类品牌 Oscar Mayer 推出了一款高端新培根：屠夫厚切片培根。在竞争激烈的美国培根市场，怎么让这款培根一炮而红？Oscar Mayer 和它的社会化媒体服务商经过头脑风暴，制造了这场美国史上最伟大的“培根交易”。

Oscar Mayer 请来了美国喜剧演员 Josh Sankey，请他带着屠夫厚切片培根穿越美国。活动的灵感来源于对这款新培根的品质定位。它的质量如黄金般珍贵，1 磅屠夫厚切片培根的价值相当于 1 磅黄金，不过这只是个形容。

既然它那么值钱，何不就把它当成流通货币？于是，这场内容运动的亮点出来了：9 月 10 日至 9 月 23 日期间，Josh Sankey 将带着 3000 磅屠夫厚切片培根，从纽约一路开车到洛杉矶，穿越 12 个城市。其间，Josh Sankey 不能带任何现金、银行卡，他要用这 3000 磅培根换取住宿、食物、汽油等一切他需要的东西。是的，在他的整个旅程里，培根就是钱。

尽管这些年来，我们看到了很多人展现了他们对培根无尽的爱，但是这场培根交易也许是唯一量化了培根价值的准实验。

那么，公司是怎么宣传 Josh Sankey 的培根之旅？又怎么让沿途的培根粉丝们参与到一次次的“培根交易”中呢？Oscar Mayer 整合营销传播和广告部的总监 Tom Bick 说，我们必须跳出传统宣传手法的思路。在电视上播培根广告片，要花 50 万美元；用电视直播这场培根之旅，要花 500 万美元。但是现在，通过社会化媒体，十几万美元就足够了。而且这也是一场公关活动，能吸引很多媒体的免费报道。

是的，Oscar Mayer 充分运用了社会化媒体。他们为粉丝们专门建立了这次培根之旅的网站：BaconBarter.com，还有 twitter 账号：@BaconBarter。通过这两个平台，粉丝们可以随时了解 Josh Sankey 的旅途故事，并参与其中。

在 BaconBarter.com 上，记录了 Josh Sankey 用培根进行的每笔交易。每笔交易都离不开粉丝的鼎力支持。每笔交易也是 Josh Sankey 和粉丝们共同创作的故事。比如：

9 月 7 日，用 10 块培根，找算命先生看了个相。“一个能看透人灵魂的灵媒说我能活到 87 岁！”

9 月 9 日，一块培根换来了一张婚礼请帖。

9 月 11 日，西弗吉尼亚，9 块培根换来了在网友的沙发上过夜。

9 月 16 日，在奥马哈市（Omaha），用 37 块培根换到了在旅馆小憩一夜。那里的服务很赞。

……

9 月 23 日，培根之旅的最后一天，在洛杉矶，用 250 块培根在海滩上举办了一场不错的 party。棕榈树、日落、美味的培根，太美妙了。

与此同时，@BaconBarter 也在和粉丝们实时互动，邀请粉丝们一起参与“培根之旅”。

360i 的主席 Sarah Hofstetter 一语道破这次“培根之旅”的目的：显而易见，就是要产生“参与感”，点燃粉丝们的参与热情！这不是 Josh Sankey 一个人的旅行。他将通过社会化媒体，邀请大家加入其中，帮助他实现培根交易。

是的，Josh Sankey 和粉丝们都是这次“培根交易”故事的主角。他们共同推进、决定这个故事的情节及结局。这场“内容运动”最大的亮点是：Josh Sankey 就如小蜜蜂，采集故事的源泉——花蜜，而“花蜜”就是 oscar mayer 培根的粉丝们，他们贡献内容。最终这罐甜美的花蜜是怎么酿成的？就是通过社会化媒体，粉丝们线上、线下的内容缔造而成的。

戴尔公司的媒体策略

在当今的新媒体世界里，机智、巧妙的沟通策略是必不可少的，其所能达到的结果也更为显著——但是只有当一个公司雇用优秀的资深领导者，并给予他们决策权的时候，这些才可能发生。如果你想做一件事，那就认定这是值得去做的，一定不要轻视它。

在公司内部进行调查，以确定你目标的价值所在。提升并保护本公司品牌和声誉有什么价值呢？看一下本行业内的案例，然后去雇用可靠的媒体公关专业人士。

最重要的是，在雇用优秀的媒体公关人才时，要乐于接纳他们带来的新点子，并乐于考虑他们提出的建议和意见。

戴尔公司雇用了好几个代理机构，期望能获得公司所缺乏的公关领域的专家意见。假设一家日报的首席记者，编辑要求我跟戴尔公司和苹果公司联系，问他们一些问题然后写一篇报道。找到戴尔主页底部的“联系我们”，但是没有任何媒体联系的内容，因此不得不寻找并点开了“网站地图”，在那里找到了“新闻中心”，但是点击后却找不到任何新闻媒体的 q 负责人工的具体联系方式，只有一个表格可以填，提交了表格但却没有收到任何回复。

戴尔公司的这种模式称为“老式公关部门”，而苹果公司却有一个精通媒体的公关部门。所以苹果公司总有醒目的头条新闻、新闻炒作，以及引人注目的新闻报道。考虑到上述因素，苹果公司远远超过戴尔公司也就不足为奇了。苹果公司吸引了所有媒体的关注，它们创造出的这种效应被营销人员称为“晕轮效应”，因为其回报直接体现为销售额和市场占有率的增长。

每次苹果公司发布一款新的笔记本电脑都会上头版头条，而戴尔公司则主要依赖于付费广告和新闻发布会，而且其新闻发布会的内容往往因循守旧，缺乏新意。苹果公司在主流媒体和新媒体的覆盖范围如此之大。相比之下，戴尔公司在这方面所做的工作简直微不足道。苹果公司的销售额、不断攀升的市场份额和顾客满意度都说明这样做是成功的。仅在 2014 到 2015 一年间，苹果手机销售额的增长就超过了 30%。

哪家公司的品牌更有活力，哪家公司更有可能在未来成为科技市场的领军人物，至此已毫无疑问。当然付费广告并非全无用处，但是当今最激动人心的和最有效的战略主动权取决于出色的战略性沟通，也就是与外界各种“媒体”的联系。

当今，越来越多的公司意识到把公司愿景传递出去非常重要，因为媒体对此的报道越频繁，其影响就越大。所以现在出现了一个非常重要的趋势，那就是越来越多的顶尖公司正在投资以加强公司内部公关团队的建设，而不是去外界寻求帮助，因为外边的公关公司更不可靠。

在社交媒体盛行的今天，戴尔公司也在改变对媒体的策略。戴尔鼓励所有员工以正确的方法善用社交媒体，例如在 Facebook，Twitter 和人人网上做推广，但是诸如 YouTube，Flicker，博客或者维基百科，他们也善于运用这些媒体。具体措施如下。

（1）戴尔采用网络直销的方式大大降低成本，并能很好地掌握消费者的需求，产品的客户化。

（2）充分利用互联网技术，公司网站向客户提供大量信息，使客服了解公司的最新动向及新产品，起到十分好的推销作用。

在促销策略方面 Dell 网页也起着举足轻重的作用。首先是广告。广告在 Dell 的网页中无处不见。Dell 的网页中有各种各样的多媒体图片和许多性能比较图表，有的广告甚至做成了幻灯片的形式。这些都能充分地激发顾客的购买欲望。第二是公共关系。在 Dell 公司的主页中也有不少地方体现了公司的公共关系策略。例如，在其页面中有公司的宗旨等信息的介绍，还有对最新电脑世界的新闻信息发布等。

（3）利用网络提供服务和技术支持，完善售后服务，提高顾客忠诚度。作为一个高科技产业，其服务环节是相当重要的，可以说，是决定公司成功与否的一个关键因素。因为对一个用户来说，购买的不仅仅是机器本身，更重要的是其相关的服务。Dell 公司的总裁在谈到今后如何继续保持强劲的发展势头时说：“我们这个行业对客户总是漠然置之，今后我想把客户服务提高到一个全新的高度。”这并不是一句泛泛的推销口号，公司已经认识到客户服务是今后争夺市场的关键，并提出了一系列衡量服务质量的标准，如交货准时率、首次修机成功率、24 小时内维修人员到场率等。事实证明，对于 DELL 公司的许多客户来说，首先是被 Dell 的价格所吸引，但后来价格并不成为主要因素，品牌忠实粉丝的支持才使他们之间建立了牢固的关系。

今天的互联网让营销力量得到了极大的释放，网络营销如此深刻地融入企业的运营模式之中。Dell 公司的网络营销策略迎合了时代的潮流，利用了先进科技发展其网络销售，可谓是开直销之先河。由此逐步建立起粉丝营销系统，培养了大批忠实用户。

乔布斯是怎样与媒体沟通的

微软公司的比尔·盖茨和苹果公司的斯蒂夫·乔布斯，这两个高科技偶像曾在无数场合同时出现在记者面前。那些记者大都是软件领域和计算机领域的，当然也不排除有个别其他领域的记者会偷偷溜进来。尽管见了技术记者就想谈技术是种本能冲动，但乔布斯和盖茨他们俩都能很得体地讨论问题，回答问题时用的也是简单易懂的语言。他们有一种天赋，就是能够把跟技术有关的概念和话题用简单易懂的语言表达出来。

为什么？其实很简单，他们尊重记者，把记者看作沟通的渠道。因为这些记者会把他们的话和关于新产品以及行业发展的看法传递给更多的人，包括你和我。他们还知道讲那些普通人听不懂的话没有任何好处。不管是面对一屋子记者，还是几个记者，盖茨和乔布斯都以独特的方式准确而熟练地和记者进行交流。记者们利用他们的影响，通过他们所供职的新闻机构，用你所熟知的语言传达出了领导者的魅力和一种激动人心的情绪。

乔布斯的口才来自于他个人坚定的信念，和对苹果公司产品的无限自信。例如，当他讲到苹果的产品时，你就会开始相信那是有史以来最了不起的东西，因为斯蒂夫·乔布斯是这样认为的。他的高度透明度看上去可能会毁掉他，但实际上却是一种力量。

行之有效的媒体战略可以始于一个角度出色的报道，这样可以吸引公众的注意力，但是要想做到成功沟通，这只不过是临时性战略的一部分内容。领导者的每一点真知灼见都必须要不断得到重申，然后要不露痕迹地和公司的沟通工作融为一体，不管是通过网络、流媒体、播客、视频、店面、印刷品，还是报刊，这些都可以成为广告的途径。甚至员工个人和利益相关者、顾客，以及销售商的交流方式都应和整个沟通工作实现无缝对接。这种全局性的策略会提升影响力和好感度，最终会产生很好的效果。只要有一个让人着迷的新闻题材就可以，而且是由一把手来讲，便会传播开来，最终让整个公司的员工都为之激动。

是什么使得斯蒂夫·乔布斯的专题演讲或新闻发布会这么引人注目呢？主要是因为他的观点直接体现在苹果的政策和产品上。乔布斯一贯能够做到成功地把独特的管理风格和沟通方式融为一体。虽然即使不是像乔布斯那样出色的CEO也能控制产品的细节，但是乔布斯所做的一切证明他愿意深入公司的底层，哪怕再小的细节也会亲自决策。他乐意随时卷起袖子，亲自去控制和领导每件事，这一切使得“他掌控一切”这个传奇般的观念看起来很合理。

一个长期关注乔布斯的人曾提到：“我们可以更宽容地来看待他这种微观管理的做法，将其看作是一种鼓舞士气的意愿，是对官僚做派的一种改革。毕竟，光靠董事会可创造不出什么了不起的产品。”每次乔布斯讲了什么话，苹果公司的每个人——从销售人员到世界各地零售店的员工，到技术人员及服务中心的客服专家——不仅会在第一时间去学习，还会去了解他的观点，并且用公司的独特风格对其加以体现。

因此，苹果公司的每个员工都充满激情，正是这种激情帮助乔布斯让整个世界为之激动。

相对于大部分公司那种传统的领导风格来说，乔布斯的领导风格可以说迥然不同，看上去很随意而且没有说服力。没有几个高管会花很多时间和精力去关注公司里那些积满灰尘的死角，因为通过这种方式去鼓舞士气不一定有效，更没有几个人会去为改革官僚主义而努力。提到信息的沟通，一般广为人们所接受的做法是获得媒体的关注。例如，发布提前准备好的枯燥的讲话，而且讲稿得经过律师、部门主管和人力资源人士的修订，这样产生的结果往往令人失望，苹果公司的做法和他们截然不同。

成功的交流者还有一个重要特点就是他们传递的信息真诚、及时而且前后一致。

很多公司的高管想多被报道，但又不知道怎么与媒体沟通。这些人一方面不信任媒体，瞧不起记者，把跟媒体的交流看作对他们隐私的暴露；另一方面他们又希望能多得到报道。

这些高管站在麦克风前代表公司讲话时看上去呆板、乏味而且令人厌烦。他们好像在讲谜语，而且根本讲不到点子上。有时，有些高管的肢体语言看上去像木偶。记者每问一个问题，他们的回答要么闪烁其词，要么就听起来怀有敌意，这样做的结果就是没有人（包括媒体）会真的关注他们讲了什么。

那么，成功的沟通者和失败的沟通者之间有何区别呢？为什么布兰森、乔布斯、米勒·穆罗、比尔·盖茨如此精通与媒体打交道，而且在有些情况下会受到媒体的高规格待遇，而其他人却无法靠近这一切，永远默默无闻地站在一边呢？

美国消费电子协会的夏培罗被公认为充满活力，有远见卓识而且擅长沟通，因为他知道如何利用来自媒体的机会。他的主要职责之一就是代表公司对媒体发声。他所在的行业、公司的品牌推广主要靠的就是媒体报道，这些报道又主要受到高层管理者的个人魅力、激情以及沟通技巧的影响。夏培罗在这个行业赢得了极大声誉。

每年，美国消费电子协会都会举行全球最大的贸易展会——消费类电子产品展览会（CES），每次都有超过 140 000 人参加.这些人都是为了早些一睹电子行业最新最酷的各式产品而去的。消费类电子产品展览会也是全球最大的年度新闻发布会。

能在展览会上发言是每家公司的领导者梦寐以求的事情，那些 CEO 和他们的助手会花几个月的时间到夏培罗的办公室进行游说，希望能获得这个机会，而夏培罗的职责之一就是评价 CEO 们的沟通能力。

但是，在当今这个竞争激烈的社会，尽管良好的沟通技巧对于领导者们来说是必需的，但是让人吃惊的是并不是所有的 CEO 都能够讲清楚公司的愿景，或清楚易懂地把信息表达出来，不管他们面对的是一大群观众还是一个记者。实际上有相当多的人做不到这一点，这对公司的影响是不利的。

仅仅是从实际的角度来看，如果能在展览会上出色演讲的话，不仅能为自己的公司获得宝贵的媒体报道，展览会自身的价值也会得到提升。有些公司领导，如迪士尼公司的罗伯特·伊戈尔，充分利用了在消费类电子产品展览会上发言的机会，传递出调整后的公司愿景，摆脱了人们对其陈旧的看法，重新定位了公司的形象，使之更有竞争力。他们表现出来的可见度、导向性和信心会让公司的股价上涨。

如果公司的领导能明确表达一个新产品、一项新发明或新服务背后所代表的公司愿景，并且得到了名记者们的热捧，那么整个公司的销售额、顾客满意度、品牌知名度股价都会受益。

如今，在很多情况下，媒体报道的价值已成倍增长，甚至比广告更可靠，而且其费用远低于做广告的费用。用简明语言表达出来的真实信息比满是陈词滥调的广告更容易让人信赖。然而，非营利组织也好，各大公司也好，它们常常都在很艰难地想办法吸引媒体的注意。他们往往缺少专业人士的意见和帮他们牵线的人，因此很难在正确的时机行动。另外他们也没有正确的角度或信息，很难找到真正有影响力的人。

雇用一个公关公司有时解决不了这些问题，如何跟当今千变万化的媒体合作，很多公关公司在这方面没有下过功夫。相反，他们更乐意写写新闻稿，然后不加选择地发给很多记者，而这一般不会引起记者们的注意。但是，这样做会使这些公关公司实现利润最大化。

领导者必须在合适的时机设计出新颖而相关的新闻来吸引利益相关者及媒体的关注。他们还得采取独特的方法把信息准确地传递给新闻界里相关的记者，这样才能产生对公司或个人最有利的报道。

无论我们在做什么，我们都必须记着我们每天面临的竞争。我们生活的世界竞争残酷，很多人都在努力获取媒体的关注。受到电子革命和新媒体崛起的影响，媒体在财政方面受损严重，丢掉了收入来源和喜新厌旧的受众。在我们生活的这个时代，甚至一些受人尊敬的机构——比如纽约时报——都在跟 YouTube 和 Facebook 这些网络新生事物抢夺受众，当然也是在抢夺收入。

撇开那些花里胡哨的方法不说，在这个新的时代，如何精确地把新闻传递出去并且引起媒体专注从而最终吸引受众，其秘诀虽然听起来有一些老套，但其效果却好得出奇。

（1）作为领导者，必须要担负起公司形象和喉舌的责任。

（2）传递的愿景式的信息要吸引人。

（3）观点的表达要简明扼要，使用的语言要通俗易懂。

（4）你要表达的内容要把公司的各个层次都融进去，就像一个灯塔照亮道路从而增进双方对彼此的了解。

（5）在信息的表达上要前后一致、及时而且要紧扣主题。

（6）不要谈你的公司，要谈你的公司在做的事情有什么价值。

这几点看上去真的不像什么顶级秘诀，每一点都是常识性的东西，内容都是涉及新媒体时代的新闻媒体的运作。但是，这些技巧能够帮助你获得正面的媒体报道从而获得受众的关注。

京东的媒体品牌塑造

京东近年来持续扩张业务，气势如虹也推动其股价连日上扬。在上市一年多后，市值首次突破 500 亿美元，仅次于 BAT，巩固了中国第四大互联网公司的地位。

2014 年 5 月，京东在美国纳斯达克挂牌上市，成为中国第一个赴美上市的大型综合性电商企业。京东在过去的几年里一直保持高增长，2015 年一季度财报也堪称华丽。2015 年第一季度，京东交易总额（GMV）为 878 亿元人民币（约 142 亿美元），同比增长 99%，超出市场预期。

京东第 12 个年头的 6・18 店庆活动可以说不止是一次店庆，更是一次媒体营销策略。京东发布了 12 周年“变与不变”的主题广告配合炒作。自京东上市这一年多来，大动作频频，积极布局着各类“风口”领域，回首京东一路走来的发展，它的“变与不变”能够让我们看到一个迅猛发展的上市电商企业在成长路径上的坚守与突破，值得思考深究。

初心未变，是一个热门词，也是碗心灵鸡汤。京东为此找来了谢霆锋、李娜，以及京东掌门刘强东，他们都是拥有不同故事的公众人物，除了听出刘强东的家乡口音还没变以外，他和霆锋、李娜一样，认为 12 载光阴有很多故事在发生，身份、地位、性格都会变，外界的形象也会改变，但那只是浮于表面的变化，并不代表真实的内心。对于京东来说，12 年，初心未变；12 年，也要从心出发。

广告风格以黑白人物搭配红色的字体，于严肃中流露出一个人对坚守初心的决心。广告覆盖北京各大地铁、户外，还尝试了微信端的信息流广告，可谓声势之浩大。同时这次广告也是成功的。它充分利用了组合媒体宣传的方式，使得京东网站的流量迅速爆棚。

京东从刚开始的蹒跚学步到现在成为电商领域的领军人物，用了只有短短的十二年时间。在这十二年时间里，刘强东带领企业员工度过了一个又一个艰难的时期。京东的快速成长与其企业文化价值观和巧妙的媒体合作有着密切的关系。然而京东要想始终保持核心竞争力，重中之重在于企业文化价值观的贯彻执行。这就需要借助媒体传播的手段来将其企业文化价值观传播出去。随着京东的体量日益庞大，员工人数不断膨胀，通过不断打“价格战”追求市场份额，京东企业形象传播近年来也饱受争议。负面的企业形象不仅不利于京东的运营，也不利于其新的企业文化价值观的切实落地。

所以在 2013 年，京东决定休养生息，重新梳理企业文化价值观，并通过一系列的企业形象传播作为其文化价值观落地的重要抓手，让其有效地沟通京东企业的内外部环境，重新塑造京东的企业形象，真正贯彻企业的文化价值观。

一、京东企业形象传播近年来面临争议

近几年，京东的名字被越来越多的人所熟知。然而，这一路走来却饱受争议，京东多

次处在舆论的风口浪尖，在媒体和公众中形成了一个颇具争议的形象，这些都不利于企业长期的健康发展，也有悖于京东企业文化价值观的切实落地。

京东 2010 年、2012 年分别与当当网，苏宁、国美展开价格战后，便“一战成名”，成为公众舆论的中心。然而，虽然这两次价格战使“京东”走进了大家的视野，却给大家留下了一个颇受争议，甚至是负面的形象。由于京东领导人刘强东在微博上与他人的“恶语相向”，各种网络流言诸如“京东价格战还卖贵了”“这纯粹是一场电商的赚钱阴谋”等，导致外界对京东持“质疑”、“批评”的态度，甚至对京东品牌产生了不信任。

自京东创始以来，“诚信”一直是京东企业文化价值观的重要组成部分，而京东近年来不断通过“价格战”来增加自己的知名度，在一定程度上形成了“扰乱市场秩序，缺乏诚信”的不良形象，使得社会舆论对京东的质疑声越来越多，对京东良好企业形象的树立非常不利，对于京东企业文化价值观的稳定及落实更加不利。

“树大招风”，京东的快速发展势必引来业界的质疑，但京东的企业形象传播建设却落后于企业发展的速度，使得京东的企业文化价值观缺乏有效的支撑。其所希望得以落地的企业文化价值观由于其负面的企业形象而被架空，缺乏有效的企业内外舆论支持与资源配合。

二、加强企业正能量传播

京东的十二年是高速发展的十二年。有人这样评价京东的发展方式：“既野蛮又不守规矩，不仅破坏了行业规则的底线，对其自身也是一种‘自残’。”2013 年，京东决定休养生息、重新出发。这一年里，京东不仅重新梳理了企业文化价值观，更做出了一系列重塑企业形象的努力。

1. 新域名和吉祥物

视觉识别系统运用统一的、系统的视觉符号系统，对外传达企业理念与形象信息，是极具传播力和影响力的要素。标识重塑，也就是对标识的再塑造，是指推翻标识在人们心目中的原有形象，通过重新定位企业理念、企业文化、品牌经营产品和服务内容等要素，对原标识的色彩、图形、文字进行艺术再设计，产生新的企业视觉形象效果和企业品牌核心价值的过程和活动。

2013 年 3 月，“京东”把原先以蓝色为主调的“360buy”更新成为一只名为“Joy”的金属狗，成为京东官方新的 Logo 和吉祥物。“JD”的意义也很多，很多人解释为“简单、决定、激动……”同时“JD=Joy Dog”代表着京东的吉祥物，代表着京东的使命“让生活变得简单快乐”。京东通过改变品牌外部标识、设计吉祥物，用更简单、更直接的外化标志使京东的企业形象深入人心，逐渐被人们铭记，扩大了京东的知名度。

2. 开展全媒体营销等为企业品牌铺路

京东还进一步加强了对体育营销、娱乐营销的投放力度。比如赞助了中超赛、CBA 篮球赛，赞助了《我是歌手》《爱情公寓 4》《失恋 33 天》，以及各种热门韩剧等。京东依托这些载体传达企业品牌文化，也拉近了京东与消费者的距离。这些体育元素、娱乐元素调动了用户情感，使情感融入产品消费过程中，满足了用户情感上的需求。如其在电视剧《北京青年》中的广告植入，剧中的年轻人改变自我，激情奋斗，积极寻找正确的人生方向，这与京东的“拼搏”理念、“创新”理念完全吻合。此外，京东的目标客户群也与《北京青年》的观众群体统一。《北京青年》主要受众群体为都市白领，而这一群体正是网购的主要力量，京东借着剧情直接向广大用户传递品牌信息，适时抓住了他们的眼球。

3. 多重危机下，屡屡巧妙公关

伴随京东的快速发展，京东也频繁遭遇了一些危机。但从其应对来看，京东的危机公关较为及时，不仅化险为夷，也顺势在公众中树立了“亲民”的形象。比如王思聪网上吐槽京东电脑桌送货慢事件，瞬间引起网络众人吐槽京东。但京东公关团队立即反应，立即发货，并同时借“电脑桌”事件迅速发起了“土豪电脑桌营销”活动，将危机转为自己新的卖点。

不得不说京东的公关做得非常巧妙，让京东在此事件中从一开始“店大欺客”的形象转而借机树立了一个“对客户负责”的大企业形象。

4. 广告宣传主打温情牌

2014 年，京东开启了品牌价值观营销之路，这标志着互联网企业品牌营销时代的到来，打破了电商只关注产品、价格的旧模式。从价格升华为品牌价值的营销战略，透过情感，传递企业价值观、塑造企业品牌形象。

2014 年春晚，京东更是投入重金在春晚前播放企业形象宣传片《为每一点喜悦》。此片由国际金奖导演贾樟柯导演，用细腻的镜头语言传递京东“快乐”的品牌理念，与消费者产生情感共鸣。

透过京东的发展历史，刘强东带领京东塑造了属于京东独特的企业品牌形象。这种在京东骨子里的精神指引着京东一路走过来。这种“为客户、为行业、为社会创造价值”的企业文化，是京东一直坚持的。京东是一家顺应时代、不断改革发展以完善自身的企业。未来，京东作为一家全品类自营式开放性的电商在发展的同时也将面临巨大的挑战。

结论：

企业发布媒体广告的四大原则：

一是，长期性；二是，连续性；三是，权威性；四是，针对性。

企业发布媒体广告的四大忌：

一忌，不作调查研究，胡乱投放；

二忌，不问时间地点，只投放一种形式的广告，“吊死在一棵树上”；

三忌，“蜻蜓点水”式投放，结果是“隔靴挠痒”；

四忌，于企业根本利益不顾，投放“权力广告”，“关系广告”，“回扣广告”。

第五章

解析媒体最佳组合密码

媒体组合是企业常用的媒介策略，它比运用单一媒体的广告效果要好得多。任何一种媒体都不可能覆盖广告的全部目标市场，因此企业在策划广告活动时，不能只使用单一的媒体进行宣传，而是要有目的、有计划地利用多种媒体来开展广告活动。媒体组合不仅使广告对象接触广告的机会增多，还能造成一种大的声势，因而容易引人关注，同时也能使媒体进行优势互补。

媒体最佳组合策略

所谓媒体组合，就是指对媒体投放计划的具体化。即在广告发布计划中能够在一定的时间段应用两种以上不同媒体的组合状态。媒体组合包括媒体种类的组合、媒体载体的组合以及媒体单元的组合。运用媒体组合策略，不仅能最大可能地提高广告的到达率和重复率，扩大认知，增进理解，而且在心理上能给消费者造成声势，留下深刻的印象，增加广告效益。

美国西北大学教授 Rich Gordon 在谈到媒介组织组合概念时，将之分成了几个方面，即媒体战术的组合（Convergence: Tactics）、媒体信息采集的组合（Convergence: Information Gathering）和故事叙述呈现的组合（Convergence: Presentation/Storytelling）。

一、媒体组合原则

1. 能够扩大广告的受众总量——互补性原则

某一种媒体的受众群体，不可能与广告的诉求对象完全重合，那么就需要另一种媒体来补充该媒体以外的受众。因此，媒体组合中的多种媒体在受众的范围和特征上应该相互补充。其中包括点与面的互补、传播特性的互补和周期性的互补等，这样就能使通过媒体发布的广告在受众范围上尽可能地接近所有的诉求对象。

2. 能够使效益最大化——高效性原则

不能单纯地为了媒体组合而组合，而是要对在各种媒体上发布广告的规格和频次进行合理的组合，以在保证广告效果的前提下，尽量节省广告费用，获得更大的广告效益。达到媒体组合的有效性，要看所选择的媒体及其组合是否做到了以下几点：

（1）是否有效地显示了企业产品的优势；

（2）是否有效地增加了产品的销售及品牌的良好形象；

（3）是否有效地节省了广告的资金；

（4）是否有效地增加了广告的覆盖地域；

（5）是否有效地提高了信息的重复暴露率；

（6）是否有效地狙击了竞争对手。

3. 能够对广告进行适当的重复——可行性原则

广告受众对广告信息产生印象、兴趣和购买欲望需要一定的广告暴露频次，而受众对在一种媒体上刊播的广告的注意程度在广告暴露达到一定的程度后会逐渐降低，因此需要多种媒体之间的配合，媒体组合使用将使部分广告受众增加，广告接触次数也就是增加广告传播深度。消费者接触广告次数越多，对产品的注意度、记忆度、理解度就越高，购买的冲动就越强，这样一来就增加了广告达到有效受众的机会。

二、有效运用不同媒体

媒体组合的指导思想是将两种或两种以上的媒体组合起来使用，发挥优势，克服其弱点，使广告达到最佳效果。

1. 尽量覆盖所有目标消费者

首先，把确定的具体媒体排列出来，看是否能把大多数甚至绝大多数的目标消费者纳入广告可以产生影响的范围之内，即媒体能否有效地触及广告的目标对象。

其次，将具体媒体的针对性累加，看广告必须对之进行劝说的目标消费者是否都接受到广告信息。除此之外，要注意媒体覆盖的范围不能过多大于目标市场的消费者，以免造成浪费。

2. 注重媒体的影响力

有的媒体接触范围较大，但由于费用太高而难以多次重复使用；有的媒体没有足够的影响力，不会在受众中造成轰动效应。

组合后的媒体，其影响力会有重合。重合的地方应该是企业的重点目标消费者，这样才能增加广告效益。反之，如果所选用的媒体影响力重合在非重点目标消费者上，甚至是非目标对象上，这样就得不到理想的广告效果，造成广告经费的浪费。因此，要以增加对重点目标消费者的影响力为着眼点，确定媒体购买的投入方向，避免在非重点目标消费者上花费过多的费用。

3. 与企业整体信息交流

运用媒体组合策略时，还要树立系统观念。媒体组合是为实现广告目标服务的，广告目标依赖于企业营销目标的要求。企业要实现营销目标也要运用营销策略，进行多种营销策略手段的组合。媒体组合要与之保持一致性，特别是现代营销战略的指导下，要符合整合营销传播的要求，在广告计划的统一安排下进行。注意与企业公共关系战略相互配合，与促销策略相互呼应。在进行综合信息交流的思想指导下，善于运用各种媒体，发挥整体效用。

三、媒体组合的方式

1. 集中型媒体组合

集中型媒体组合策略，是将全部媒体发布费集中投向一种媒体，形成集中媒体，对目标对象施加最大限度的冲击力。

集中型媒体组合可以使品牌获得更多受众的接受，提高受众接触广告的频率，通过媒体所呈现出来的局部上的优势，最大限度地使受众接受企业的产品或服务。

在实际使用商品阶段，消费者本来对商品就具有一种因熟识而导致适应的习惯性。在选择商品中，这种习惯性的作用潜藏在人们的意识里，反过来会促使他们对某一品牌进行选择购买的可能性得到提高。因此，如果某种商品以某一媒体为中心，实施集中型广告，同时只要当该商品信息的覆盖范围与目标消费群的视角一致，就会形成受人欢迎的商品形象，进而赋予该品牌的“市场份额”。

集中型媒体策略的另一个优势，是把广告费集中投入某一特定媒体的组合方法，特别是对于既采用收视率高的电视时段，又购买有影响力报纸，杂志的广告版面，通常能够让消费者对该商品的关心度形成有力的刺激，进而加大他们对该品牌支持的力度。对于企业及经销商来说，也会想方设法让消费者记住该品牌商品。同时，广告主也能够在广告费折扣率上的优惠待遇下，优先获取有利的投放时段或版面的权利。

2. 分散型媒体组合

分散式媒体组合采用多种媒体到达目标受众，它是广告媒体战略的核心。分散式媒体组合有助于广告主与多个细分市场进行沟通，借助不同的媒体组合，广告主可以在不同的媒体中针对不同的目标受众发布不同的讯息。

广告主通过利用各种不同的媒体，形成多元化媒体组合，能使不同的广告信息分别流向不同的人群。这样，针对不同的消费者、不同的消费市场的营销策略，在执行上变得容易。而对于拥有多个不同消费群体的广告主来说，分散型媒体策略就更显示出其优势。例如，生产儿童玩具的厂家，给孩子们的信息可以通过电视节目向儿童传递，给家长的信息就可以利用家庭杂志，以此来形成媒体组合。这些是集中型媒体组合策略无法达到的。

对于大范围的媒体受众，采取集中型媒体策略，会致使广告信息在目标受众群中不能均等地到达。因为受众在接触同一媒体时，因人而异地出现“轻度接收者”和“重度接收者”等的差别，故而使广告信息不能在一个较大受众群中实现均等到达。

而采用分散型的媒体策略来传递信息，对于同样的目标受众群，就可能构成有关某一品牌的信息从各个侧面不断地到达的印象。换句话说，目标受众本来就有接触各种媒体的兴趣，因此可以说有相当数量的受众，实际上接触媒体的范围是很广的，采用分散型媒体策略，可以通过受众的不同兴趣领域，把信息更加广泛地传达给他们。

作为媒体策划者来说，在了解分散型媒体策略的优势的同时，对于他的不利之处也必须加以充分的注意。因为在分散型媒体策略执行过程中，由于利用了多个媒体，整个广告的预算的相当部分就有可能被广告的制作费所占据，而能够用于媒体购买的部分会十分有限。媒体组合在保证其覆盖面的情况下，各方面所形成的力度会显得单薄而无力。

四、媒体的最佳组合策略

在媒体类型组合策略的选择上，首先遇到的是采用单一媒体策略，还是多媒体组合策略问题。单一媒体策略，其做法就是采用单一媒体做持续性广告发布，它是一种集中进攻型广告发布策略。如杂志的每一期全页广告。这样虽然到达率有限，但暴露频次和持续性都相当高。这比较适合于那些经常出现在主妇购物单上的日常消费品，如箱包、化妆品、卫生纸、食品等。它可以起一种提醒作用，对销售有较大影响力。主要的媒体类型组合策略如下：

1. 视觉媒体与听觉媒体的组合策略

无论是视觉媒体或听觉媒体都有其明显的传播局限性，即使是电视，虽集收视为一体，但在传播深度、理性诉求上的局限仍十分明显。它们的组合能够互补并强化印象和记忆。因此，传播上应倡导多种媒体的组合互补来提高传播效率。如，对电脑、房地产等商品的营销传播，更应深入研究多媒体组合传播，提高传播效果。采用“多管齐下”的传播策略必须借助媒体组合来实现。

2. 瞬间媒体与长效媒体的组合策略

瞬间媒体是指广告信息停留时间短暂的媒体，如电视、广播等，这些需与有保留价值的长效媒体（主要是印刷媒体）合用，才能使信息既有利吸收，又便于查阅。

3. 媒体覆盖空间组合策略

媒体覆盖区域组合策略主要有以下几种类型：

（1）全国覆盖。利用覆盖面大的媒体和媒体组合，一次覆盖整个目标市场。

（2）重点覆盖。选择销售潜力大的几个市场重点覆盖。这样做，在一个时期内花费的广告费用省、广告效益高。

（3）特殊覆盖。在特定的环境条件下，对某一特定消费群体有针对性地进行覆盖。

（4）渐次覆盖。对几个不同地区分阶段逐一覆盖。即将对全国分为几个区域，逐一在各区实行集中覆盖。媒体工具多选用地区性的，甚至具体广告制作也可以针对这一地区特点而特别制作。这是一种小单元`低成本、高频率、高选择性的广告传播策略：在一个地区得手之后，再将宣传主力转移到另一地区，这有些类似于“集中优势兵力，各个歼灭”的军事策略。

（5）交叉覆盖。利用省级卫星频道的跨省际传播，实现大范围的交叉覆盖。目前，全国 31 个省、直辖市的电视节目已全部上星，省级上星频道覆盖范围大，广告费用低，利用这些频道的交叉覆盖，从某种程度上讲，其广告传播效果不会亚于中央电视台黄金时段的传播效果。

在确定覆盖策略计划时，往往是综合运用多种策略。例如，我们可以把全国市场分割成都市、城镇、农村市场，也可以再将这些分割成老、中、青、少市场，然后可以对都市市场实行全面覆盖，对农村市场实行重点覆盖，对老年市场实行季节攻势，同时整个覆盖策略计划，也可采取渐次覆盖方式。

4. 可控制媒体与不可控制媒体的组合策略

不可控制媒体是指需花费金钱才能传播广告信息的媒体，一般是大众媒体，如报纸、电视等。可控制媒体则是指自己负责传播的媒体，如直投广告、邮寄广告等。可控制媒体一般传播范围较窄，但能对顾客产生直接促销作用。可控制媒体与不可控制媒体结合使用，便能达到“点面结合”，取得更佳的传播效果。大众传媒具有权威性，但不能控制其传播范围和传播重复次数，可将其传播的信息通过自办的可控制媒体进行多次扩散传播。

5. “跟随环绕”消费者的媒体组合策略

这种媒体组合策略就是随着消费者从早到晚的媒体接触，安排各式媒体以跟随方式进行随时的说服。例如，清晨时使用广播、电视，消费者出门时使用户外媒体，继之以早报、晚报以及晚间的电视等媒体类型，造成环绕立体传播效应。

6. 综合媒体与专业媒体组合策略

这种组合策略可充分利用综合媒体的权威性、广泛性，专业媒体的目标集中性，功能明确性，把企业不同时期重点宣传推向高峰。如新产品上市，证券发行，节庆，店庆，企业周年大庆等，都能起到很好的效果。

7. 硬广告与软文组合策略。

在适合企业推广产品，塑造品牌形象的媒体上刊登硬广告（纯广告），周期配合系列软文介绍企业优势、产品特点、功能、为消费者带来何种好处，等等，使消费者系统、深入地认识企业，了解产品。

媒体组合 1+1 > 2

图书《藏地密码》是一本讲述了以西藏和藏文化为背景的一个全球探险故事，其中涉及西藏千年秘史、藏传佛教历史遗案，以及世界上众多著名文化遗迹。

2008 年 1 月，《藏地密码》惊现新浪网站。五天后，《藏地密码》新浪点击率冲破 100 万，留言近千条，同时该书被网友转载到几百个中文论坛上，百度搜索量突增 17 万。大量读者将此书誉为“一部关于西藏的传奇”。

六天后，众多出版集团及出版社等，五十多家出版机构卷入该书的简体版权争夺战中。七天后，台湾二十多家出版机构开始白热化争夺该书的繁体版权。八天后，凤凰卫视、《北京青年报》《南方都市报》《杭州日报》《郑州日报》《广州日报》《成都晚报》《武汉晚报》《大河报》《新京报》等全国几十家媒体相继报道了《藏地密码》在网络上的迅速蹿红。

一个月后，北京读客图书有限公司携手重庆出版集团以重金击退其他出版商，成功签下《藏地密码》中文简体版权。仅隔一天，台湾普天出版社以五万美金抢走《藏地密码》繁体版权。与此同时，企鹅集团等全球知名出版机构纷纷争夺《藏地密码》海外版权。《藏地密码》一时风头无量。

4 月 25 日，《藏地密码》上市不到一周，首印 20 万册一抢而空。

5 月 5 日，《藏地密码》卓越网新书排行榜第一，小说排行榜第二，文学图书排行榜第六，成为 2008 年最受关注的超级畅销小说。

可以说，《藏地密码》创造了一个图书市场的销售神话，然而看过《藏地密码》的读者，多数认为该书并没有想象中那么玄乎，但它却是累计销量突破 200 万册的畅销书。该系列产品的成功不是作品内容的成功，而应该归功于整个团队的运作，尤其是多种宣传、炒作和营销手段的组合，这一记组合拳绝对算得上近几年出版行业的经典。《藏地密码》展示给我们的更多是“媒体组合营销的密码”，接下来让我们来一一解读。

《藏地密码》的成功定位离不开宣传推广，如何让潜在顾客最大限度地接触有关图书的一切信息，如何增加其传播机会，如何让读者成为免费的宣传推广员，这是《藏地密码》要解决的问题。宣传推广不是从成书之后，而是从成书前，不是做一步看一步，而是整体策划。宣传推广也是定位的一部分。定位前期是解决推广什么，即在潜在顾客心中占据何种地位的问题；中期是如何推广、在哪里推广；后期是如何加强之前的定位。《藏地密码》在各论坛、读书网站同时出现，按进度开展连载。按进度可以控制节奏、掌握主动性，进而制造话题。《藏地密码》在各论坛的推广力度超越了以往图书，论坛数量无法统计，就连某小城市的论坛都有相关连载及评论，由此可见其网络推广力度之大。同时宣传推广不是单一的，而是立体的、组合式的。各论坛、贴吧、SNS、QQ 群等网络环境、报纸、图书等纸质媒体、广播等听觉媒体，不一而足。最重要的是在论坛、贴吧、SNS、QQ 群等媒体的宣传推广中不光是量的集合，更是质的集合。比如说关于西藏的论坛、关于探险的论坛、SNS 中关于西藏的小组，目标都是针对潜在顾客，同时顾及其他人群。相关连载、讨论进行的同时，不断制造相关话题，比如关于此书是史玉柱的网游阴谋的话题讨论，等等。这无疑会吸引大家的眼球，将此书的关注推向一个高度。

在论坛、贴吧等地出现大量相关信息后，搜索引擎的曝光率大大提高，进一步推动图书关注度。连载制造网络环境，推出话题、专题是前期推广。出书后，相关专题在新浪、搜狐等强势网络媒体也陆续推出，在当当、卓越销售排行上也成为噱头。有专业人士怀疑有打榜的嫌疑，当然无法得到证实。从系列第二本开始，封面陆续打上销量突破 50 万、100 万字样，引起大众关注。到系列图书第五本推出后，宣传语成为《藏地密码 5》绝对是《藏地密码》的巅峰之作，第六本推出的时候就主打揭秘希特勒进入西藏之谜。系列图书推出时间间隔、后续跟进等都有不错表现。

《藏地密码》的成功从其批评者的话语中就可见一斑。某知名网友在豆瓣网上写道："购买的原因是这本书的广告营销很成功，已经覆盖了我对书籍的第一接触点。在 BBS、SNS、MSN，都能看到这本书的身影，而且都是正面评价。"

《藏地密码》打的是西藏牌、畅销牌。《藏地密码》在各种场合不断传播着核心诉求，增加传播的机会。西藏是《藏地密码》产品的核心，让对西藏感兴趣的潜在顾客看到这本书不断地宣传推广，增加传播机会是其成功的关键。从这种系列畅销书的营销可以得出一些媒体组合营销的观点。

首先，图书是一种特殊的商品，虽然特殊，着眼点还是商品。传统的出版界以生产为主，有什么稿件就出版什么作品，到现在的读者有什么需求就满足什么样的需求。出版界已经开始发现读者的需求，进而满足读者的需求。想了解西藏的人那么多，为什么就不能有一本关于西藏的小说呢？想了解西藏吗，这本百科全书式的小说就是你必须要看的？图书市场是怎么做出来的，是从读者身上发掘出来的。只要理由足够充分，相信读者会做出自己的选择。我们常常讲"如何做畅销书，首先要给个理由"。《藏地密码》是这句话最好的解释。

其次，21 世纪是网络的世纪，网络营销作用将发挥越来越重要的作用，网络媒体将是出版营销的重要领域，从《藏地密码》《明朝那些事》到《浮沉》等畅销书，网络营销都发挥了重要作用。2008 年中国出版科学研究所第五次国民阅读调查显示：互联网阅读率为 36.5%，图书阅读率为 34.7%，网络阅读首次超过图书阅读。随着中国成为世界网民数量最多的国家，网络营销越来越成为最重要的战场。

最后，《藏地密码》确定潜在顾客后，在喜欢户外探险的人群中选择与中华户外网合作，同时与国内著名的三大户外用品专卖店合作。针对喜欢悬疑题材的读者，在著名悬疑杂志《胆小鬼》上刊登图书广告，并以一些其他方式在该刊上对《藏地密码》进行推荐。图书营销不是粗放式作业，投入讲求产出。QQ 群、搜索引擎等新式营销工具的使用，将最精确的读者群集中在一起。从《藏地密码》可以看出，出版营销对媒体的选择也越来越注重针对性。

以前的出版界，图书编辑是一环节、发行是一环节，各环节分散，《藏地密码》则是从一开始就是整体策划。要完成在多达数千论坛、上百种报纸上发布相关信息，仅凭一两个人是完成不了的，明显是一个分工明确的团队所为。而整个团队的核心是营销，目的是市场。此类的团队作战模式将会越来越普遍。《藏地密码》无疑开拓了系列图书组合营销的先河，为图书的营销积累了宝贵经验。

媒体最佳组合是营销制胜法宝。当前，互联网，自媒体迅猛发展，传统的纸媒体纷纷萎缩，亏损、停刊。因此，有人断定，今后世界上只有互联网媒体存在，其他统统都将死亡。笔者通过长期研究认为，不管科技怎么发达，互联网如何了不起，但世界上只要有人类，必须有多种媒体传播方式，传统的报纸、杂志、广播、电视、户外广告等，它们都会长期存在，并且相互依赖，互相发挥长处，弥补短板。当然，那些无内容、无特色、又不想改变的媒体，不管是传统媒体、还是新媒体，都将被社会淘汰，被大众抛弃。

广播媒体的组合密码

广播诞生于20世纪20年代。世界上第一座电台是美国匹兹堡KDKA电台，于1920年11月2日正式开播。中国的第一座广播电台建于1923年1月，由美国的奥斯邦创办，属于中国无线电广播公司的广播台，首先在上海播出。中国人民广播事业创建于1940年12月，即中央人民广播电台的前身——延安新华广播电台。

广播的优势是对象广泛，传播迅速，功能多样，感染力强；短处是稍瞬即逝，顺序收听，不能选择，语言不通则收听困难。

广播的发展由于无线电的广泛使用，以及人们对于大功率发射机和高灵敏度电子管接收机技能的熟练掌握，使广播逐渐变成了现实。

广播早已今非昔比。这正是广播的独特之处，也是它的长寿秘诀。地面广播与网络广播共同发展，也是广播媒体的生命力所在。随着Spotify、Pandora、播客等各种新模式的涌现，它们的界限逐渐模糊起来。

一、广播媒体的优势

（1）利用电波语音的形式传播信息。另外，口播的特点使信息和传播程序简化，从收到信息到传播出去，即写即播，即兴口播，完成速度最快，适合发布时效性极强的广告。

（2）传播范围广泛。首先是空间上，不论是城市或农村，不论是在陆地、海洋或空中，室内或室外，电波所及之处都能收到信息，覆盖面大于电视。其次是时间上，早、中、晚几乎全天候式地播出，能适应听众的各种作息时间。再次是听众范围广泛，广播广告通俗易懂，不受文化程度限制，因而听众几乎是全民性的，不同年龄、职业和性格、身份的人（即使文盲）都能听懂。从这一点上说，广播电台覆盖面也远大于报纸。

（3）费用低，制作简便。同电视相比，广播广告制作简便，投入的人力少，耗费低，不需场景和道具，能节省大量的资金，极适合中、小企业及个体户等无庞大广告开支的客户。

（4）最具灵活性。广播广告说改就改，较之报纸方便迅速，因而能根据市场行情的瞬间变化及时调整广告内容。

（5）亲切感人。较之其他媒体，广播媒体更具人情味，是一种名副其实的“劝说”艺术，特别是由广大听众所熟悉和喜爱的播音员来播广告，更有一种说不清的感情色彩夹杂其中，仿佛是面对面的交流，让人感觉到她（他）就在与你说活。在冷酷的商品社会里，人情味是金钱所不能买到的。活生生的语言较之文字和图画更容易表达感情，也最易给人以美好的想象。

（6）适合于特定人群边工作边收听，如司机、旅途中人群、晨练和夜跑人群等。

二、广播媒体的劣势

1. 有声无形

没有视觉形象，言之无物，易让人觉得空洞，特别是外观极为重要的商品，如化妆品、服装、家具等，不易使消费者产生立即购买的冲动。

2. 转瞬即逝

大部分的广播广告都时间较短，吐字较快，未等听众听清或者领会便很快过去。

3. 不易查存

除非你当时就记录下了广告里的某些不易记忆的内容，如电话、地址等，否则你很难再查找出曾听过的广告里的关键词句。

三、广播媒体的组合策略

广播听觉媒体的组合策略。利用传播速度快、影响力大的特点与广播收听群体相对固定的特点进行组合。一方面能提高品牌认知，另一方面又强化产品特性，吸引注意力，提高消费者对产品的兴趣。它的特点是有利于城市与乡村的消费者能够普遍地接受广告信息传播。但是属于瞬间媒体，在时效方面互补性较差。

为了适应市场的需求，充分体现广播的传播优势，某医院在山西人民广播电台专门开设了为广大患者进行医疗、医药咨询的“健康专线”直播栏目，邀请医疗、医药专家为栏目嘉宾在直播室坐诊，患者或其亲人、好友通过电话直接向专家进行咨询。每到该栏目开播的时间，热线咨询电话的显示灯就不停地闪烁，一路路咨询电话接连不断地切入直播室，专家应接不暇。不难看出，还有多少听众或患者在有意或无意中接触着广播，接受着广播的信息，并“对号入座”地“诊治”着自己的疾病，更有多少听众或患者有意和无意地传递着这种信息，影响着他人。因此，广播广告的交流感是跃动的和生动的，这种双向交流的功效是广播媒体独特的，广播媒体的意境性是丰富的和深邃的。广播可以从播报的语言、气息、情感等声音的多种表现手段中，充分开启人的心扉，掀动人的感情，产生一种最为和谐与完美的想象。所以，如果把电视比作一幅色彩艳美，一目了然的油画，广播则是一幅水墨渲染，气韵生动的国画。

电视媒体的组合密码

自 1936 年英国建成世界上最早的电视台以来，80 多年过去了，虽然各种媒体层出不穷，但是电视媒体仍是目前各媒体中的老大。1936 年英国广播公司建立电视发射台，11

月2日起定时播出电视节目，扫描行数已达240行以上。一般认为这是世界电视事业的正式开端。前苏联1938年在莫斯科和列宁格勒相继建立电视台，第二年正式播送节目。美国1939年全国广播公司附属的电视台转播了纽约世界博览会盛况，1941年第一批商业电视台获准开业。

电视媒体诞生以后，经历了一些波折。第二次世界大战期间，除了美国有6家电视台继续播映外，其他各国的电视的生产和播映全部中断。大战结束后，英、法、苏、德等国电视事业才逐步恢复，随后日本、澳大利亚、加拿大等国也相继兴办。60年代以后，发达国家和拉美地区的电视发展十分迅速，随着电视机的广泛生产和销售，电视日益成为重要的大众传播媒介。20世纪末，电视媒体已普及到整个世界。

一、电视媒体的发展趋势

（1）电视媒体将与新兴的载体相结合，将电视变成一种可以移动的电视。所谓移动着的电视，是说电视已经从客厅走到了广场、电梯、手机上，已经不再是以往那样的静止的、等待观众光临的状态。电视不断迁移，与网络、手机、楼宇电视的终端相结合，形成新的载体与传播样式。电脑互联网与电视的结合已经是一种定势了。然而这绝对不是互联网对电视的取代，只是电视媒体的一种革新。手机是电视媒体的最新载体。随着，手机功能的日益增多及4G网络的广泛应用，手机看电视将会成为一种势不可挡的力量。

（2）简化观众的选择困难。对普通观众来说，从50个频道增加到100个频道，频道增加一倍，所获得的愉悦和满意并没有同步增加一倍，反而会感到增加不少选择的麻烦，要付出更多精力进行搜索。人们希望媒体更多地尽到筛选的责任，提供精选的结果。同时，人们生活节奏与活动方式变化，希望在特定的时间提供最需要的东西。受众结构与收视偏好的变化，减少选择困难，也促使传播心理发生变化。

（3）电视媒体的互动发展趋势。越来越多的选秀节目受到热捧，这也是意味着电视媒体势必要将走向一种互动的趋势。传统电视媒体往往是我播你看，观众被动接受。但如今观众不仅要求在第一时间内获取有关信息，满足“知情权”，更希望媒体能够成为自己发表意见、展示主张的平台，实现其同样强烈的“参与感”。所以，从央视到各地方电视台，都创办了各种谈话类节目，让观众参与，与观众互动，取得了很大的成功。

二、电视媒体的优势

（1）电视媒体既能听又能看，可以让观众看到表情和动态的画面，生动活泼，别开生面。电视可以进行文字说明，也可以展示实物，介绍产品的使用方法，宣传使用效果，加之使用各种艺术手段的辅助，有利于人们对产品增加了解，尤其在突出商品诉求方面，是任何其他媒体难以匹敌的。

（2）我们一般家庭大多全家看一台电视，这种情况有利于全家一起讨论广告商品，发表各自意见，容易做出购买决定。特别是购买决定权多掌握在家庭主妇那里，他们在家看电视的时间一般都比较长。

（3）我国的电视台，特别是中央电视台及省级卫视台在人民群众中享有很高的声望，所传播的广告信息总是能得到大多数人的信任。

（4）影响力大。常听人说这个电视广告如何好，那个电视广告如何差，但很少有人对其他的媒体广告大发议论，这说明人们对电视广告的重视程度远比其他媒体广告高。

（5）覆盖面广。不但央视，而且全国各省、市级电视都通过卫星传播，覆盖大江南北，并且图文并茂，动感十足。

三、电视媒体的劣势

（1）时效性强，信息量大。同广播广告一样，电视广告转瞬即逝，难以一次性地在观众中留下清晰、深刻的印象，而且查存困难。

（2）容易被转换频道。随着电视频道的不断增加，广告如果做得不精彩，观众就会转换频道。而且现在是遥控时代，换频道只是举手之劳，因而电视广告的收视率要大大小于电视节目的收视率。

（3）费用昂贵。利用电视媒体做广告，主要以租用时间的长短和次数来收取租金，所以每秒的时间都价值千金，这使得电视广告在播放次数和广告内容的详细解释上都有了限制。另外，电视广告的制作费用也让人望而生畏，演员、编导、道具、场景安排等都要大笔花销，所以中小型企业一般都无力负担。

（4）制作复杂。电视广告大多制作复杂，制作时间相对较长，因而时间性很强的广告往往无法利用这一手段。

近年来，随着新兴媒体的兴起，传统媒体和新兴媒体在传播中担任角色越来越凸显出来，尤其是媒体的组合式传播，形式也越来越多，在电视剧、电影、纪录片、网络等领域都有所渗透。

四、电视媒体的组合策略

电视媒体组合是多种策略的组合运用，适合产品初始时的推出上市，是一种在短期内引起消费者注意、认知和购买，从而迅速打开并站稳市场的营销战略。同时，对于有些产品，该组合可以做到受众群、重复率、周期上的配合等较多层面上的互通有无，从而能在极大的程度上加速营销目标的实现。

例如，我们要给一个知名的房地产商做广告宣传，就可以采取在多家地方电视台上宣传企业的品牌形象；在报纸上详细说明房间的结构及相关的技术指标。

《非诚勿扰》是 2010 年 1 月江苏卫视制作的一档婚恋交友真人秀栏目，在每周六、周日晚 21 点 20 分播出。

《非诚勿扰》的定位是适应现代生活节奏的大型婚恋交友栏目，为广大单身男女提供公开的婚恋交友平台。作为一个叙事文本的《非诚勿扰》，讲述的是当代社会“剩男剩女”们情感交友故事，不同个体的婚恋观在其中进行碰撞。有人物、有情节、有戏剧冲突，并且通过独特的电视叙述语言、声音和影像传播，再加网络对节目及嘉宾进行传播等。

《非诚勿扰》作为一个多元混杂的悲喜剧本，观众可以在观看过程中任意带入自己的观感体验，自主地选择阅读视角确立自己的情感认同，伴随着男女嘉宾的情感体验开始自己的审美过程。

一个娱乐节目，能在各大网站排行榜上一路飙升，同时，在这个娱乐节目的播放过程中，产生了类似“闫凤娇”“马诺”“卫生巾男”等众多被热议的人，这点不得不让人惊讶。各种媒体通过自己的传播特点，对节目和嘉宾进行报道，使得节目的受众人群越来越广、口碑越来越好、人气越来越旺，使得传播方式不在是单一的电视媒体，而是各种媒体的有效组合。

相亲这个活动，人人都需要，很大众。一个很简单的相亲却让节目策划团队整的如此的跌宕起伏，这说明什么，作为媒体，对节目的设计越通俗，越大众，越有收视率。最好是人人都能参与，人人都关心的活动……

这个节目本身就一款产品，而另一款产品就是台上的各个嘉宾。男嘉宾一出场，就要让20位女嘉宾给打分——这就是第一印象，在此强调穿着、细节的重要性，你是否第一眼能拿住你的“顾客”，外表绝对是一个很关键，很关键的事情！卖产品也好，找对象也好，第一印象都是非常重要的。

三分钟的生活录像——这就是你宣传自己的一个广告片，你是否能在三分钟里，把你的优点发挥得淋漓尽致……朋友、亲友对你的评价——这个就是口碑，所以你日常要做好口碑的维护与口碑的营销。

《非诚勿扰》的节目流程设计，非常简单，但却非常有效，再次验证了一句话：最牛的模式都是把简单的模式发挥到极致的模式，越简单，越有效的流程，就是最好的模式和最好的流程。

媒体的炒作+语不惊人死不休的嘉宾的自我炒作。自从《非诚勿扰》开播后，几个女嘉宾迅速成了网络红人，譬如“闫凤娇”的艳照门事件，又譬如“马诺”的拜金。那么之所以这些人这么火，背后肯定有一个炒作团队，没有无缘无故的“火”，很多东西都是炒作出来的。从“贾君鹏，你妈叫你回家吃饭”，到“奥巴马女郎”，都是炒作团队的杰出作品，后来的“凤姐”也是如此。

报纸与杂志媒体的组合密码

罗马凯撒大帝在公元前59年发行的《每日纪闻》，是世界上最早的报纸。其实在中国，早在距今2100年前的西汉时期创办的《邸报》，比《每日纪闻》早100年，堪称世界上最早的报纸。它是当时的官府用以抄发皇帝谕旨和臣僚奏议等文件及有关政治情况的刊物，所以称为《邸报》。原藏于敦煌莫高窟的唐代《进奏院状》，是中国已知的最早的一份手抄邸报，距今已有1000多年了。

使用印刷术印报大约出现在1450年的欧洲。报道哥伦布发现新大陆经历的报纸出现在1493年，是罗马当时印制的第一份报纸。当时的报纸并非天天出版，只是在有新的消息时才临时刊印。

1609年，索恩在德国出版了《艾维苏事务报》，每周出版一次，这是世界上最早定期出版的报纸。不久，报纸便在欧洲流行起来，消息报道的来源一般都依赖于联系广泛的商人。

日报首次发行于 1650 年，是德国人蒂莫特里茨出版的。虽然只发行了 3 个月左右，但却是世界上第一份日报。

一、报纸媒体的优势

（1）传播面广，传播迅速。报纸发行量大，触及面广，遍及城市、乡镇、机关、厂矿、企业、家庭，有些报纸甚至发行到海外。同时，由于报纸可以互相传阅，因此看报的人数大大超过报纸发行数。此外，报纸一般都有自己的发行网和发行对象，因而投递迅速、准确。报道新闻，这是报纸的主要任务，所以传播速度的快慢在某种程度上决定了报纸自身的命运。国外有些报纸甚至能报道当日的重大新闻，一天要出早、中、晚三个版次的报纸。新闻报道速度带动着广告信息的传播速度，保证了广告宣传的时间性。

（2）报纸版面容量大，篇幅多，可登全页整版广告，所以凡是要向消费者作详细介绍的广告，利用报纸做广告是极为有利的，且可造成相当大的声势。

（3）报纸具有特殊的新闻性，将新闻与广告混排可增加广告的阅读率。

（4）权威性的报纸增加了消费者对其广告内容的信任感。

（5）报纸广告的编排、制作和截稿日期比较灵活，所以对广告的改稿、换稿和投稿都比较方便。

（6）报纸广告便于保存和查找，无阅读时间限制。

（7）报纸广告费用较低。首先，报纸本身售价低，人人都买得起；其次，报纸广告费用相对较低，发行量越大，分摊在每张报纸上的广告费用就越低。

（8）选择性强。报纸是定期刊物，广告主因此可以制定相应的媒体实施策略，既可大规模集中发布广告，又可发布单则广告，也可发布系列广告。同时，综合性报纸和专业性报纸不同的读者结构，也给广告主对宣传对象的选择带来方便。

（9）文字表现力强。报纸版面由文字构成，文字表现多种多样，可大可小，可多可简，而广告文案亦可有多种表现，说理式、感情式、诗歌式、散文式等，不拘一格，又可以图衬文，图文并茂，还可套色，新印，引人注目。

二、报纸媒体的劣势

（1）时效性短。报纸的时效性极强，因而隔日的报纸容易被人弃置一旁，所登广告的寿命也会因此大打折扣。

（2）报纸广告易被读者忽略。报纸广告强制性小，读者经常随意挑读感兴趣的内容，越是内容丰富、好新闻多，就越易造成跳读现象，造成广告浪费。

（3）无法对文盲产生广告效果。

（4）现代人的生活节奏很快，无时间详细阅读，加之由于版面限制，广告拥挤，使人感到眼花缭乱，更无心主动地接受广告诉求了。

（5）缺乏动态感，立体感。报纸媒体因纸质和印刷关系，大多颜色单调，插图和摄影不如杂志精美。

三、报纸与杂志媒体的组合策略

报纸、杂志媒体组合属于媒体覆盖空间组合策略中的特殊覆盖策略。此种策略指的是在特定的环境和条件下，对某一特定消费群体有针对性地进行覆盖，适合具有一定教育程度或文化本经的目标消费者群。该组合利用了报纸的影响力，配合杂志目标消费群的信任，加强产品功效特点的宣传，吸引了实际消费者或使用者。这种方式对销售有直接的推动作用，并可能形成相对稳定的目标群体，同时影响潜在消费群体。它的特点是可利用报纸广告做强力推销，而借助杂志广告稳定市场；或利用报纸广告进行地区性信息传播，而借助杂志广告做全国性大范围的信息传播。缺点是节奏较慢，形式较为单一，难以形成轰动效应。

雀巢咖啡的广告一直以创意著称。其在众多媒体投放广告中以报纸广告投放最多，回报率是最高的，雀巢咖啡充分利用报纸可以反复阅读，便于保存的特点使得效益猛增。报纸广告以文字和图画为主要视觉刺激，不像其他广告媒介受到时间的限制，因此让雀巢咖啡报纸广告找到了发展机会。

在独自读报纸的时候，如果身旁能有 1 杯热气腾腾的咖啡，那该多好啊！为了鼓励读者解放双眼，抬起颈脖，发现身旁的美好，与周围环境多交换沟通，雀巢在报纸里做了一则这样的广告。两支折叠雀巢纸杯，里面有袋装速溶咖啡粉，你只需倒上开水，就可以与身旁的人喝上 1 杯香浓的雀巢咖啡。不管是陌生人，同事，或是朋友，无妨边喝，边和他们聊聊他们感兴趣的话题。

这是个有趣的报纸广告。这份夹在报纸里的咖啡杯广告将在全部巴黎地铁投放，意在鼓励城市里的人们多社交。此次创意，是希望打破咖啡饮料个人化，把咖啡引入读报时间，变成一种人与人之间的同享活动，对咖啡成为一种现代陌生人社会的生活润滑剂展开的美好愿景。

雀巢的广告创意策略一直致力于强调平常生活的重要性，希望雀巢咖啡的形象对消费者来讲是高效的，也是主动自发的。

技术的发展正在改变人们的消费习惯，影响人们日常生活的各个方面。消费者已认识到了这一点，品牌也在不断调剂适应。雀巢想要保持住速溶咖啡领导者的地位，就必须不断往消费文化里加入当下社会元素。而上述的报纸杯，这仅仅是他们颇具勇气和创意的尝试。我们期待愈来愈多的产品能做出这样有趣又接地气的广告创意，也希望这些广告能给企业带来好的回报。

杂志与电视媒体的组合密码

杂志，又称期刊，是有固定刊名，以期、卷、号或年、月为序，面向社会公众，定期或不定期连续出版的印刷出版读物。一般杂志的刊期在一周到半年之间，每期版式基本统一。杂志的时效性介于报纸和图书之间，比较及时全面深刻地反映社会变化；读者覆盖灵活，兼顾“多数”与“少数”；内容庞杂多样，有专业、综合之分，几乎所有行业、学科、领域都有自己的杂志；阅读便利，易于保存。

杂志作为一种大众传媒，具有三大功能——知识的仓库；社会的思想者；大众的情感家园。杂志的创意与策划，是指杂志的工作人员对其业务活动按传播规律进行超常的、有创新的谋划与设计，其目的是更好地配置与运用传播资源，使其提供的资讯更具特色，获得最佳的传播效果。相对于报纸、广播、电视和网络，杂志基本上是小众媒体。能让所有年龄背景的人都喜欢的杂志，一般只在媒体人的梦里才会有。而作为小众媒体的杂志，其最大的卖点是“见识”，即杂志要力求有深刻独到的见解。要力争引领时代的社会思潮，成为社会运动的旗帜。这就注定了杂志的运营，对创意与策划的提出的要求更高，倚赖程度也更深。

一、杂志媒体的优势

1. 时效性长

杂志的阅读有效时间较长，可重复阅读。好的杂志不仅被人传阅、借阅，而且在相当一段时间内具有保留价值，因而在某种程度上扩大和深化了广告的传播效果。

精美生动的广告摄影，往往能伴随杂志保留时间的推移而不断地冲击读者的视觉。

2. 针对性强

“针对性”有两层意思：一是“对症下药”，根据每种杂志的特定读者群，进行适合他们心理的广告设计，其中包括诉求方式是以理喻人、还是以情感人？抑或是两者并用？表现形式是抽象的、具体的，还是雅俗共赏的？颜色要浓、还是要淡。文字表达要高深一点、还是浅显一点？二是针对专业性杂志行业特点做专业商品广告，如选择医学类杂志做医疗器械广告，选择美术杂志做绘画用品的广告。要把好“钢”用在“刀刃”上，无形节省了大量的广告费用。

3. 印刷精美

同报纸相比，印刷精美无疑是杂志媒体目前或在以后相当一段时间内最大的优势。显然，由于印刷精美，产品形象会更加逼真，这时产品往往能自己站出来说话，减少文字上的浮夸，产品形象会给读者带来视觉上美的享受，或许因此还会给读者带来心理上的认同。

二、杂志媒体的劣势

（1）出版周期长。杂志的出版周期大多在一周或一个月以上，因而时效性强的广告效果不佳，可能造成“马后炮”。况且杂志媒体的定稿和截稿期限比较严格，也不便于根据多变的市场行情调整广告策略。

（2）声势小。杂志媒体无法像报纸和电视那样造成铺天盖地般的宣传效果。杂志尽管印刷精美，但尺寸版面有限，有如小家碧玉，做不出大户人家的铺张。

（3）印刷复杂，更改和撤换都极不方便，成本费高。

三、杂志与电视媒体的组合策略

杂志、电视媒体组合。瞬间媒体与长效媒体的组合策略，适合时效性较弱的精美及高档产品的广告宣传。电视媒体视觉冲击力强、形象好，而杂志对目标消费群相对集中，将两者进行组合，既能树立品牌形象，又能全面说明产品功能，对销售有积极的推动作用，同时还影响潜在消费群，使产品的生命力得到很好的延续。

1995 年 9 月第一本《瑞丽》杂志问世以来，短短十几年时间，《瑞丽》杂志已迅速成长为中国期刊业的著名品牌，取得了一系列骄人业绩：目前的《瑞丽》旗下已经拥有发行量稳居前两位时尚类杂志《瑞丽服饰美容》和《瑞丽伊人风尚》，中国最大的女性门户网站——瑞丽女性网，中国发行总量最大、品种最丰富的系列时尚书刊——《瑞丽 BOOK》，还拥有中国最大的时尚读者数据库及中国最大的模特资源储备库。现在，《瑞丽》继续保持良好的发展势头，遥遥领先行业平均水平和主要竞争对手，《瑞丽》已迅速跻身中国最畅销的杂志。

成功源于方法，源于策略。《瑞丽》十几年的发展，很大程度上受益于管理团队对市场的认识和思考，受益于管理团队对机会的把握和策略跟进。从印刷出版到进军网络媒体，从经营媒体到经营品牌，《瑞丽》发展的每个阶段都有可圈可点之处。纵观《瑞丽》的发展历程，我们发现有一条很清晰的脉络贯彻始终，那就是多种媒体互动、媒体资源整合的经营策略。

首先，从单一产品到产品集群：基于内容的媒体整合中国期刊市场的成熟是随着人们物质生活水平的提升，生活理念的变化而逐步实现的。在国际企业文化的熏陶下，一大批具有现代意识、独立意识的女性群体逐步形成，她们追求美丽，注重生活质量，开始寻求个性化需要的满足，其生活状态和工作状态受到其他职业女性和众多大学女生的关注和追求。如何通过提升仪表妆容，打造一个全新的自己，以适应现代社会新的竞争环境，是当时城市知识女性非常关心的热门话题，她们需要实实在在的指导。

在这种社会背景下，《瑞丽服饰美容》应运而生，并在市场上大获成功。它开创了中国“时尚、实用”期刊模式的先河，其东方风格、女性视角、实用导向的办刊风格，迅速吸引了大批忠实读者。同时，《瑞丽》率先在中国期刊界明确提出“按年龄和生活状态细分目标读者”的期刊定位原则。在这一理念和期刊定位的指导下，《瑞丽可爱先锋》《瑞丽伊人风尚》和《瑞丽家居设计》先后面世。

至此，《瑞丽》期刊群初步形成，具备了媒体资源互动、整合的条件。长期以来，资源整合、媒体互动一直是《瑞丽》的经营战略和指导思想。作为一种尝试，依托主办单位中国轻工业出版社的优势，《瑞丽》率先制定了书刊互动发展策略，并于 2000 年推出《瑞丽 BOOK》。《瑞丽 BOOK》跨入最具广告价值的媒体之列，其发展受到业界的广泛关注。

其次，打造杂志和网站立体化媒体传播平台。在信息技术全球化浪潮的推动下，传统媒体也进入一个与数字化信息技术产业弥合的时期。2000 年，信息化进入传媒领域，引发关于“第四媒体”对传统媒体影响的研讨热潮，新闻出版、广播电影电视等传统大众传媒迅速“触网”。在这种新的机遇和新的市场环境下，2001 年 3 月，瑞丽网站正式开通。

瑞丽网站创建之初，基本上是作为《瑞丽》杂志的电子版呈现的，其基本任务就是将《瑞丽》书刊的内容网络化，通过不同的媒体表现形式，满足不同读者的阅读习惯。就功能定位来说，初期的瑞丽网站还停留在“刊网一面”的企业网站阶段。但是，其随着网络媒体发展，逐渐表现出较之传统媒体的优越性，比如互动性、即时性、海量信息等，都是传统媒体所缺乏的。2002 年，瑞丽网站正式启用新名称“瑞丽女性网”，从一家企业网站正式转型为商业网站，此后，经过多次升级、改版，瑞丽女性网已经发展成为一家国内领先的女性垂直门户网站。

目前，瑞丽女性网已发展成为以网络媒体广告、无线增值业务为核心产品线，以电子商务、行业应用和远程教育为辅助产品的多元化商业模式。《瑞丽》采取多种服务模式为广大手机用户提供 WAP 和 MMs 产品，与此同时，自主开发的无线技术平台正在搭建之中。不久以后，手机就将成为《瑞丽》品牌延伸的另一种媒体形式，成为《瑞丽》媒体互动、品牌立体化传播的重要平台。《瑞丽》已初步建立起包括杂志、网络、手机、图书、音像、数据库和活动等多种形式的传播平台。其中，品牌性活动作为《瑞丽》杂志社近年来着力实践的一项经营工程，更是被提升到一个新的高度。

市场的落地活动作为《瑞丽》的一个品牌来演绎、经营，2001 年举办了首届《瑞丽》封面女孩大赛。通过举办封面女孩大赛，推动和吸引业内更多企业来关注平面模特事业，为《瑞丽》和更多媒体发现、选拔更加优秀的平面模特专业人才。大赛的获奖者或入围的选手中许多人成为《瑞丽》的签约模特。如今，平面模特大赛已成为《瑞丽》的一个标志性品牌活动，同时，由于其独特的定位和《瑞丽》本身作为强势时尚期刊的优势，迅速在国内各类模特赛事中脱颖而出，成为中国平面模特的大型专业评选盛事。其传播价值日益受到客户的认可，广告赞助商也从无到有，从曼秀雷敦到宝洁，活动的品牌影响日益扩大。

《瑞丽》杂志社整合旗下各刊的市场活动，并使之系统化，通过各刊的品牌性活动，塑造各刊的立体形象。《瑞丽》各杂志的立体互动版本相继推出：面向都市白领女性的《瑞丽伊人风尚》立体版“美丽研究室”，紧扣服饰搭配特点的《瑞丽服饰美容》立体版“瑞丽秀”，以及强调个性妆容、个性品位的《瑞丽时尚先锋》立体版“时尚先锋，潮流领 show”。这些活动紧密围绕自身杂志的定位和读者的特点，定期策划活动，通过杂志、读者与客户之间的亲密互动，真正将杂志的形象树立起来。

目前，这些品牌性活动已成为《瑞丽》组合传播网的重要组成部分，尤其是《瑞丽伊人风尚》的“美丽研究室”，每次活动都能引起读者和高端客户的极大关注。

至今为止，“美丽研究室”已在北京、上海、杭州等地相继推出“似水美丽，辉映流年”、“情迷倩影，魔力之夜”“午后红茶”“闪亮情人节”等十余次高品质沙龙活动，吸引了 Clinique（倩碧）、LA MER、娇韵诗等世界著名品牌共同参与，在期刊界和时尚界形成了相当的影响力。可以说《瑞丽》的成功，同样离不开《瑞丽》旗下各种媒体资源的大力支持。

户外媒体与电视的组合密码

户外广告—— 一种新兴大众媒体，以其独特的传播形式和传播特点，成为当今社会人们了解知识、更新信息的重要途径和手段，并以显著的优势脱颖于竞争激烈的传统大众媒体，展示着其良好的发展态势。

人类自从有了商品生产与商品交换，就有了广告。起初，人们为了满足自己所需，将生产物品或猎获东西的多余部分，拿到市场上与他人交换，为了吸引他人注意，便通过叫卖吆喝招徕买主。虽然没有明确广告这一概念，但这种实物陈列和叫卖相结合的方式已经构成了广告的最初形态。广告作为一种重要的信息传播方式，是为了适应人类信息交流的需要而产生，并伴随着商品经济的繁荣和传播媒体的进步而不断发展。今天，游走于城市的街头，大街小巷充斥着各类广告样式。户外广告是广告中最具代表性的形式之一。其特点既具备了广告的一般特性，同时又有着其自身的特殊属性。发展形式也随着时代的演进逐渐从单一走向多样化，从静态转化成动态，从地面发展到空间，从白天效果走向夜晚效果，可谓千变万化，永无止尽。

“户外广告”是人类最早采用的广告媒介之一，其历史可追溯到5000多年前刻在方尖塔上指引行人的象形文字，古希腊、古罗马时期西方出现了标牌广告，到了中世纪，招贴曾一度是欧洲流行的传播信息的形式。随着现代广告的出现和发展，户外广告逐渐确定了其在传播媒介的重要位置，特别是以美国为代表的广告产业更是将户外广告发展到极致。随着社会的发展、科技的进步，户外广告形式不断更新，其概念也在不断向外延伸。特别是在众多的户外广告的表现形式中，牌匾标识可谓中国独有的一种商业语言、文化符号，其历史悠久，底蕴深厚，是融汉语言、汉字书法、中国传统建筑、雕刻于一体，集思想性、艺术性于一身的综合艺术品。从古至今，广泛应用于宫殿、牌坊、寺庙、商号、民宅等建筑的显赫位置，向人们传达着商业文化信息。

一、户外媒体的优势

1. 暴露度高

收入提高与休闲时间增多，使得人们的户外活动激增。而城市化的加快与私车猛增，也导致道路人口更加密集。对于路人来说，看得比较多的广告媒体主要是交通堵塞时路边的灯箱、候车亭和射灯广告牌。

2. 科技含量高

户外媒体往往最先利用高科技材料。户外媒体可调用的创意手段越来越丰富。例如：形象、语句、三维物件、动感、音效、周围环境和高新科技等，形成立体感官刺激。再加上精美的电脑喷绘、照明等技术，使得广告价值提高，对受众的吸引力也显著增强。

3. 千人成本低

户外媒体可能是最物有所值的大众媒体了。它的价格虽各有不同，但它的千人成本（即每一千个受众所需的媒体费），在国外与其他媒体相比却很有趣：射灯广告牌为2美元，电台为5美元，杂志则为9美元，黄金时间的电视则要1020美元！但客户最终更是看中千人成本，即每一千个受众的费用。在香港公共汽车单面车厢广告，月成本仅3000港元。

4. 视觉冲击力

一块设立在黄金地段的巨型广告牌，或处处碰面的候车亭，是任何想建立持久品牌的形象的公司的必争之物。很多知名的户外广告牌，因为它的持久和突出，成为某个地区远近闻名的地标。

5. 保存时间久

很多户外媒体是持久、全天候发布广告，每天 24 小时、每周 7 天伫立，传播时间最充分。网上媒体也有类似的优势，不过是在虚拟世界，受众需要一系列先决条件才能接近，而户外媒体，因为物理空间的唯一性，这种优势发挥得更为彻底。

6. 位置优越、醒目，信息冲击力强

许多户外广告建在交通要道或高大建筑顶端，视线所及，一览无余。同时，户外媒体可以调动多种现场表达手段，营造出综合的、丰富的感官刺激。

7. 曝光频次高

通过策略性的媒介安排和分布，户外媒体能创造出理想的到达率和频次。正确地选择时间、地点，加上使用正确的户外媒体，可实现在理想的范围、接触到几乎每个层面的人群，甚至可与受众的生活节奏配合得天衣无缝。

8. 无孔不入

不管是单立柱、霓虹灯、墙体等类型的单一媒体，还是候车亭、车身、地铁、机场和火车站等。户外广告不可代替的优势就在于他往往能接触到其他媒体无法到达的受众。

二、户外媒体的劣势

1. 可能受到法律的限制

有些地区和国家限制户外广告的发布形式，所以对户外广告的发展有限制作用。

2. 无法详细介绍商品

户外广告所处的特殊环境和自身条件的限制，广告产品的文字内容与图画内容的表现就受到制约，虽然简单明了，有时甚至只是品牌名称或商标符号，宣传效果也因此而大打折扣。

3. 受众难以统计

户外广告多数是企业型的广告，给消费者留下的往往是对企业的印象，而不能立即产生促销的作用。精确测量户外广告的流动受众较为困难。

4. 稍纵即逝

据统计，坐在汽车或火车上看户外广告，一般是三至七秒。如果广告制作差，视觉冲击力不强，基本给消费者留不下印象。

三、户外与电视媒体的组合策略

户外媒体与电视媒体的组合。瞬间媒体与长效媒体的组合策略，适合城市里产品品牌形象及产品销售上的体形和强化。户外媒体具有提醒、强化的效果。这种组合利用电视传播速度快、视觉冲击力强的特点与户外媒体进行组合，可以使电视媒体的效果得到延伸，并增强在销售上的提醒，强化使用效果。

这种组合的缺点是户外媒体的有效到达率在寒冷地区有季节性的差异，所以无特殊情况，最好适当增加电视广告在冬季里的排期，同时相应减少夏季里的排期。

这种组合的缺点是除非你有意将广告信息送达，并影响或争取到大量可能的潜在消费者。否则电视媒体受众与杂志媒体受众比率相差太大，造成电视媒体目标消费者实际千人成本的大幅度提高，从而造成广告相对成本上的极大浪费。

下面我们来看一下麦当劳的户外媒体广告。作为有着 50 多年历史的餐饮“巨无霸”，麦当劳经历了快速成长的辉煌，也经历了市场衰退的挫折。自 2003 年开始“变脸”以来，麦当劳在追逐年轻消费群体的道路上可谓不遗余力。作为一家贩卖快乐生活而不仅仅是食品的企业，麦当劳通过 2007 年一系列“出位”的户外广告，让我们看到了它在目标市场上的不懈努力和媒体运用上的革新精神。

我们先来欣赏一下麦当劳薯条广告。在这个以“中薯”为主题的地铁广告中，人们熟悉的大汉堡包不见了，取而代之的是一抹红色和几个简洁的文字，在迎合健康的消费潮流中，麦当劳提供了鼓励消费的新理由。通过出色的视觉设计，用词汇谐音法的套用形式，在捕获眼球和刺激上，其效果绝对非同一般。在这个广告里，麦当劳希望人们忘掉汉堡包的高脂肪和高能量，开始接受夏季麦当劳的绿色新薯条。

2008年夏季，芝加哥李奥·贝纳再度出手为麦当劳设计了一个惊世巨作——巨型新鲜煎蛋活动广告牌。整个广告牌就是一只巨型“鸡蛋”。每天早晨六点起，“鸡蛋”就开始慢慢开裂，直到完全展开露出一个新鲜煎蛋，蛋黄上写着乳白色广告语：“Fresh Eggs Daily”（每日鲜蛋），一直到十点半早餐时间结束：一直保持敞开状态，提醒人们该时段有新鲜煎蛋供应，而后又封闭起来，直到第二天早上六点重新裂开。正如业界人士惊叹的，“这样创意绝佳的广告牌胜过千言万语”，不但能有效吸引注意，而且有着极佳的提示作用，诱使人们禁不住走进店里去品尝一番。

为什么麦当劳如此热衷一些“惊世骇俗”的媒体创意？为什么它不再高举巨型汉堡包而是力推其“新鲜”食品？从营销策略看，选择何种广告媒体和表现形式主要取决于传播目的。

事实上，尽管麦当劳仍然头顶全球快餐业“巨无霸”的光环，但不可否认的是，它已经没有昨日那么辉煌了。麦当劳引以为豪的标准化和品质一致性策略正饱受批判，其食品被指责为“三高二低”（高脂、高糖、高盐，低纤维、低维生素）的非健康品。当人们对快餐的衡量标准从“食用规格统一”延伸到“有益长期健康”时，麦当劳的产品优势正在减退。这也正是近几年麦当劳和几个主要的世界快餐品牌都在打“健康”牌的直接原因。

由此看来，“绿色”的背后是“健康”，媒体创新的背后是急切的说服需求。广告的本质是改变，改变人们的认知、态度和行为。当全球“反麦当劳”者甚至把每年的10月16日定为“世界反麦当劳日”时，维护品牌形象和改变消费者态度就显得尤为迫切而深具战略意义了。只是，麦当劳要想实现由“垃圾食品”向“健康食品”的真正变身，让广大消费者由赞叹其“新鲜”广告到接受一个“健康”的麦当劳，仍任重道远，还需拿出更有说服力的理由。

伴随着科技的发展，户外广告的媒体形式更多样，投影、光纤、电子音乐和幻灯的组合，照明板形成的影像，音响的视觉化，激光传达等形式大大丰富了户外广告的表现手法。比如，在电视媒体艺术和录像艺术盛行时期，旧金山一家商场的经营者霍兰德根据录像艺术的灵感创作了新媒体“T恤电视”，他将幻灯片或Flash动画广告投放在安装有喇叭和电视屏幕上，一家剧院聘请一位模特穿着这种新T恤在剧院门口走动，向前来观看电影的人宣传新片。日本电信公司的研究人员，模拟气象学上的下雨情形进行广告设计一副置于高三脚架上的投影仪，会投射出打在地上的雨点影像，并有细细的雨水波纹。当受众进入“下雨区”，一部摄像镜头会对用户进行定位追踪并将资料传送给电脑，然后投影仪会对准用户的手掌投射出一圆形的广告。研究人员还在继续开发新技术，让人可在掌上看动画或电影，并研究如何让用户将手上的广告讯息带走。

新媒体的互动性趣味体验给户外广告注入活力。融入互动的作品令广告信息成为一个起点，引导受众参与，并解读新的信息内容，从而促成了信息的完整传达。比如，悉尼街头一则绝对有加创意橱窗广告发扬了录像的互动性魅力，在玻璃橱窗上设计了一个酒瓶形状的偷窥孔，下面的标题“绝对偷窥（AbsolutYoyew）”几个字引导路人参与偷窥：偷窥孔中呈现的却正是路人偷窥的形象。事先藏好的摄像机刻意强调了摄录事实的存在，组织起镜头与观众相互依存的关系，观者与镜头建立心理认同。具有互动性的趣味体验和高科技梦幻魅力的广告形式扩大和深化了户外广告创作领域。但同时新科技、新媒体的发展应用也对户外广告创作者提出了新的要求，创意要思考的不仅仅是色彩、字体、图形等信息在新媒体上显示的独特性，还要考虑设计信息的运动、链接、声音、受众的互动等要素。

网络媒体的组合密码

广告从诞生的那天起，因其强调传播能力的特点，就注定要与新科学技术结合在一起。网络技术以其极高的知识、技术内涵、广泛的传播范围和快速的传播途径，成为20世纪人类最有价值的传播媒体之一。互联网在美国问世不久，理所当然地引起了嗅觉灵敏的广告人的注意。网络正式作为媒体是1994年，美国著名的Wired杂志推出了网络版，其主页上有14个商家的横幅广告。这是广告史上里程碑式的一个标志，它为网络服务商、广告商和广告客户开辟了一条崭新的发展之路。时光飞逝，目前这种广告形式不但没有衰退的迹象，反而越来越显示出其顽强的生命力。1996年美国网络广告收入仅为2.67亿美元，占广告总收入的0.2%，而2003年美国网络广告收入总额已达到150亿美元。到2004年底全球网络广告收入有望达到244亿美元，将首次超过广播、电缆、电视以及消费类杂志等传统媒体广告。

在中国，IT业界也较早地意识到了网络广告的明朗与广阔的前景。网络广告媒体的历史可以追溯到1995年4月，留美学者马云创办的“中国黄页”在中国内地开始推广网络广告理念；1996年底，中国网民数量达到10万人。中国各类新闻媒体上网数量有飞快增加，1997年，网易在广州正式成立，1998年，搜狐、腾讯和新浪又纷纷成立。到1999年底，全国已建立独立域名的新闻报道机构已达700多家。发展到今天，2016年，互联网广告收入为670亿元，比上年增长了34.5%超越电视和报纸的广告收入之和；百度广告营收超过490亿元，将超过全国报纸广告收入之和；淘宝广告营收也超过375亿元，迈过300亿元大关；腾讯的广告收入超过80亿元。网络媒体在短短十年年发展迅速，网民达到七亿多，可谓是当下的主流媒体之一。

一、网络媒体的优势

1. 传播范围最广：全球性

传统媒体无论是电视、报刊、广播，还是户外广告，都不能跨越地区限制，只能对某一特定地区产生影响。但任何信息一旦进入Internet，分布在200个国家和地区的近20亿Internet用户都可以在他们的计算机上看到。从这个意义上讲Internet是最具有全球影响的高科技媒体。

2. 保留时间长：全天候

报纸广告只能保留一天，电台、电视台广告甚至只保留几十秒，几秒，Internet上发布的商业信息一般是以月或年为单位。一旦信息进入 Internet，这些信息就可以一天 24 小时，一年 365 天不间断地展现在网上，以供人们随时随地查询。

3. 信息数据庞大：全面性

影像、动画、声音、文字；涉及企业、教育等各行各业。

4. 交互性沟通性强：全动态

交互性是互联网络媒体的最大优势，它不同于电视、电台的信息单向传播，而是信息互动传播，用户可以获取他们认为有用的信息，厂商也可以随时得到宝贵的用户反馈信息。以往用户对于传统媒体的广告，大多是被动接受，不易产生效果。但在网络媒体上，大多数来访问网上站点的人都是怀有兴趣和目的来查询的，成交的可能性极高。

5. 成本低、效率高、最经济

电台、电视台的广告虽然以秒计算，但费用也动辄成千上万，杂志广告也价格不菲，超出多数单位个人的承受力。网络媒体由于节省了报刊的印刷和电台、电视台昂贵的制作费用，成本大大降低，使大多数单位、个人都可以承受。

6. 强烈的感官性：全接触

文字、图片、声音、动画、影像等多种手段使消费者能亲身体验产品、服务与品牌。这种以图、文、声、像的形式，传送大量感官的信息，让顾客如身临其境般感受商品或服务，并能在网上预订、交易与结算，将更大增强网络广告的实效。

二、网络媒体的劣势

1. 易读性小于印刷媒体

首先，“书香”，以及躺在被窝里看产品说明书的惬意，这是网络广告文案所望尘莫及的；其次，对开报纸的超大版面可以“一览无遗”，而网络上的超大幅广告则只是在理论上可行，实际操作中还没见过有人去尝试，因为你不能设想让网民主动地用鼠标费力地挪来挪去才能看到一幅完整的广告画面，那也太奢侈了。

2. 容易引起疲劳

所有常用的广告媒体中，上网恐怕是最易引起大脑、视觉和上肢疲劳的。

3. 有效位置匮乏

虽然说网络媒体具有容纳海量信息的特点，但相对一个电脑屏幕来说，特别是主页的页面上，可供选择的广告位置其实很少且很小。一般来说，可供选择的旗帜广告位置只有顶栏和底栏的两处。而选在底栏的广告如果是在页面很长，必须用鼠标下拉才能看到的话，其广告效果将会大打折扣。

4. 点击率低

传统媒体特别是电视和广播，往往是强迫受众观看广告内容，而网络由于网站成千上万，信息浩如烟海，加上页面的面积及非线性等因素，往往采用链接的方式来进行广告诉求。也就是说，只有你点击了，它才能展现完整的信息，其主动权被网民所掌握。

三、网络媒体组合策略

网络媒体的组合可分为搜索引擎类网站同专业性网站的组合。可口可乐公司广告总裁纳达乐曾说："网络广告的形式必须要与你的产品或服务相符合，否则就是浪费金钱。"由此可见，尽管网络由于技术上的优势发展迅速，吸引了大量的消费者，但在网络上做广告，还是需谨慎规划。

1. 综合门户网站的组合

由于综合门户网站首页内容复杂且寸土如金，所以，组合时要注意在各网站投放广告时位置、形式、大小及内容上的统一。

2. 搜索引擎类网站的组合

搜索引擎类网站是指那些日访量大，具有众多消费群的综合性门户网站，比如说 Yahoo、sohu 等，很多大的广告主，像宝洁、微软、IBM 等，都在这类网站中投放了大量的广告。特点是，守株待兔，"愿者上钩"。但是要注意关键词的输入，目的当然是让受众想查的内容在第一时间内找到。

3. 专业类网站的组合

专业性网站是指有明显的行业特征的那些网站。这类网站吸引了大量有关专业性质的广告主。我们在组合中到底以谁为主，这要依产品本身的特点、目标消费群的分布和广告主的财力、物力决定。

一般而言在搜索引擎类网站中打品牌，然后在专业性网站中做销售。在汽车专业网站里，消费者可以通过一个互动展室来完成购买或租一辆新凯迪拉克的全部过程。顾客可以选择自己感兴趣的车型，还可以从外部颜色到内部设计各方面进行选择，屏幕也会相应显示这种车的样子。

MINI 汽车和互联网媒体的一次亲密合作实现了品牌推广的作用。MINI 选择与搜狗合作，主要建立在搜狗强大的用户规模基础上，搜狗输入法用户超过 4 亿，搜狗壁纸用户超过 1 亿，每天活跃用户分别超过 1 亿 900 万，凭借这些活跃用户在他们每天必经的浏览渠道中覆盖，在用户打字过程中和使用电脑桌面时全程营销，最大程度传播微旅行主题与活动信息。

从 MINI 的定位、市场状况及搜狗汽车行业投放等多方面共同研讨得出，喜欢个性化输入法皮肤、电脑手机壁纸的用户，往往更重视生活品味和格调，满足 MINI PACEMAN 的定位。MINI 新车与搜狗人群均为年轻、活跃人群，他们偏好互动、新颖的方式，厌恶硬性的推送，视觉影响占据他们营销体验的重点。所以，最终确定了以微旅行为主题的输入法皮肤、壁纸设计大赛，以用户设计的作品来影响更多用户。同时还调动搜狗已经积累的大量设计师资源，以他们的参与设计大赛，唤来更多优质作品。在大赛结束的同时，上线第二阶段，利用广告位推送优质作品，吸引更多的用户点击下载皮肤及壁纸，在日常生活中时刻营销网民。

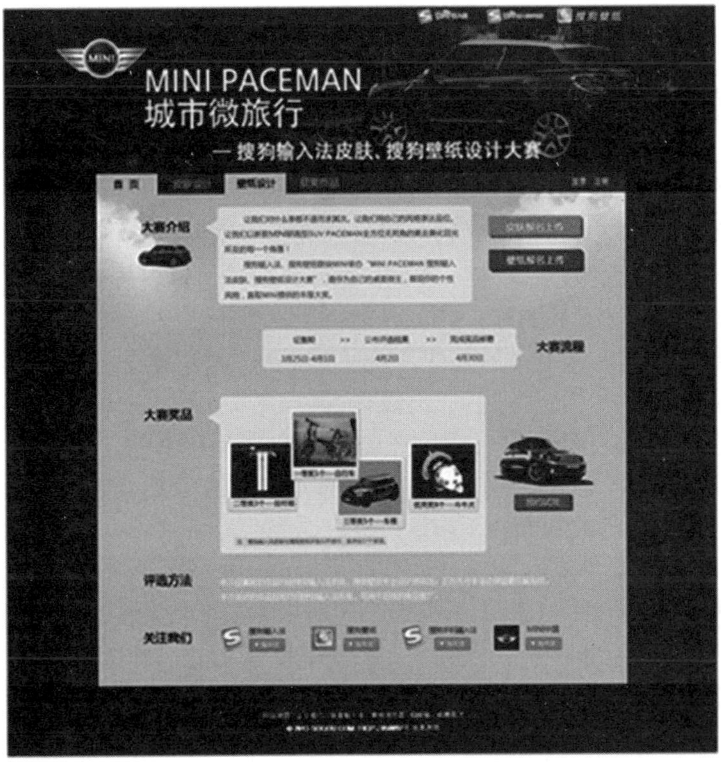

举办以新车皮肤壁纸为核心思想的设计大赛，以视觉冲击传递 MINI 品牌内涵。搜狗以 MINI 新车设计大赛为契机，开辟了一个先河。设计师参与设计搜狗的输入法皮肤、壁纸，不但能够尊享万千网民的膜拜，更能通过优秀的设计赢得各类精美礼品和奖金。

以往的展示广告，往往比拼的广告展现位置和机会，搜狗则切入另一个全新领域，以大家每天使用的输入法皮肤以及电脑手机桌面为原点，构建了一套全新的广告体系。当用户对图片产生浓厚兴趣后，可以点击下载皮肤或桌面壁纸，客户广告将会很长时间驻留在用户打字时和开机浏览时，将广告时间无限延长。

对于不少网民来说，已经厌倦被各种广告信息轰炸，搜狗设计大赛的独特创意，让产品图片以高端、大气、上档次的格调进驻消费者视野。以旅行为主题，向广大受众征集作品，并在作品中加入官网链接再次推送，将品牌桌面 MINI 站请到用户桌面去。让用户在对壁纸、皮肤的使用中，全天候时刻感受品牌理念。

此次合作超过原定目标。最终征集得到 58 款皮肤、195 款壁纸，远超过原定计划的几十款，下载量分别达 76 万与 1603 万，为原定计划 8 万的上百倍。

除去下载量与征集作品，据统计，搜狗达到了 3.8 亿次的展现量，预约试驾导流 1663 次，官网导流超 17 万，成功让更多人主动了解了 MINI 新车，拉近了品牌与消费者距离，以皮肤和壁纸的制作使用，视觉冲击+网络生活伴随，感知品牌微旅行概念。推广期间，MINI 曝光量明显增加，官网流量与试驾导流显著提升。MINI 以及新车的理念在网络上最大化发声，让更多人认识并认同 PACEMAN 车型。可以说这是一次非常成功的网络品牌推广。

手机媒体与户外媒体的组合密码

中国有十二亿部手机。

手机的普及性、信息传达的有效性、丰富的表现手法使得手机具备了成为大众传媒的理想条件，手机继而成为报纸、广播、电视、网络之外的“第五媒体”：短信的出现使手机有了报纸的功能；彩信使手机有了广播的功能；手机电视的出现使手机有了电视的功能；WAP 和宽带网络使手机有了互联网功能，同时手机在一定程度上与报纸、广播、电视、网络互相结合、渗透、融合，成了一种“全媒体”。

中国的手机用户和互联网用户分别占全球的四分之一和十分之一。中国几亿手机用户相当于 2005 年全国日报发行量总和 9660 万份的 4 倍，相当于同期全国上网电脑总数的 3 倍多，和全国电视拥有户数基本持平。

2000 年 5 月 17 日，中国移动公司正式开通短信（SMS）服务，这种原本为客户节约开支的文本业务，却成为移动通信公司的最快经济增长点，全国短信发送总条数由 2001 年的 189 亿条到 2005 年的 2600 亿条以上，创下 200 多亿的市场份额。手机短信不仅创造了让人震撼的“拇指经济”，也开辟了新的传播渠道。随着短信增长的趋缓，一种新的增值业务“彩信”（MMS）震撼登场，它是在移动网络的支持下，以 WAP 无线应用协议为载体传递多媒体的内容和信息，这些信息包括文字、图像、声音、数据等各种多媒体格式，例如音乐、贺卡、新闻照片、MMS、动画、铃声、视频等。随后又有一种手机铃声定制业务“彩铃”（炫铃）风靡起来了。2011 年 1 月，腾讯公司推出的以手机智能终端提供即时通信服务的应用程序，微信支持跨通信运营商、跨操作系统平台通过网络快速发送免费（需消耗少量网络流量）语音短信、视频、图片和文字，同时，也可以使用通过共享流媒体内容的资料和基于位置的社交插件。截止到 2015 年第一季度，微信已经覆盖中国 90%以上的智能手机，月活跃用户达到 5.49 亿，用户覆盖 200 多个国家、超过 20 种语言。

一、手机媒体的优势

1. 终端普及率高

从媒体的个人拥有量来看，目前全国手机用户已超过 12 亿，超过了包括网络在内的其他任何一种媒体。而且手机用户的未来增长潜力依然巨大。

2. 信息直达与即时反馈

手机用户可 24 小时随时随地在线，不受时间、地点限制，用户的黏着度好。信息可以即时反馈，广告传播效果可计量。

3. 有效接触率高

这主要体现在两个方面。一方面，广告商是在掌握客户数据资料的基础上，利用其数据库分析筛选手机使用者的消费取向，进而发布有效信息，精准度高；另一方面，消费者根据需求自愿定制广告信息，情况随时更新，直接导致广告的有效阅读。

4. 随时携带，贴身性好

便携、小巧，你无论在哪里，它都可以时刻伴随着你。这是其他任何媒体都望尘莫及的。

5. 功能多样性

打电话、上网、听广播、看电视、玩游戏、收发短信、读新闻、摄录像……几乎是所有媒体的功能都能在它的身上找到影子。

6. 价格低廉

0.1 元发条短信（除彩信、视频外），千人成本 100 元左右，且能准确“到位”，效果显著。而传统媒体若想达到这种效果，其费用可能不只是几倍的问题了。且移动媒体的收费是以数量收费，而非大众传统媒体的以时间和空间来收费。

7. 具有极强的隐私性

这给广告信息的发布者提供了一个极大的，可具体针对某一特定受众发送隐私特点信息的便捷通道。如有些受众对某些商品有需求但又有“难言之隐”，那么使用手机媒体是再好不过了。

8. 有针对性地设计个性化信息

如果发送广告信息获得某些受众的许可，你便有可能得到这些受众的个人相关资料，如性别、年龄、职业、爱好等，这样便可以进行不同人的个性化广告信息的发布。而其可“群发”功能又可使用户几乎在同一时间接到信息，这显然在时效上又比 DM 广告更胜一筹。

9. 可追踪性

如果获得目标受众的允许，全球卫星定位系统加上受众个人信息资料库，甚至可以追踪受众的大致的消费行为和喜好，从而可以制定或调整广告传播策略。

10. 时效性更强

在网络顺畅的情况下，可及时发布或在有排期的情况下随时都可“插发”。这对那些强调时效性的广告信息显得尤其重要。

11. 互动性

首先是使用移动通信工具的消费者可以通过按动不同的数字键，便可对广告上的信息做出不同的及时反应。这是其他传统媒体难以得到的对广告效果进行准确评估的反馈信息。其次，手机上的“转发”功能又可使广告信息在受众自身之间产生互动效应。如一个消费者收到自己感兴趣的广告信息后可能会转发给其他对其有兴趣的熟人共享。

二、手机媒体的劣势

1. 监管问题还未解决

目前，有手机的人基本都收到过各种垃圾信息。对于屏蔽垃圾短信，手机运营商能做到的只是探明短信的发送者和接受者，但对短信的内容却很难监控，也有组织和监管商的无力；再有就是电信、网络平台及各类服务商的巨额利润问题。

2. 运作模式尚未规范

如果你现在涉足于移动媒体信息发布的广告市场，你将会发现用“混乱”二字来形容它并不为过。当然，说其“混乱”也是相对于目前的传统大众媒体广告流程而言的。因为在目前的移动媒体的广告运作中，似乎任何机构、任何公司、甚至个人都觉得自己能够制作，乃至发布广告及广告的调查与评测。

3. 相关服务还不配套

移动媒体的商业性服务还因各种原因在实际的运作中根本无法兑现。

4. 信息发布单一性

尽管移动媒体给广告市场开辟一个崭新领域的潜力，但你现在暂时还不能像传统媒体那样点对面地向用户发送广告。手机上大部分的广告信息都是以点对点方式发出的。

手机媒体广告作为一种传播载体既区别于人际传播时代的小众传播，又区别于大众传播时代的泛传播；既是一对一的人际沟通工具，同时又由于能随时随地连接互联网，因而具备了大众传播的一些特征。手机媒体广告具有完全不同于传统大众传播的模式，完全不同的传播性质。

5. 视觉冲击利差

手机携带方便，但面积小，接收的文字，画面受限制，不能像电视、户外广告那样形成强大的视觉冲击力。

三、手机媒体的最佳组合

手机媒体以到达率高、互动便捷等优点越来越受广告主的青睐。手机媒体与户外媒体的组合适合产品品牌形象，及产品销上对客户印象的加强。户外媒体具有提醒、强化的效果。这种组合利用手机媒体铺盖面广、到达率高的特点加户外媒体视觉冲击力强的特点，可以使手机媒体的效果得到延伸，并增强在销售上的提醒，强化使用效果。

2014 年春，奥利奥推出了整合营销活动“亲子一刻，玩起来”。活动选择了手机媒体微信的创意相机作为互动平台，通过品牌深度植入，打通微信生态圈，并依附于微信强大的平台效应促进销售，开启了一种前所未有的跨界商业合作模式。

创意相机是微信主力推广的明星产品之一，入口自动内嵌在微信应用中，奥利奥与创意相机合作植入“亲子表情”创造互动体验，传达品牌的诉求：鼓励父母不仅要花时间陪

伴孩子，更要放下包袱、释放内心童真，和孩子一起玩起来。用户借助创意相机提供的功能，可以方便地记录与孩子互动的童真瞬间，并轻松制作成为真人动态表情，通过创意相机与微信朋友圈的自然打通，传播亲子互动的快乐。

同时，奥利奥还将创意相机亲子表情的推广与销售拉动直接结合，不仅推出以“亲子表情”设计为主题的全新包装和店内促销，并巧妙地通过包装内的 Pincode，在创意相机里提供解锁更多动态亲子表情的功能，直接刺激产品销量的增长。

借助微信强大的入口效应及与销售促进的有机结合，这种全新的微信商业合作模式成效显著。短短 2 周内，消费者通过创意相机一共制作了近 1700 万个奥利奥亲子表情，并且通过社交媒体的分享。使得奥利奥全网点击量提高了 5 倍，而在百度、谷歌等主流网络搜索引擎的搜索量则提高了 3 倍，实现了手机媒体传播的最大功效。

流媒体的组合密码

从 1994 年一家叫做 progressivenetworks 的美国公司成立之初，流媒体开始正式在互联网上登场亮相。并在随后的几年内引领了网络流式技术的汹涌潮流。1997 年 9 月，该公司更名为 realnetworks，相继发布了多款应用非常广泛的流媒体播放器 realplayer 系列，在其鼎盛时期，曾一度占据该领域超过 85%的市场份额。微软原本也是 realnetworks 的投资人之一，但它很快发现了流媒体的价值，开始垂涎于这片潜力巨大而活力十足的市场，于是毫不客气地推出了自己全新格式的流媒体产品，自此拉开了与 realnetworks 正面交锋的序幕。

所谓流媒体，简单说来就是应用流技术在网络上传输的多媒体文件，而流技术就是把连续的影像和声音信息经过压缩处理后放上网站服务器，让用户一边下载，一边观看、收听，而不需要等整个压缩文件下载到自己机器后才可以观看的网络传输技术。该技术先在使用者端口的电脑上创造一个缓冲区，于播放前预先下载一段资料作为缓冲，于网路实际连线速度小于播放所耗用资料的速度时，播放程序就会取用这一小段缓冲区内的资料，避免播放的中断，也使得播放品质得以维持。到目前为止，流媒体实际上还只是一种新的媒体传送方式，而非一种全新的媒体。不过，流媒体将会成为下一代互联网上应用的主流，这已经得到了众多业内人士的普遍认同。

经过 2013 年的全面发展，4G 技术已经被广大用户所熟悉和接受，各种各样基于 4G 技术的应用层出不穷。中国三大网络运营商抓住三网融合的大环境，积极推进 4G 技术在广电行业的应用。据了解，江苏省广电也通过 4G 技术实现旗下七大新闻栏目的 4G 直播。无独有偶，浙江卫视也实现了 4G 传输技术在电视新闻直播的应用。利用 4G 传输技术应用于电视新闻直播，弥补了卫星传输、光缆和数字微波传输系统存在的造价高、系统庞大、操作复杂等不足，同时可以使电视直播设备更加轻便，直播工作范围更加广泛。

一、流媒体的优势

1. 流式传输，节省等待时间

所谓流式传输是将整个音、视频等多媒体文件经过特殊的压缩方式分成一个个压缩包，由视频服务器向客户机连续、实时传送。这样一方面可以缓解网络传输的负担，另一方面可以降低对客户端缓存的要求。另外，采用流式传输可以实现“边下载、边输出”，比以前那种“先下载、后输出”的方式更能减少浏览者的等待时间。

2. 多种媒体类型

传统的以非流方式传输的媒体类型很少，仅有.wav，.avi 和.mov 等几种，并且采用这种类型来存储多媒体数据会造成体积很大。而目前采用流方式传输的媒体类型却很多：有微软公司的 mepg4 类型，苹果公司的 shockwave 类型等。用这些类型来制作多媒体文件，体积相对较小。

3. 压缩率的多样性

在电影、电视等传统媒体中，压缩率都是固定的，而流媒体可以有多种压缩率，如 RealNetWorks 公司的流媒体技术就可以采用 28.8k、56k 等多种压缩率来制作流媒体，以满足各种不同的需要。特别是该公司的 SureStreaming 技术，可以在一个流媒体文件中同时包括几种不同的压缩率，以满足不同的需求。

4. 低成本获取

由于流媒体文件的体积较小，所以网络传输较快，获取方便、省时，也节省网络费用。

5. 跟踪用户信息

由于流媒体在传输过程中是连续、实时的，而不像传统的媒体或者网络 HTTP 协议是无状态的。因此流媒体可以比较方便地跟踪用户的相关信息。这是很重要的一个功能，尤其对教育而言。

6. 交互性

交互性是流媒体最有价值，但却最易被忽略的重要特征。传统的电影是单向的，内容固定的，电视也是单向、内容虽然可选但依然是固定的，面对这样的媒体浏览者只能被动的接受，影响了浏览者主观能动性、创造性思维的发展。而流媒体是开放的、资源丰富、内容丰满，浏览者不再是被动地接受它，而是“指挥”“控制”它，并且是根据自己的思维、想法来控制、指挥它，使流媒体为自己服务。

二、流媒体的劣势

1. 没有统一的标准

流媒体是新兴的媒体，所以没有一个统一的标准，这一方面可以使流媒体的发展呈现“百花齐放、百家争鸣”的现象，促进流媒体的发展，但另一方面也阻碍了流媒体的发展。现在，有关方面以及意识到这个问题，正在制定一个统一的标准来指导流媒体的发展。

2. 需要专用的流服务器

假如文件比特率超过连接速度，观看将会断续，这个很难让人忍受，所以高质量的片子一般都是下载到硬盘上看。

3. 丢失的包将会永久丢失

流服务器一般都有一定的丢包重传机制，很多格式的媒体文件不能使用流式播放，有可能被防火墙挡住。

流媒体广告虽然面世时间并不太长，但在借助其他网络广告发展的基础上，其表现的有效形式已经丰富多样。

按照广告所传导的内容，流媒体广告可划分为静态广告栏和动态广告。而动态广告又可以划分为视频流媒体广告和音频流媒体广告。静态广告栏是指图文结合或使用高品质动画的广告形式，比过去的横幅表示方法（如 GIF 动画片、Flash 等）具有更动人的广告效果，并可以实现实时广告发送。而音频流媒体广告是指借助声音或者广告主原有的广播广告，利用流媒体在网络上将信息送达受众的广告形式；而视频流媒体广告是利用流媒体技术，在网络上如同电视广告一样表现出色的广告形式。

按照插播的方式，流媒体广告可以划分为流中广告和媒体播放器广告。流中广告是指广告商利用流媒体技术将一段音频或视频广告插入到流媒体节目中，流中广告相比广告栏，可以给广告客户提供更多的时间和空间以发送他们的内容，而且还可以使用已经有的广播广告或电视广告。媒体播放器广告是指依附于网页存在使用 Real player，Windows Media player 等播放器播出的广告形式，类似于 BANNER 等其他网络广告形式。大多数媒体播放器包含一个或多个可以显示各种可视内容的窗口，如同本文序言中所提到的手机流媒体广告，即是利用 Windows Media player 播放器进行播出的广告。

湖南大学是国内拥有千年历史的知名学府之一。2002 年 1 月由湖南大学原现代教育技术中心与原成人教育学院合并组建成立的，在全国 28 个省、市、自治区设有校外学习中心，共有远程教育学生八万多人。为了适应教育市场的发展，湖南大学对现有网络教育平台进行了改革，新的平台采用的是 VIEWGOOD 流媒体平台。VIEWGOOD 流媒体平台单机并发量达到了 1000 以上，这样使得湖南大学的教学平台在硬件投入上减少到了最低，平台采用 VIWGOOD 自主开发的 Vconnect、KeyBuffer 独创技术，广域网时延最短只有 100ms。系统的稳定性和负载均衡性在行业产品中都遥遥领先。

自媒体的组合策略

世界已经进入自媒体时代。人人都是文字记者、摄影记者、摄像记者，而且人人都会自编自导自行播放发布于博客、微博、微信、推特等自媒体。

1967年，美国CBS（哥伦比亚广播电视网）技术研究所所长P.戈尔德马克发表的一份关于开发EVR（电子录像）商品的计划中首次提出了“新媒体”（New Medh）一词。到20世纪70年代末至80年代，“新媒体”成为西方发达国家新闻界、学术界和科技界最热门的话题之一。

随着互联网技术和移动通信技术的突飞猛进，“自媒体”这一概念依托个人终端即时通信这片充满着无限潜力的土壤而勃兴和发展，成为普通大众使用最广泛的传播平台。尤其是近几年来，随着博客的出现，自媒体带来的“人人皆记者”“人人皆媒体”的态势迅猛发展。

对于“自媒体”的提法，《圣何塞水星报》专栏作家丹·吉尔默在其《Wa The Media》一书中以“草根新闻，源于大众，为了大众”作为自己的副标题，诠释了自媒体这种新的新闻传播范本（该书的台湾译本《草根媒介》于2005年3月出版），充分体现了自媒体的特点。他指出自媒体是“私人化、平民化、普泛化、自主化的传播者，以现代化、电子化的手段，向不特定的大多数或者特定的单个人传递规范性及非规范性信息的新媒体的总称”。

美国新闻学会的媒体中心于2003年7月出版了由谢因波曼与克里斯威理斯两位联合提出的“We Media（自媒体）研究报告。里面对“We Media下了一个十分严谨的定义：“自媒体是普通大众经由数字科技强化、与全球知识体系相连之后，一种开始理解普通大众如何提供与分享他们本身的事实、他们本身的新闻的途径。”

另外，关于“自媒体”，国内一些学者也给出了一些定义，有学者认为自媒体是“利用以博客为代表的网络新技术（还包括 Wike，SMS、可摄像手机、在线广播、P2P、RSS等）进行自主信息发布的那些个体传播主体。在这里，新的媒体工具的产生对自媒体的产生具有关键作用。”

自媒体是“以个人为传播者，借助互联网络或无线通信新技术，以点对点的传播方式传播微内容的小众传播媒体”。

一、自媒体的种类

1. 博客

自媒体在目前最主要地表现形式为博客。这是一种全新的信息组织和传播方式。中文“博客”一词，源于英文单词 Blog/Blogger。Weblog 就是在网络上的一种流水记录形式或者简称“网络日志”。中文“博客”这个词汇最早是在2002年8月8日由著名的网络评论家王俊秀和方兴东共同撰文提出来的。

Blog 有两大重要的功能——RSS 和 Trackback：通过 RSS 可以及时地看到自己关注的站点的更新；通过 Trackback 则可以得到对方引用了自己文章内容的反馈通知，同时得到反馈信息进行很多互动的思想交流和学习。并且 Blog 之间的相互链接可以看到其他志趣相投的 Blog。实际上 Blog 这个载体完全实现了网络的“社会化关系”。也正因为这样，Blog 成为社会性软件（socd software）的重要组成部分。

目前的 Blog 已经不再是简单的“日志”—— 每个 Blog 因为内容和目的不同从而蕴藏了大量的各种丰富的信息，同时也产生了一种新的“网络社会关系”。因为 Blog 是基于个人信息的发布平台，也自然成为一种新的媒体发布形式。Blog 的出现，使得出版成为个人行为，实现了个人出版的自由。

2. 播客

博客目前已经扩展出了几种应用，如播客。“播客”又被称作“有声博客”，是 Podca 的中文直译。用户可以利用“播客”将自己制作的“广播节目”上传到网上与广大网友分享。“播客”（Podcasting）这个词来源自苹果电脑的“iPod”与“广播”（broadcast）的合成词，指的是一种在互联网上发布文件并允许用户订阅 feed 以自动接收新文件的方法，或用此方法来制作的电台节目。这种新方法在 2004 年下半年开始在互联网上流行，以用于发布音频文件。播客与其他音频内容传送的区别在于其订阅模式，它使用 RSS2.0 文件格式传送信息。该技术允许个人进行创建与发布，这种新的传播方式使得人人可以说出他们想说的话。

播客与博客的共同之处在于，两者都是个人通过互联网发布信息的方式，并且都需要借助于博客/播客发布程序（通常为第三方提供的博客托管服务，也可以是独立的个人博客/播客网站）进行信息发布和管理。博客与播客的主要区别在于，博客所传播的是以文字和图片信息为主，而播客所传递的则是音频和视频信息；博客是把自己的思想通过文字和图片在互联网上广为传播，而播客则是通过制作音频甚至视频节目在互联网上传播。从某种意义上来说，播客就是一个以互联网为载体的个人电台和电视台。

3. 微博

微博，即微博客（Micro Blog）的简称，是一个基于用户关系的信息分享、传播以及获取平台。用户可以通过 WEB、WAP 以及各种客户端组件个人社区，以 140 字左右的文字更新信息，并实现即时分享。最早、最著名的微博是美国的 Twitter。根据相关公开数据，截至 2015 年 9 月份，该产品在全球已经拥有 2.3 亿注册用户。2009 年 8 月份中国最大的门户网站新浪网推出“新浪微博”内测版，成为门户网站中第一家提供微博服务的网站，微博正式进入中文上网主流人群视野。

4. SNS 社交网站

SNS 即社会性网络服务，专指旨在帮助人们建立社会性网络的互联网应用服务。1967

年，哈佛大学的心理学教授创立了六度分割理论，简单地说："你和任何一个陌生人之间所间隔的人不会超过六个人。也就是说，最多通过六个人你就能够认识任何一个陌生人。"按照六度分割理论，每个个体的社交圈都不断放大，最后成为一个大型网络。这是社会性网络的早期理解。后来有人根据这种理论，创立了面向社会性网络的互联网服务，通过"熟人的熟人"来进行网络社交拓展。

网民每天停留最多的地方可能不再是几个门户网站，而是他们自己的社区（无论是以何种方式，何种身份链接，或商务，或同学，或病友，等等）。其他都是工具，比如我要搜索的时候用百度，我要吃饭的时候用大众点评网，我要找路的时候用高德地图，我要看新闻的时候用搜狐，我要写专栏的时候用新浪，我要看视频的时候用优酷，我要分享读书的时候用豆瓣。但是，每个阶段的社区不同。

5. 微信

微信（英文名：wechat）是腾讯公司于 2011 年 1 月 21 日推出的一个为智能终端提供即时通信服务的免费应用程序。微信支持跨通信运营商、跨操作系统平台通过网络快速发送免费语音短信、视频、图片和文字。同时，也可以使用通过共享流媒体内容的资料和基于位置的社交插件"摇一摇""漂流瓶""朋友圈""公众平台"等作为传播途径。

微信提供公众平台、朋友圈、消息推送等功能，同时微信将内容分享给好友，以及将用户看到的精彩内容分享到微信朋友圈。

截至 2016 年 1 月，微信注册用户量已经突破 7 亿，是亚洲地区最大用户群体的移动即时通信软件。微信公众号已经成为了空前活跃的自媒体基地。一些企业、个人也开始试水微信公众号。毋庸置疑，微信已是当下网络社交媒体中的领头羊，而微信公众平台则成为了自媒体的狂欢场。

从 2013 年至今，微信公众平台经历了迅猛发展，已经成为了一个全新的自媒体平台。据统计，目前已有超过 200 万个公众号存在，该公众平台现今已聚集了包括传统媒体、各类网站、企业、品牌、个人等众多公众号来源，可以为用户提供个性化的精准信息，满足各类用户的需要。其极强的包容性与丰富的用户体验，受到了越来越多用户的青睐，成为了人们生活中必不可少的一部分，改变了人们获取信息的方式。

二、自媒体的优势

自媒体有别于由专业媒体机构主导的信息传播，它是由普通大众主导的信息传播活动，由传统的"点到面"的传播，转化为"点到点"的一种对等的传播概念。这个"互连网新宠儿"，有以下特点。

1. 平民化、个性化

2006 年年终，美国《时代周刊》年度人物评选封面上没有摆放任何名人的照片，而是出现了一个大大的"You"和一台 PC。《时代周刊》对此解释说，社会正从机构向个人过渡，个人正在成为“新数字时代民主社会”的公民，是互联网上内容的所有使用者和创造者。从“旁观者”转变成为“当事人”，每个平民都可以拥有一份自己的“网络报纸”（博客）、“网络广播”或“网络电视”（播客），“媒体”仿佛一夜之间“飞入寻常百姓家”，变成了个人的东西。人们自主地在自己的“媒体”上“想写就写”“想说就说”，每个“草根”都可以利用互联网来表达自己想要表达的观点，传递他们生活的阴晴圆缺，构建自己的社交网络。我国著名新闻传播学者喻国明形象地将此描述为“全民 DIY”。自媒体成为了平民大众张扬个性、表现自我的最佳场所。

2. 自主性强

在哪里写，是论坛、博客、微博，还是微信？如何写，是原文摘录、原创的，还是再编辑的？传播什么，是写心情、找热点、评论，还是深度分析？自媒体具有平等、开放和共享的特点，这些决定了自媒体人能根据自己的目标来自主决定媒体内容，自主操控媒体运作方式。

3. 细分人群能力强

凭借互联网、移动互联网的渗透效应，自媒体能实现最大化的潜在客户吸引力度，不喜欢的就不会看你的内容，但是喜欢你的内容和风格的，会源源不断地聚拢而来。这就像一个精准吸收的“黑洞”，它只吸收那些对它感兴趣的，而放过那些路过的。其细分并吸引特定人群的能力极强。

4. 用户黏性强，影响力大

微信微博具有很高的分享性和互动性，大家都喜欢在自己的微博或者微信朋友圈发布一些自己感兴趣或者围观、吐槽社会的新闻或者热点问题，这似乎成为生活中不可或缺的一部分了。围绕自媒体相聚集的人群是基于共同的爱好和关注点的，因此当自媒体在一个方向上行动时，其群体成员会因为有共同的经历和想法，相互感染而产生“共鸣”，进而形成一致的集体行为。这种共振效应影响力极大，对创造商业价值具有重大意义。

5. 覆盖范围广，传播速度快

众所周知，互联网具有不受空间限制的特点，其覆盖范围不仅局限于在全国，甚至跨出国门，覆盖到世界的任何一个角落。这种覆盖范围是传统媒体无法达到的。自媒体建立在互联网上，信息一旦发布，无论是在什么地方、什么时间段，只要能够上网，就可以浏览到信息，传播范围非常广。

在传播速度方面，自媒体也拥有传统媒体无可比拟的速度。在新闻的国度里，一切信息传播都要与时间赛跑，谁能够第一时间发布新闻事件，谁就能够拥有传播的优势。自媒体的传播完全突破了传统传播的方式，传统媒体的传播需要新闻记者赶到现场进行采访后才能传播，但是在自媒体时代里，在新闻记者还没有获得爆料之前，亲眼看到、听到的网友就通过自媒体渠道对事件进行了传播，如近年来发生的重大灾害，第一时间传播信息的往往不是媒体，而是身在事件中的网民。自媒体不但能够以最快的速度对新闻事件进行传播，而且还可以最快的速度进行扩大传播。

三、自媒体的劣势

1. 语言不规范，易误导受众

媒体在自媒体平台上进行传播的过程中，为了接近网络风气和迎合网民的口味，往往会改变传统的语言风格，在报道中大量采用网络流行语，希望改变传统新闻报道的严谨刻板形象，以此拉近与网民的距离，增加微博的互动性和人气。如果不懂得这些网络流行语的含义，受众很容易被误导。

2. 可信度较低

在过去，传播权掌握在权威媒体手中，在进行传播之前会对信息进行核实、校正，确保信息真实可靠后才能向公众进行传播。网络自媒体的数量庞大，其拥有者也大多为“草根”平民，网络的隐匿性给了网民“随心所欲”的空间。在平民话语权得到伸张的今天，“有话要说”的人越来越多。为了过分追求新闻发布速度或者说为了追求点击率，部分民间写手忽略了新闻的真实性，降低了自身的道德底线。这就造成了自媒体所传播的信息的可信度低。而且个人传播不用经过任何审核，很容易引发谣言。

3. 缺乏完善的管理机制

自媒体信息传播速度快有利也有弊，当谣言在自媒体平台上发布的时候，很快就会散播出去。而且当前我国普遍存诚信度不高、舆情公关机制落后等问题。一些不满的群众经常会借助微博散发谣言，谣言一旦被广泛传播，带来的后果不堪设想，严重时还会引发群体事件，影响社会稳定。目前，我国自媒体平台已经获得了快速发展，但是还没有建立完善的管理机制。在管理缺失的状态下，自媒体传播就像是一把双刃剑，可以推动我国舆论传播更快更好地发展，同时在缺乏监管的状态下，也会给舆论传播带来很大的挑战和威胁。

4. 良莠不齐

芸芸众生有着千姿百态，代表着个人的自媒体也良莠不齐。人们可以自主成立“媒体”，当媒介的主人，发布的信息也完全是按照自己的意愿随心所欲地编辑。这些信息有的是对生活琐事的流水账式的记录，有的是对人生境遇的深刻感悟的集锦，有的是对时事政治的观察评论，有的是对专业学问的探索与思考。优秀的自媒体可以让受众得到生活的启发，或者有助于事业的成功，让人们发现生活的意义与价值。但大部分的自媒体只是一些简单的“网络移植”。

四、自媒体的影响力

总的来说，自媒体也具备新媒体的特点，如信息传播及时，可以加入链接进行深入分析和深度报道等。其更为显著的特点是以一点对多点的方式对信息进行自主发布。可以说，自媒体相对于传统媒体和新媒体而言，更有其自身的特点和独特的影响力。

五、自媒体组合方式

（1）选择正能量、宣传主旋律的自媒体；

（2）选择意见型、大 V 型、网红型自媒体，并与他们建立彼此信任关系；

（3）分类、分时、分段组合自媒体；对特别有影响力的自媒体，根据需要，该付费时则付费。

（4）首先要经营好自身的自媒体，要么有专业性，知识性，趣味性；要么有评论性，分析性，独到性。

区域媒体的组合密码

区域媒体是针对特定区域人群的消费和生活习惯进行合理投放广告推广。相比较于全国性媒体，区域性媒体有一个异常显著的优势，那就是媒体和人群贴近性。因为区域性媒体定位为特定的区域，对于特定区域内的文化、经济及人们生活具有非常深入的了解，因此能与百姓的喜好相吻合，从而获得区域受众的青睐。从一个长期的趋势来看，贴近性的民生节目仍具有广阔的发展空间，至少在中国目前的经济发展阶段，贴近性的节目具有十分广阔的生命力。

自李克强总理在 2015 年的政府工作报告中提到“互联网+”后，一时间，“互联网+”一词到处横飞，迅速蹿红。“互联网+区域媒体”是区域性媒体发展的方向，是在互联网的推动下实现新媒体与传统媒体融合，区域媒体抱团发展的模式。

关于“互联网+”，在李克强总理的《政府工作报告》里是这样叙述的：“新兴产业和新兴业态是竞争高地。要实施高端装备、信息网络、集成电路、新能源、新材料、生物医药、航空发动机、燃气轮机等重大项目，把一批新兴产业培育成主导产业。制定‘互联网+’行动计划，推动移动互联网、云计算、大数据、物联网等与现代制造业结合，促进电子商务、工业互联网和互联网金融健康发展，引导互联网企业拓展国际市场。”

“新媒体时代变迁不可逆转，区域媒体发展刻不容缓。”在传统媒体和新媒体融合发展的大环境下，传媒领域正经历一场重大而深刻的变革。在互联网时代下的媒体发展方向到底是“互联网+”的什么模式。

一、区域媒体的优势

区域媒体的贴近性契合观众的喜好，是媒体获得强劲收视表现的基础，并不是全部。

避免出现曲高和寡的局面，还需要进行高密度的推广，促使观众了解媒体的信息，自觉地加以关注。纵观国内优秀的区域性媒体，无不异常重视媒体的推广。《偶像剧场》是安徽经视频道韩剧的主播阵地，在每年的春夏之季，频道都会加强精品韩剧的编排，但如何使观众了解这一信息，并自觉地进行收看呢？按照安徽经视频道的做法，在每年剧场推出新剧之际，频道都会展开大规模的活动推广，如“看韩剧，游韩国”的活动，就是从关注剧场的观众中抽取部分幸运儿，赴韩国参观影视基地，了解电视剧的拍摄过程，与韩剧明星进行直接的互动……这些推广活动的展开，在使观众了解到新剧信息的同时，更促使这些观众每天收看剧场，从而实现收视数字的转变。

二、区域媒体的劣势

中国媒体现今一个非常显著的特征就是碎片化（所谓“碎片化”，原意为完整的东西破成诸多零块，用在媒体中表现观众的收视有了众多的选择，媒体分众趋势加强），电视媒体作为传统的媒体更是首当其冲。作为一个区域性媒体，它的收视观众毕竟是有限的，要想提升自身在整个社会中的影响力，把媒体的区域影响力做至极大化，便不能局限于自身的观众，还应该把观众的外延扩大，通过媒体间合作的方式，整合媒体的宣传。

三、区域媒体的组合策略

把新媒体与传统媒体联系到一起，“互联网+”的模式如下：网站+手机客户端+APP，甚至还有更多的加法，可加起来的作用何在！“互联网+”区域媒体抱团发展一种迎合新媒体冲击下的区域媒体发展新思路，区域媒体抱团发展则是指的一个地区，报纸、电视、网站、自媒体像麻花一样扭成一团，形成媒体互通互联的资源共享平台。

在“互联网+”的环境下传播方式与以往相比就有所不同了。比如，报刊如今的传播方式更多的不是靠报纸，而是靠新媒体进行转载将信息传递得更广。但并不能说报刊媒体已经衰落，其始终有着自身的优势，转战做深度报道可能是报刊媒体的新方向。根据相关数据统计，2015 年度综合新闻头条绝大多数来源于主流新闻网站，只有部分来源于报刊和电视，新媒体最具有的优势就是传播速度快，制造成本低。但虽然互联网行业的迅猛发展，网络信息安全以及新闻真实性也随之逐渐出现问题，如何取保互联网环境下的媒体健康发展，区域媒体抱团发展或许能够解决这一问题。

媒体与媒体之间的互通，媒体从业人员之间的交流互通，不仅能够实现题材共享，信息渠道来源更广，还能解决信息真实性难以核实的问题。“互联网+”区域媒体抱团发展将会成为媒体行业的发展新方向，也将带动媒体行业转型升级。

区域间的组合是指在一省内部或相邻相近省份以及部分省、省会之间的组合。这种组合方式强调重点区域的作用。因为各区域间的发展水平有一定的差异，重点区域自身的消化能力较强，以这些重点区域作为媒体组合的主要因素，能取得比较理想的效果，并影响周边地区的开发和利用。实际上，就全球范围来说，由于通信技术的突飞猛进，跨国公司与合资公司大量涌现，媒体——特别是电视媒体和网络媒体已经越来越向无国界的趋势发展，由此必然会带来一系列一些广告界同仁从未遇到的问题，包括此种情况下如何进行媒体选择及组合等一系列新问题。提高区域媒体的传播效率。

区域媒体组合方式。

1. 同类媒体组合

如根据产品推广要求，在相关省市电视台、报刊、户外广告、网络实行分类同媒体组合，集中一段时间推广产品或塑造品牌形象。

2. 多元媒体组合

根据市场需要，在相关区域内组合多种媒体，海陆空一齐上，集中时间，财力，攻克下“区域市场”，然后加以巩固。

3. 单元不同媒体组合

选择两种或以上媒体组合。如在湖南、湖北推广化妆品，可选择湖南卫视和湖北《知音》杂志组合。在四川、陕西推广视频，可选择四川卫视，陕西卫视和陕西《华商报》《成都晚报》组合。

4. 户外广告组合

选择待定地点，时间，充分利用户外广告面积大，视觉冲力强的特点进行组合。如在成都、重庆推广啤酒、饮料等产品，则充分利用成都、重庆的机场和火车站、客运站灯箱、路牌、电子显示屏发布组合广告，利用成渝高速公路发布沿途“高炮”广告，利用成渝高铁发布车厢广告，以及沿途刷墙广告等。

第六章

多元媒体组合策略

当今社会正在进入一个新经济的时代，伴随着全球经济的快速进步，传统媒体产业正发生着翻天覆地的变化，新媒体也应运而生。正是我国的新媒体产业在全球范围内快速崛起，不仅影响了传统媒体、移动设备、电信运营商、户外媒体的战略规划和发展，也在潜移默化当中改变着人们的信息获取方式和休闲娱乐的形式。

平面媒体与电视媒体的组合策略

21 世纪的今天，是一个信息爆炸的社会。现代人们接触信息最直接、最常借助的就是电视媒体和平面媒体，而电视媒体和平面媒体又各自有着极大的区别和优势。

电视媒体是科学技术与艺术发展的结晶，有很强兼容性，是一种以视觉形象为主，时空兼备，声画结合的媒体。“平面媒体”是以纸张为载体发布新闻或者资讯的媒体，比如报纸、杂志等等。平面媒体最大的优势在于可收藏性。现在报纸越来越具有可读性，甚至赋予报纸民间收藏价值。尤其是重大事件发生时。比如里约奥运会的报道，杭州 G20 峰会的报道等，很多读者会买来阅读和收藏。随着媒体的发展，报纸这一最早的大众媒体正趋向杂志化，知识化，更加好看。在激烈的竞争中，各报不断提高水平，报纸的新闻性，知识性，趣味性得到空前发展，稳定的报纸忠实读者群已经形成。平面媒体和电视媒体的主要有以下区别：

1. 传播速度不同

相对报纸等平面媒体而言，电视媒体信息传播比较及时。比如说春晚和一些体育类节目，都是以现场直播的形式播出，这就能让观众及时了解动态信息。而平面媒体虽然略迟一些，却报道得更全面、更深刻。可使受众在通过电视媒体对新闻事件有了大体了解的基础上，静下心来以阅读的形式对事件进行更加深入的解读和分析。

2. 视觉感受不同

电视媒体是视听合一的传播，受众能够亲眼见到并亲耳听到，如发生在自己身边一样的各种活生生的事物。而且电视媒体传播画面直观易懂，形象生动，画面和音响的结合，使节目具有较强的感染力和冲击力，可让受众有身临其境之感，易留有明晰深刻的印象。相对而言，平面媒体就不会使受众产生如此真实、信服的感受，所以说电视媒体的这种直观性，是平面媒体所不能比拟的。

3. 覆盖的范围不同

电视媒体覆盖面广，受众不受地域和空间的限制。而且它超越了读写障碍，成为一种最大众化的宣传媒介。平面媒体受众范围有限，一般都是区域性的。

4. 受众不同

电视媒体无须对观众的文化知识水准有严格的要求。即便不识字，不懂语言，也基本上可以看懂或理解电视节目中所传达的内容。但是平面媒体却不同，它是以印刷文字的形式向读者传递信息的传媒，这意味着它对读者的文化素质和识字率有一定的要求。没有接受过教育、目不识丁的受众是无法阅读报纸的，而文化水平较低的读者可能会对报纸上的信息出现误读、错读的问题，最终导致信息传播没有往传播者预期的方向发展。因此平面媒体针对的必须是接受过一定的教育，并且对其所传递的信息有能力正确理解的受众。

作为传统媒体的电视和报纸，相互组合，强强联手，才能共同面对挑战网络媒体带来的冲击。从上面的分析中我们看到报纸的新闻素材并未充分利用，电视节目市场又片源不济，能不能优势互补开辟一种有效的组合呢？如果能通过与平面媒体的联动，获取信息片源，逐步涉足平面媒体领域，就能为电视发展创出新的宣传阵地，开发新的经营契机。这种互动，不只是我们简单理解的诸多电视台一时兴起的“电视读报”那么简单。在新闻宣传方面实现电视与报纸的互动，对营造宣传声势，提高宣传效果，提升报社的舆论影响力具有重要作用。电视与报纸的互动主要体现在统一策划、资源共享上，是一种双向交流方式，即报纸可为电视提供文字素材，其照片可作为图片新闻；相反，电视也可以为报纸提供文字，凭借数字化，还可为报纸提供高清晰度的照片支持。例如：在某个有一定观众基础的电视上做广告，报纸可有专版的栏目花絮跟进报道，深度挖掘采访及其他幕后消息。总之，发挥报纸作为平面媒体的特点，对电视镜头所触及不到的地方，用文字进行充分地补充和诠释。相反，报纸栏目也同样如此，用电视镜头去展示文字语言所无法直观表述的直观效果。同时，发挥传统媒体在受众中的权威优势，做好深度挖掘。所有这些，都是确保覆盖面更广、可信度更强、广告效果更明显。在此基础上，我们不只是简单地把真实客观的信息传递给受众，更应该深度挖掘和加工信息资源背后的故事。只有做到抽丝剥茧，才能推出有一定思想和鲜明观点的深度报道。这也是传统媒体多年累积的资源和优势。充分利用了现有新闻资源、采访资源，因此实际投入不大，效果却很好。

电视媒体与互联网媒体的多屏组合密码

当今传媒竞争日益激烈，互联网媒体对于传统电视媒体的冲击逐步显现。在微妙的互补关系之下，传统电视媒体与互联网媒体两大领域正慢慢地向反向组合发展。互动、整合是互联网媒体和传统电视媒体未来发展的必然趋势，巨大潜力还有待挖掘。

互联网正在用高效率传播、平等性、互动性改造着世界。电视虽然仍是主要媒体，但广告商更期待电视媒体与互联网媒体联进行营销发展。互联网媒体的特性促使电视媒体不得不创新传统模式，两种媒体组合互补各自的不足才是硬道理。只有同时具备互联网属性和大平台优势的广告媒体，才能在激烈的广告份额争夺战中更具竞争力。

目前，中国网民达到 7 亿多，手机网民达到 5.94 亿，网络视频用户 4.5 亿。在移动互联网时代，用户接触和使用网络的时间是碎片化的。移动电子阅读填补狭缝时间，使都市人群的碎片化时间、垃圾时间变成有效的阅读时间。这对传统电视媒体的收视惯性造成巨大冲击。移动互联网的发展推动电视领域不断创新，其中影响较大的就是“电视无处不在”，让观众随时随地都能通过互联网收看到电视节目。

在移动互联网时代，电视的播出方式不再局限于录播、直播，而是点播、回放日益普遍；播出形态也不仅仅是完整的频道，而是碎片化特征日益显著。如何应对碎片化传播，对于电视台、节目集成商和运营商都将具有十分重要的影响。

电视媒体的发展得益于移动互联网的发展，现在已实现“多屏播出”，也就是电视节目可以通过电视机、手机、平板电脑、台式机、游戏机等终端屏幕上都可实现同步播出。据有关报告，到 2020 年，人均每月观看电视和视频节目的终端数为 2.13 个。

同时，电视媒体的娱乐功能和社交功能不断加强，越来越多的电视节目在通过使用“扫二维码”“摇一摇”，将手机小屏用户与电视大屏节目相连，增强广告传播的互动性，吸引年轻用户的参与。可以说，社交媒体的形式与功能已经渗入到电视台的节目制作、播出、推广、运营等各个环节之中，也在真正意义上实现了“多层次组合”的理念。

电视媒体的主要传播范围是覆盖人群的多少，而对于移动互联网来说，其统计人群为活跃用户。根据最新统计显示，在媒介的用户接触率方面，移动互联网已达 85.88%，远高于其他传统媒体，这就导致了电视媒体广告增长率开始大幅下降。调查显示，近年来移动互联网广告涨幅连年大幅增长，这是传统媒体不可比拟的。与互联网媒体组合，实现跨媒体合作，是电视媒体在移动互联网时代实现自我转型的发展方向。

任何媒介传播的发展，都具有通过组合等方式变革、进化的能力。平板电脑、智能手机等移动终端正在成为传统电视媒体的有益补充，电视播出收视终端多样化为传统电视业的发展注入了新的活力。

在移动互联网时代，电视媒体需要有所坚守，但更需要用互联网思维尝试更大的变革。因此，在媒体发展趋势中孕育着传统电视媒体和互联网媒体发展的新机遇。

首先，网络信息时代，电视媒体应坚守专业的底线，提升公众媒体应有的权威性和公信力。在一个人人皆可成为传播者的网络时代，网络极大地提高了传播的时效性。但由于任何人都可以发布内容，这也造成虚假信息遍布网络，使人真假难辨。在这种情况下更需要传统电视媒体以更加深刻和更具权威性、公信力的报道来引领舆论，这是电视媒体的优势。

其次，通过互联网的及时性弥补电视媒体时效性的不足。互联网的传播优势导致传统电视新闻的时效滞后，观众无法满足于通过电视观看一些已经在网络上传播过的新闻资讯，而是希望网络媒体的速度来弥补。

传统电视媒体的运营变革必须抓住“互联网+”的时代契机，真诚拥抱互联网模式，实现组合，有效互补。在移动互联时代，观众的身份更接近于“用户”。他们“使用”移动智能终端拥有更大主动权。观众收看方式的变化同数字技术、移动互联网和社交媒体的发展密切相关。这变化加速了人们视听行为和消费方式转型。如此，在移动互联时代才能更有效地实现传播的价值。

户外广告与传统媒体组合密码

现在，随着互联网媒体愈演愈烈，传统媒体也在不断谋求变革，但户外广告却是独树一帜持续增长。

户外广告逆市上扬，其他媒体也证实了户外收入的增加主要是因为数字和移动相关广告的增长，而目前只有不到 2%的户外广告已经实现了数字化，这就意味着户外媒体的春天才刚刚到来。

20 世纪 90 年代以来，我国户外广告行业取得了突发猛进的发展，企业对户外广告的投入以年均 25%的速度递增。2010 年，我国户外广告投放总额达 452 亿元。2011 年我国户外广告投放总额达 520 亿元，同比增长 15%。

户外广告的投放量直接与城市的消费能力成正比。从城市等级来看，作为一线城市的北京、上海、广州仍然是户外广告花费的主要流向地。2010 年，一线城市户外广告投放增长 45%；二线城市户外广告投放增长 24%；三线城市户外广告投放变化不大。这说明户外广告花费越来越向一线城市集中。

近年来，我国经济保持了平稳较快增长，在良好的大气候下，户外广告市场也呈现了较快增长。2015 年我国户外广告媒体投放量成为仅次于电视的第二大广告投放媒体，整体投放量较 2014 年有 10%～15%的增长。2016 上半年，户外媒体市场依旧竞争激烈，传统户外媒体和新兴形式的数字化户外媒体在竞与合中各自努力寻求成长空间。总体来看，户外媒体市场稳扎稳打，但商业楼宇广告和影院视频广告表现较为突出。

户外广告媒体价值在碎片化时代越发凸显。在现今媒介格局当中，户外广告占据了一个极为有利的位置。随着电视、广播、印刷和在线媒体的不断碎片化，户外广告就成了所有媒介当中仅剩的真正意义上的大众媒体。而且，没有其他媒体的各样缺点，不会像电视、广播或者手机广告那样打扰人们的生活，同时，它不受那些在线和移动广告弊端的影响。

大品牌纷纷选择投放数字户外，世界 500 强企业一般投放过传统户外广告，现在，很多企业开始积极拥抱数字户外媒体，包括麦当劳、可口可乐、华纳兄弟、花旗银行、谷歌、微软、苹果等都使用过大型数字户外创意活动来引发全球范围内的病毒式传播。

户外广告与电视、广播、报纸、杂志等传统四大媒介以及互联网相比，具有一些不可替代的特性。同时户外广告也需要和传统传媒组合发展。

第一：户外广告优点也是缺点。户外广告区别于其他传统媒体的显著特征是其不可再生性，一些位置独特的地段、表现独特的户外广告是无法替代的。位置决定一切。相反，他的区域性也是他的局限性，而传统媒体正好弥补了这一不足。

第二：户外广告与传统媒体组合，可以有效解决媒体分流。随着科技的日新月异，媒体种类和数量的增加，使受众逐步被分流。同时信息大爆炸的时代，宣传资讯传播渠道的多元化，使信息的传播也逐渐被细化，广告信息到达成本大幅增加。据权威机构统计研究、客户的反馈、市场环节检验，按照千人成本标准计算（即每一千个受众所需的媒体费），户外广告性价比最高。户外媒体利用其自身的优势，有效化解了传统媒体无法覆盖的人群。

第三：传播全天候和碎片化特征+传统媒体的深入报道。许多户外媒体是持久地、全天候发布的。它们每天 24 小时、每周 7 天地伫立在那儿，这一特点令其更容易为受众见到。户外广告可以较好地利用消费者户外途中、散步游览、公共场合等经常产生的空白心理时点，一些设计面积巨大、色彩鲜艳、精美的设计、多彩变化等广告常给人留下非常深刻的印象，能引起较高的注意率，资讯到达率高，更易使观看者接受其广告内容。传统媒体深度报道是户外媒体无法企及的，深度新闻呈现出百花齐放的形态。通过深层挖掘找到产品背后的故事。户外媒体和传统媒体的有效组合让产品更有说服力，可信度更强。从而达到有效传播的目的。

展览会媒体组合密码

从 2008 年年初开始，在全国大趋势的影响下、房地产市场也失去了前两年的火爆场面。消费市场的遇冷，令众多商家急于寻求突破。消费市场的长期低迷，最终将影响广告的投放总量。媒体有必要在这种环境下通过媒体形式，充分沟通供需双方，达到激活市场的目的。

“2008 保定秋季房产展示会”正是在这样的环境下举办的。这次房展按照专业及市场的需求进行合理化设置，涉及房产交易、投资、咨询等多个内容层面。展会的组织者为参展商和购房者提供直接有效的服务，在开发商与购房者之间搭建完善的交易平台。在“2008 保定秋季房产展示会”举办期间，大量丰富真实的信息在网络、报纸、户外、会展媒体等多种介质上予以展现。在 2008 年房地产市场普遍不好的情况下，为了引导市场回暖，逆市中掀起一波销售热潮。同时为逛房展、购房的市民设置各种优惠，以此达成交易。让那些具有真实刚性需求的潜在购房客户，在展会期间全面了解和比较各个楼盘的品质与价格，最终做出理性的决策。

针对市场低迷、各家房地产开发商信心不足、参展欲望不强烈。因此，主办单位采取了诸多手段打动发展商，争取了绝大多数企业的支持。同时对影响未来房地产市场的各种因素进行了综合的考虑，发现了众多积极的因素，希望通过这次房展会能把这些积极因素集中释放。这些积极的因素包括：2008 年 10 月京石高速铁路正式在保定下辖的涿州市开工。京石高铁将设北京西、涿州、高碑店、保定、定州、石家庄南六个车站，使北京到保定市区的车程从一个半小时缩短到 30 分钟左右，从而将保定纳入北京的一日生活圈，拉近了保定和北京的距离，也成为保定楼市吸引北京购房者的一个重要因素。

人们相信，保定将会随着高铁的开工建设而实现购房需求的增长。另外，津保铁路也在规划当中，将使保定与天津的距离拉得更近。北京、天津、保定三足鼎立的地理格局，使保定区位优势格外明显。快速交通线的连接使城市之间在互补发展的同时，资本和人口流动也将越来越快。因此，京津冀一体化已经进入一个新阶段，城市房地产市场将会在宏观经济和区域经济的新形势下发生新的变化。

借助区位优势，保定市委、市政府提出了“打造京津休闲旅游产业”的发展战略。保定要建设成为京津休闲娱乐的后花园。这一举措不仅可以吸引更多的京津人士来保定旅游休闲，带动商业地产的发展，也会吸引更多的人来保定置业购房，从而成为保定房地产业发展的又一大利好因素。

除此之外，保定正在建设的“太阳能之城”“中国电谷”和“低碳城市”将会吸引更多的企业进驻，引进更多的专业技术人才，带动更多就业群体，这都将成为保定房地产发展的潜在需求。同时，一个以发展新能源为主要产业的城市打造的“天会更蓝，水会更绿”的环境会更加宜居。

为了保证本次房展会能够达到预期的效果，主办单位采取媒体组合的推广方式。

（1）通过召开展会筹备新闻发布会。邀请目标参展商的代表和相关政府部门的代表参加，将本次房地产展示会的详细信息传递给更多开发商。

（2）采用报纸、户外、网络、电视、广播等综合媒体形式，大面积、大力度宣传推广本次展会。让展会信息地毯式地覆盖保定市区及所辖各县的购房人群，吸引大批购房者前来参观房展，促进现场成交。

（3）展示会以专题报道形式引导消费者。在房展会招商阶段，主办方利用媒体优势进行了一系列趋势性的分析报道。这次报道积极地引导了市场走向，鼓舞了房地产商和购房者的信心。

（4）开设免费看房班车。展会期间，主办方安排看房班车往返于展会现场和开发商楼盘之间，方便购房人参观房展会。

（5）免费发放展会指南刊物。此刊物集指导性、实用性为一体，内容涉及所有参展楼盘资料，使购房者在参观的过程中更加有针对性。

这次展览会很好地运用了媒体组合的推广方式，发挥媒体各自的优势，全方位地推广本次房展会。另外，这次房展会一个重要的作用是促进开发商与消费者之间的零距离对话。在人们的消费需求开始释放的过程中，消费者特别需要了解楼盘的产品特征和价格情况，开发商也需要及时把握市场需求、了解人们的消费心态。为期三天的房展会，得到了市民们的热情响应，取得了超出预期的成果。展会现场的火爆场面超出乎参展商意料。据统计、三天内房展会现场参观者达到15万人次。创下客流新高，不仅体现了媒体推广能力，更直观地反映了媒体组合传播的力量。

1990年至2000年期间，笔者有幸成为国内第一大会——全国糖酒会的《会刊》编辑，广告策划，四川五洲广告有限公司董事长。

在十余年的策划、实操中，把糖酒会媒体用得淋漓尽致。创建了三十多种户外广告形式，开发了从未使用过的交警护栏广告，成都、郑州、石家庄、长沙、西安、大连等火车站的出站通道广告、钟楼广告；充分利用了大楼楼面广告，最大面积达8897m^2；充分利用主要街道跨街门楼广告，最多一次达到二百多座；充分利用充气气模广告，最多一次达到700多条，如健力宝一家企业一次在成都天府广场使用100条；最高20m高“牧童遥指杏花村”充气模型获得世界吉尼斯记录；充分利用了彩旗广告，最长一次在郑州绵延25公里；充分利用了围树广告，最多一次覆盖成都从南到北三千多棵树。

同时，将户外广告组合于报纸、电视、会刊、广播及经销商联谊会、发布会、文艺晚会，成功地为茅台、五粮液、汾酒、健力宝、维维等一上百多家知名企业发布广告；成功推出了新型企业稻花香、种子酒、枝江大曲、维桑等几十家企业，至今也仍被传为佳话。

户外媒体的互联网策略

户外广告是静止的资源型媒体产品，长期以来靠占有一定资源空间、通过创意画面表现获得赢利空间。总的来说，它是以被动接受式与干扰式的信息传播方式，靠不断重复和长期占据受众视线空间而获得生存价值的。

在传播一体化时代，无论什么注意力资源都可获得长足发展，传播需求与传播空间严重不平衡，由此造成大部分户外媒体不断涌现。又由于受众细分时代的到来，户外媒体呈现出无所不在的碎片化时代。

在互联网时代的信息流转环境下，户外广告应该如何变化呢？如果固守阵地，发展必将走向式微。媒体泛滥的时代，只有改变原有媒体的介质才能获得新生。户外媒体的介质是由原始的物理材料构成的(现在电子化,数字化创新将其有所改变)。在新的互联网时代，户外广告的互联网化是一个方向。

互联网媒体为什么能得到逐步发展，主要因为它是有内容的媒体。无论这些内容如何，正因为它有内容，才使得互联网的广告得以无限大发展。户外广告内容有限，它如何才能做到互联网具有的特质呢？这就是我们要讨论的户外广告互联网化的几种可能性。

互联网是户外媒体的差异化发展之道。这不仅让户外媒体得到发展，也与互联网时代同步，但它不是完全互联网广告，这是媒体的“跨界”玩法，当然会很成功。

互动与共享是媒体体现出互联网数字新媒体的优质品质。当然，本质上还是户外广告，但与传统的户外广告则完全不一样。

户外广告可以做到互动吗？答案是肯定的，完全可以。现在已经有无数的户外广告主将其变成一个数字化的终端屏，展现互联网的特质，让户外广告牌从静止向活动化转变。例如，德高动量广告公司用创新与创意相结合，让受众与屏幕的中人牵手、拥抱，甚至还可以跳舞。还有比这种更强的互动吗？

户外广告视觉冲击力强，是由强迫性媒体向氛围性媒体转变。强迫性的特点是，不得不看；氛围性媒体的特点是，让你感同身受，让你潜移默化地吸收信息，有点接近于互动，至少是在“心”上动了一下；而资源性媒体，消费者走过路过的路边媒体，则慢慢会式微，更多的时候受众会熟视无睹。

户外广告的互联网化其中有一个重要的原因是，我们的受众已经被互联网化。过去只有上班时间受众在线上，现在移动互联网的出现，让我们随时随地都可以在线上，进而把我们在户外分享相关注意力资源的机会抢走了一大半。受众都集体转移了，即使身在户外，注意力也在线上。户外广告还能仅仅用传统形态来生存吗？当然不能，因此，户外必须创新才能找到新的发展。

一、从创意互动到科技互动

户外媒体最早是靠卖位置，现在需要靠创意来增加竞争力，目前属于创意表现的阶段。

现在的情况是，无论创意如何逼真与情境化、甚至是环境化，都只是增加了一部分的互动因素，还没有完全互动化。因为户外广告材质没有更新与变化，只有这个部分发生了变化，这样的互动才是全面的。利用科技创新，将 LED 等相关显示技术运用于户外媒体的展示，这使得表现效果得到了极致的发挥。利用互联网技术，可将客户线上线下的广告信息有效联通，随时变化，随时掌握。利用物联网技术，让户外显示屏变成互联网网页，全真显示客户的产品或品牌信息，同时，受众还能直接参与互动，实现了真正意义上的互联网化。创意互动是一个长期的阶段，需要策略、技术、环境等多方因素的有效配合。科技互动则将是户外广告发展的终极目标。

二、从平面媒体到移动终端

户外广告多为平面静止的形态。如果将户外多个展示屏变成一个移动的终端或联播的动画，它的互动性与共享价值就大大增加了。这样，户外广告的外在形态虽然没有多大变化，但它的核心已经完全变了，即形成了一种全新的媒体空间，不仅能互动而且能共享。

三、从纯户外媒体到移动互联网媒体

户外广告的商业资源甚至被细分到了厕所里，还有什么空间不可以做呢？如果某个户外媒体，在公交、地铁等地方实施数字充电站，即提供手机充电、上网、听音乐、购物、读报等数字化服务综合性的服务。它就成为一个大众“服务器”，黏合度会非常强。

互联网时代，应用成为新的王者，好玩成为人们追风的理由。互联网上的新产品层出不穷，几乎每一个新产品都可以将社会主流人群的注意力拉过去，而线下的传统媒体再也没有这样的力量了。

DM（直投）媒体发展与优势

DM 广告诞生于 3000 年前的古埃及，发展于 20 世纪。DM 是英文 Direct Mail 的简称，即利用邮政系统作为传递广告的渠道，也称直邮广告，是指通过邮政系统将广告直接送给广告受众的广告形式。是并列于电视广告、电台广告、报纸广告、户外广告、墙体广告、公交车体广告、互联网广告、手机短信广告的又一大广告形式。

由于报纸、杂志等新媒体的出现，DM 广告的优势被这些媒体所取代，所以并不为多数企业所重视。但由于信息通信和市场调查事业的发展，DM 广告从过去低效率、漫无目的的广泛传播，转向了有针对性地向目标对象寄送广告，从而使广告效果提高，近年来重又受到企业的重视。特别是在面对社区公众和市场虽大但顾客分散的情况下，DM 广告发挥着其他广告形式不能取代的作用。

DM 直投媒体的特点：

一、针对性强

由于直投广告直接将广告信息传递给真正的受众，具有强烈的选择性和针对性。而其他媒介只能将广告信息笼统地传递给所有受众，不管受众是否是广告信息的目标对象。

二、广告持续时间长

一个 30 秒的电视广告，其信息在 30 秒后荡然无存。直投广告则明显不同，在受众者做出最后决定之前，可以反复翻阅直投广告信息，并以此作为参照物来详尽了解产品的各项性能指标，直到最后做出购买或舍弃决定。

三、具有较强的灵活性

不同于报纸杂志广告，直投广告的广告主可以根据自身具体情况来任意选择版面大小，并自行确定广告信息的长短及选择彩色或单色的印刷形式。

四、能产生良好的广告效应

直投广告是由广告主直接给个人的，故而广告主在付诸实际行动之前，可以参照人口统计因素和地理区域因素选择受众，以保证最大限度地使广告信息为受众所接受。

同时，与其他媒体不同，受众在收到直投广告后会迫不及待地了解其中内容，不受外界干扰而移心他顾。

五、具有可测定性

广告主在发出广告之后，可以借助产品销售数量的增减变化情况及变化幅度，了解广告信息传出之后产生的效果，这一优势超过了其他广告媒体。

六、具有隐蔽性

直投广告是一种深入浅出的非轰动性广告，不易引起竞争对手的察觉和重视。

七、色彩精美、印刷精良

DM 直投广告大多采用彩页印刷，更可以引起消费者对广告宣传的视觉感，有效的刺激购买欲。

八、费用低廉

做一次只相当于做一次报纸、电视等媒体 1/3～1/5 左右的价格。

由此，我们可以看出，DM 直投是媒体中最直接，效率最高的媒体。它能以最快捷的速度找到自己目标客户，并打动他。DM 直投和传统的电视媒体相结合，能加强媒体的优势互补，电视媒体的权威性，生动性弥补了 DM 直投的不足，两者结合能打动消费者，从而扩大品牌的影响力。

全媒体全方位组合策略

“全媒体”包括报纸、杂志、广播、电视、音像、电影、出版、网路、电信、户外、直投、自媒体卫星通信在内的各类传播工具，涵盖视、听、形象、触觉等人们接受资讯的全部感官，而且可针对受众的不同需求，选择最适合的媒体形式和管道，深度组合，提供超细分的服务，实现对受众的全面覆盖及最佳传播效果。

全媒体的概念并没有在学术界被正式提出。它来自于传媒界的应用层面。“全媒体”即“omnimedia”，源自美国一家公司。这家成立于 1999 年，拥有并管理包括杂志、书籍、报纸专栏、电视节目、广播节目、网站在内的多种媒体，通过旗下的所谓“全媒体”传播自家的家政服务和产品。

媒体形式的不断出现和变化，使媒体内容、渠道、功能层面的融合，让人们在使用媒体的概念时需要意义涵盖更广阔的词语。至此，“全媒体”的概念近年来得到很大的发展，引起了越来越多的重视，并开始在新闻传播、远程教育等领域广泛运用。

时至今日，“全媒体”已经不再是时髦名词，各家传媒企业也不再仅仅是津津乐道地讨论或探究，许多具备实力和野心的传媒企业，已经轰轰烈烈地踏上了“建设全媒体”的征途。

在未来几年，传媒业将面临洗牌，会向一线城市和一线媒体上移。缺乏独特资源、特色和核心竞争力的媒体，将在这一轮竞争中面临淘汰。传媒产业将呈现出互联网产业的特征：赢家通吃，胜者独大，专业专精，每个领域只有前几名才有生存空间。

没有变革、找不到出路的传媒，终将无路可走。这是一个无法规避的现实。

除了主观和内在的因素外，客观的外在因素也是传媒困境的动因所在：受众信息量急剧膨胀后的再选择、受众对于信息获取渠道的变化、产业运营的单一性、广告价值的消解、广告商投放趋向理性和资源集中。简而言之，传统媒体依靠广告为主要、甚至唯一的收入来源，但形式同质化、广告受众的流失、阅读（收视）习惯的改变，则进一步消减了广告效果。因此，广告商也开始调整投放习惯，将有限的资源向优势媒体集中，不再进行广泛和散乱的投放。所以在未来，优质的一线媒体仍将保持相应的增长状态，而二三线的媒体则要寻求突破。而互联网产业始终保持着高速的业绩增长态势，每年总额增长均在 150% 以上。随着用户规模充分积累后的爆发性增长，将更进一步加速。越来越多的应用和更加丰富的产品形式，也将使这个产业充满想象力。

而与此同时，移动互联网则成为另一个充满想象空间的领域，虽然至今没有一个产品和一个公司，在移动互联网、尤其是传媒产业上获得值得尊敬的业绩，但很显然，所有的投资人都不会回避，其产品属性必将从根本上动摇甚至重构整个传媒产业。现在没有清晰的商业模式，不表示未来没有，下一个微软、苹果、FACEBOOK，几乎可以肯定，会在移动互联网产业中诞生。

未来的时代，既不是老媒体的时代，也不是新媒体的时代，而是全媒体时代。

在过去的十余年里，传媒人常会抱怨说，是传统媒体养活了互联网。传统媒体培养团队，进行采编，辛辛苦苦编好报纸、拍好电视，网站则只要五秒钟，便能复制传播，并且不付费。而网站的丰富性和便利性更使其成为信息集合的洼地，吸引着用户的聚合，最终产生价值。1.0 的论坛，2.0 的博客，和 3.0 的微博，则开创了全新的自媒体时代，进一步消解了信息的权威性特质，改变了信息流的动向趋势。人人都成为内容的创造者、传播者、消费者。彻底地颠覆了传媒产业的传统结构。

对于传统媒体企业而言，成本是既定的，不管是采编、发行，还是运营、管理，成本都不可避免，但产品却很单一——报纸、电视或者广播。而通过较少投入建设的全媒体体系至少相较于报纸印刷、节目制作而言，互联网产品的投入是前期投入大于后期投入、持续投入较少的产品，可以使相同的信息资源以更多的渠道和更多的形式得以传播，至少对媒体品牌影响力是有价值的。

而多渠道的传播将进一步使用户忠诚度提升，对于媒体内容的关注度加深。以媒体的营销技巧进行培育，将使用户形成路径依赖。只有新媒体和传统媒体这样有效组合，发挥各自的传播优势，才能使传播价值最大化。

第七章

企业这样玩转新媒体

新媒体时代是相对于传统媒体而言的，是利用数字技术、网络技术、移动技术，通过互联网、无线通信网等渠道，以及电脑、手机、数字电视机等终端，向用户提供信息和娱乐服务的传播形态和媒体形态。新媒体由于其特殊的属性、丰富的功能、多样的手段，对企业品牌推广发挥着越来越重要的作用。人们可以通过企业网站、手机报、微博等载体，了解企业信息，发表自己的看法，也是企业展示品牌和形象的重要窗口。

杜蕾斯教你玩微博

微博营销在当今的企业网络营销上占据越来越重要的地位，不管是传统企业也好，还是新兴企业，都开始重视微博这个重要的品牌缔造平台了。在信息化的时代，谁能最先抓住机遇，就能抓住用户，有用户的地方也就有了利益。下面我们来看看杜蕾斯是怎样在微博营销中取胜的，看看它是如何在微博中创造奇迹的。

杜蕾斯官方微博，人称“小杜杜”。在微博用户眼中，小杜杜的微博形象是多变的。它可以很性感、也可以很幽默；可以很雷人、也可以很智慧；可以很活泼、也可以很感人；可以很媚俗、也可以很高雅……

杜蕾斯把官微定位成为一个“有一点绅士，有一点坏，懂生活又很会玩的人，就像夜店里的翩翩公子”。下面我们通过杜蕾斯微博营销中的三个案例简单剖析杜蕾斯塑造官微形象的过程。

案例一：微博上一个网友把益达口香糖的广告词改了：“兄弟，油加满……你的杜蕾斯也满了。”这句广告语在网络上疯传，引起广大网友的大量转发。当时杜蕾斯回复了一句：“杜蕾斯无糖避孕套，关爱牙齿，更关心你。”瞬间把大家都逗笑了。

案例二：VANCL 粉丝团发布一条微博，“韩寒新书《私》中提及送给未来十八岁女儿的一句话——套好安全带，带好安全套。韩少真是语不惊人死不休哇”。杜蕾斯发现后评论并转发道，“所谓安全第一，韩少作为赛车手深谙此道啊”。诙谐风趣的回复，巧妙地将品牌诉求点与名人话题结合，引起 Vancl 粉丝团和韩寒粉丝强烈的共鸣。这已经不是单一的内容营销了。杜蕾斯把名人效应用到极致了，适时地抓住话题，把注意力引流到自己品牌上来。

案例三：2011 年 5 月 16 日，王功权私奔事件的微博一时间转发量高达 7 万多，被网友们戏称为私奔体。杜蕾斯敏锐地捕捉到这条热点微博中的关键词“男女”“私奔”“幸福”，发现都与杜蕾斯品牌调性相关。在第二天下午便原创一条微博“私奔需要 3 样东西：1. 杜蕾斯；2. 现金；3. 一起私奔的他她。”将两者巧妙结合，掀起第二轮的疯传和话题讨论。

引爆杜蕾斯事件营销高潮的是北京一场大雨后，一位据说是杜蕾斯的员工灵机一动，在雨天将此安全套覆于鞋子之上，使鞋子免遭雨水打湿。该员工将套上安全套的鞋子的照片传到微博上，这个举动瞬间吸引了众多眼球。短短的一条微博文字配上简单的图片，竟然一举盖过北京暴雨消息的微博转发量，荣登当天新浪微博转发量第一名。

从杜蕾斯的微博经验我们可以看出：

一、内容设计上一定要以“人”为核心

放下身段，不要官腔，不要死板，后台更新的人要让粉丝觉得是可以接触的，是一个活生生的人在和粉丝打交道，甚至可以被调侃。内容上要努力做到原创，再不济可以跟随模仿，但不要一直这样模仿。

首先，明确内容主题。在进行微博定位后，就开始设定大致的内容发布计划，明确内容主旋律和辅助的内容。在奠定了基本的内容格调之后，就必须持之以恒地去维护，并根据消费者的反应及时适当地调整策略。

其次，善用内容编写技巧。①内容人性化，不定期发布一些生活贴士等；②经常以疑问句结尾，引发用户的讨论；③尽量图文并茂，有可能的话也可发布一些音频、视频，让你的微博（或其他社会化媒体）页面更“好看”；④和大事件保持同步；⑤品牌可以尝试以更生动的形象出现，杜蕾斯在微博上自称“小杜杜”，以拟人的形态发布微博，并亲近地和粉丝交流互动，成功地塑造了“小杜杜”这一形象和品牌调性一致的性格。

最后，恰当地自我标榜。品牌可以适时地发布一些权威的行业报告，用直观客观地数据显示品牌的领先性和优越性。

二、一定要说符合品牌调性的话

杜蕾斯的微博内容都与性有关，既与品牌产品契合，又容易很吸引眼球，但是为难之处恰在于怎样运筹帷幄，让微博既能博眼球却又不让人反感。鉴于目标消费群主要以年轻人为主，而时下又是内容为王的时代。杜蕾斯决定将自己的微博打造成酷、幽默、好玩，有些俏皮的小笑话、浪漫的情感宣言，却又不失时机地为产品做宣传。尽管不是每条微博都与品牌有关，但是他们的基调都很统一且明确。

三、多和品牌微博粉丝互动

杜蕾斯的官方微博非常热衷于和网友互动。据不完全统计平均每天要回复 400 多次，最高纪录是一天回了 1000 条。同时对于一些与自己品牌相关的其他博主发布的微博也积极转发，尤其是充满创意、同自身品牌调性相符的内容。

1. 趣味活动

杜蕾斯曾在微博中发起关于“不同三款售货架哪种更受消费者喜爱”的小调查，吸引了近千名用户参加。杜蕾斯开展“特别的杜版车贴给特别的你”活动，鼓励品牌微博粉丝投票选出最中意的一款车贴。只要粉丝所投票的这款车贴成为该款中二个设计里票数比较高的那个，就可以得到该款杜蕾斯特别版车贴。杜蕾斯还会不时发起“今日最粉丝”活动，每天随机选出一名最粉丝，送上小礼物。

2. 粉丝互动

除了这些调动粉丝积极性的互动小活动之外，杜蕾斯在微博上经常与粉丝互动，让粉丝感觉到品牌的活跃度与亲近感。

3. 与其他品牌官方微博或微博名人互动

杜蕾斯官方微博及其运营团队关注了许多“大号”，并从这些大号的内容中捕捉预设的关键词，一旦发现和品牌相关度高的红人微博就会积极评论并转发，引起裂变传播同时自我宣传。而所有这些互动内容的一致特点就是有趣、好玩。

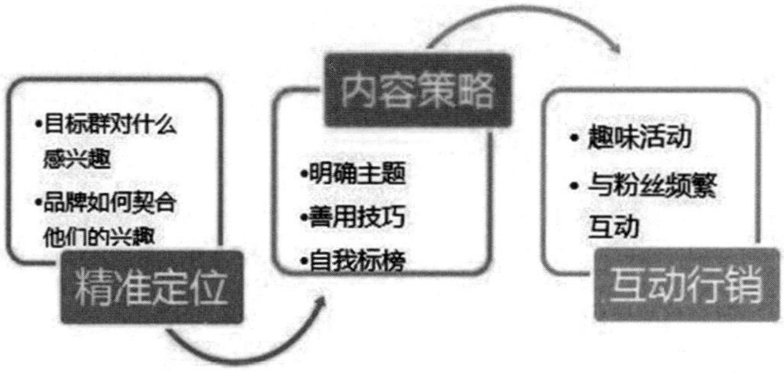

4. 精准定位

明确品牌调性及消费群体特征，找出在微博上你的目标受众群所感兴趣的话题、容易被什么吸引；继而进一步决定你的微博风格。

5. 一定要做数据分析，尽量细化，努力做到精准

要注意挖掘更深层的数据关系，比如 2 次转发，粉丝还关注、评论、转载了什么等。

杜蕾斯之所以成功地塑造了官微情感形象，实际上存在着对其他品牌深入学习借鉴的地方。对社交媒体重视的是关系，传播只是对用户关系的一种利用，企业入驻社会化媒体，应该清楚关系的意义，以诚恳和热情同粉丝建立关系。如果说像自然人一样地与用户沟通交流是初级阶段，那么中级阶段就是做一个有个性的人了。利用企业独有的“人格”魅力来保持粉丝对企业品牌持久的关注，如果同时还能发现机会，懂得借势，借热点事件扩大自己的影响力，就能成功竖立品牌。

“罗辑思维”凭什么这么火

互联网普及涌现出大量的自媒体，美国学者谢因波曼与克里斯·卫斯理将自媒体（We

Media）定义为普通大众经由数字科技强化、与全球知识体系相连之后，一种开始理解普通大众如何提供与分享他们本身的事实、他们本身的新闻的途径。自媒体具有节点“弱连带”和信息“圈子化”的特点，这些赋予自媒体不同于传统媒体的经营方式。罗辑思维是一次成功的自媒体经营尝试，除了充分地利用自媒体所固有的优势外，其在信任建立、商业模式上的开发上也做了出色的尝试。

如今的自媒体含义早已超越新闻媒体的范畴。自媒体变成了一个集信息发布、沟通交流、组织动员，甚至是品牌推广和营销的平台。简单明了的网络信息形式，提供了传受双方互动的开放性和可能性；个人化特征下的个人性的行为、个人性的角度、个人性的思想，组成网络搜索引擎和思想发源地，正是博客问题成为了吸引博客本人和受众的力量源泉。

2015 年自媒体最火的是什么？当然是罗辑思维。2016 年罗辑思维推出罗振宇个人脱口秀跨年演讲项目，2 天预计入账 4500 万元，而其近日完成 B 轮融资，估值 13.2 亿元。罗振宇成了自媒体“首富”，创造自媒体时代的奇迹。罗振宇是央视前主持人，2008 年辞职，2012 年底与独立新媒创始人申音合作，推出知识型视频脱口秀《罗辑思维》。半年内，这一款互联网自媒体视频产品，逐渐延伸成长为全新的互联网社群品牌。

2012 年 12 月，《罗辑思维》第一期视频在网站、手机 APP 中上线。这档脱口秀节目的内容包罗万象，政治、商业、生活、文化无所不谈，主讲人罗振宇分享日常读书所得，语言个性鲜明。“罗辑思维”的微信公共账号也在同一天开通，公共账号每天早晨六点半向微信用户推送一条罗振宇本人录制的 60 秒语音，分享其每天的生活感悟，通过回复关键字的方式，用户可以获取推荐文章的超链接，与文章同时发出的还有会员活动或是会员福利放送的通知。

“罗辑思维”发展得很快，一年下来，微信公众号的粉丝数量已突破 110 万。优酷上《罗辑思维》脱口秀视频每一期的播放量平均下来也有 100 万次以上。

被称为“互联网预言家”的凯文·凯利认为，网络经济时代复制品大量存在，无法复制的东西变得罕见而有价值。其中，这些无法复制的事物包括信任、个性化、可赞助。这三个属性概括了罗辑思维如何在互联网上形成强大的影响。最终，罗辑思维在粉丝群里形成了一个可靠的品牌形象。

新的媒体环境下，网络的即时性、缩小的地理空间，似乎让受众的联络更加便易，但是网络信息便捷和多样，使大众更倾向于和兴趣相同的人组成松散的网络或小组，围绕兴趣、共同话题和大家想知道的事情展开讨论，拒绝相信朋友圈以外的事物。所以将大众联系在一起仍然是一件很困难的事情。要将散布在网络上的大众连接起来，并齐心协力做成一件事情。需要“信任”。“信任”者对网络技术语言了如指掌，所以他们往往愿意大胆尝试新方法、新装置。他们常常使用社会化网站，经常性地在这些网站推荐很多新事物。他们和更多的人保持联系，而且知道如何给人留下好印象。

在这样做的时候，他们就建立起了健康而真诚的人际关系网络。其速度、广度和深度是公关、广告部门所达不到的。

罗振宇曾在讲述自己创办“罗辑思维”的构想时说：“信息封闭的时代，权威媒体自上而下，谎言重复一千遍就是真理。信息民主的时代，没有权威，只有“信任”。谁的可信度越高，谁的影响力更大。”通过发布“罗辑思维”的视频和语音，“罗辑思维”吸引到一批有读书求知需要的互联网上的个体们，这些个体通过微信朋友圈上的超链接或口口相传，吸引自己的朋友圈子关注，为罗振宇带来了大量的散落在互联网上的小组。不同于营销账号，“罗辑思维”发布的内容并非为推介个人名声或赞助的广告商，“罗辑思维”提供读书推荐服务、会员线下服务，形成了持续的影响力。

信任的构建，除了持续的影响力，还来自于信任代理与受众面对面、个人对个人的交流。罗振宇作为信任代理，用每天早晨六点半准时送达的微信语音、持续而优质的自媒体内容，主动积极地与微信上的粉丝群交流，甚至粉丝也为“罗辑思维”撰稿策划。“罗辑思维”作为一个公众平台，却不是和粉丝交流的中心点，而是呈现出一个链式结构。

链式结构中，罗辑思维和其他的关注者一样，成为一个普通的节点。总体上结构趋向了扁平化，交流也从多对多转变成了一对一，各网络节点的等级关系变得相对平等，这样构建起来的社会网络里，“粉丝”和“粉丝”之间的弱关系链条激活起来容易很多，方便了日后的会员制度施行。

“罗辑思维”并不急于将广告营销引入自己的媒体里。在线上，关注者几乎不会收到那些令人反感的广告推广，而“罗辑思维”与商家的合作几乎是在线下进行，并且达成的是“品牌”推广的共识，而非传统广告以“利”相诱的短期营销，这样的做法其优点不言自明。

“罗辑思维”擅长于提供主流视角以外的解读。在“读书人的新活法”里，罗振宇通过讲述卢梭一生的故事，传达“读书人必须转变一种活法”，练就一门手艺，去捕捉大环境里的机会，才能够摆脱“学历越高收入越低”的困局。不同于主流观点“市场经济的社会亏待知识分子”。“罗辑思维”除在观点的标新立异外，也给读书人以如何生活的启示。

正如罗振宇对《罗辑思维》的定位——有种、有趣、有料，自媒体“罗辑思维”的媒体产品有着强烈的个人风格、接地气的切入点和独立的思想见解、翔实的论证材料。这使得罗振宇在微信的受众中拥有强烈的个人魅力，也是其倡导的一种自由观念，为“罗辑思维”在微信公众的平台上聚集起一批有共同信仰的社群打下基础。

在互联网时代，媒体的生态环境已悄然改变。互联网技术将所有人都连接起来，传播平台成为免费资源，人人皆媒体，人人皆可生产信息，信息这种要素的价格几乎降为零。互联网为人们提供了免费的新闻、电视节目、音乐、书籍……给传统媒体带来不小冲击。

“罗辑思维”不满足于仅做一个有影响力的自媒体，为人津津乐道的是它还摸索到了一条适宜互联网时代的商业模式——“连接”。后 Web2.0 时代，互联网将是服务网络、内容网络与关系网络的连接。“罗辑思维”发展初期，主攻微信公众号，辅以优酷视频，通过这两个免费的平台发布内容（视频、音频、文章）聚集起大量有读书需求的用户。在微博微信上，先有用户，后有流量。两个平台很快聚集起了超过 1000 万的受众。“罗辑思维”后期采取会员制，收取一定的会员费。收取会员费并非为会员提供更优质的内容，而是在内容产品之外，向那些缴了钱的会员提供媒体服务。这个举动类似星巴克的差异化竞争，白领们宁愿放弃办公室的免费咖啡，而去选择二三十元一杯的星巴克咖啡。星巴克在卖咖啡时也在出售它的舒适安逸的环境。这种“内容+服务”的模式也运用到了“罗辑思维”的商业模式中。

自媒体平台最大的特点就是“开放”，开放的准人模式使得许多参差不齐的自媒体入驻，这些自媒体包含了许多“内容搬运工”。这些“内容搬运工”深谙用户心理，懂得在网上挑选能够获得用户关注的信息。这些信息通常格调不高，通过满足用户的放松心情而获得用户的追捧。明确用户的个性化特征，把个体潜在的特殊需求通过提供知识（内容）和服务的方式，传递到有这些特殊需求的个人，把自媒体当成是一个解决问题、提供经验交流的平台而非待价而沽的商品，也许就是“罗辑思维”经营的成功之道吧。

报事贴：特殊媒体的新玩法

1980 年，美国 3M 公司发明了一种可粘贴的便条纸，称为报事贴，又叫便利贴。其形状为长方形或正方形，颜色大小不一，几十或百张形成一叠，可随处粘贴，方便提醒使用者记住有关问题、想法、指示等事情。这种粘贴式的实用工具如今已经成为家庭、办公室和其他场所日常生活和工作中的重要工具。该产品一直是 3M 公司投资组合中稳定盈利的重要业务。3M 文具及办公用品部副总裁杰西·辛曾经说：“如果你仔细想一下，就会发现报事贴是一个标志性产品，它在市场上已经存在了 30 多年。”

直到不久前，其销售战略一直关注的是“品牌的实用性”。2013 年，公司从一个全新的角度推出了一项 1000 万美元的营销活动。这一新的方式充分利用了电视广告、网络广告、公司网站，以及社交媒体来传递信息。这次活动的创意是报事贴还可以有更多的用途。活动强调的是“定制”，或者说是迎合年轻的消费者想要区别于大众传媒的个性化信息，以及商品的个性化用途的念头。

随着以“不断前进”为主题的活动的展开，消费者被鼓励寻找这一长期存在的产品的新的用途。不久，报事贴“战争”便在各地的办公室之间爆发了，员工们使用报事贴在外窗上创作图像和进行其他设计。此外，该产品的灵活性使杰西·辛认识到“他们正在利用它进行交流、合作和自我组织”。形势的变化稍微有点出人意料，3M 的研究显示，大多数消费者都有强烈的报事贴情结。

报事贴成立了一个“理想总部”网站，帮助人们发现报事贴独一无二的用途，其中包括变得更富有成效和减少拖延症。社交媒体发布了利用报事贴与众不同的特征的更多方法。

电视广告为其他领域的营销活动提供支持，信息瞄准的是妈妈们使用报事贴于日常生活的不同方式；千禧年一代在留便条提醒自己相关活动和与其他人进行沟通，（据一位观察者称，这是一种纸质“推文”）以及帮助他们保持乐观方面极具创造性；而已婚的男人可以用报事贴来提醒自己“保持蜜月期”。

报事贴的营销团队在未来将面临两个趋势。第一个趋势是让产品本身变得更具吸引力，经得起新的使用方法的检验。其中一个想法是除了传统的黄色和常见的颜色以外，增加更多的颜色。第二个趋势可能会随着时间的推移变得更加严峻。当一个品牌变得很受欢迎，以至于品牌名称被用来描述该品类的产品，消费者已不在意经销的是哪家公司的产品时，就会出现的“泛型”问题。其中包括邦迪创可贴、施乐复印机和思高（scotch）透明胶带。如果在今后的媒体广告中你听到这些产品被称为“报事贴品牌”，请不要感到惊讶。因为这种做法已经成为对泛型问题的最常见的解决办法。它以媒体的形式承载创意的广告内容，让更多使用者获取更为直观的信息。

与此同时，灰色纽约（Grey New York）广告公司执行创意总监杰夫·奥迪奥恩说，2013年的活动是“我们第一次把所有这些创新形式（媒体）包含在了一个旗帜下。”他继续说道，“消费者们已经自己动手想出了该品牌的一些新的使用方法。这是一个如此受消费者欢迎的品牌，是他们造就了品牌的今天。”他又补充说：“我们要把实实在在的人们做的或者做过的实实在在的事情呈现出来。”

红牛传递“正能量”

红牛是一个奥地利品牌，但是很多人可能曾经以为红牛是一个中国品牌。品牌营销做得如此成功着实让人佩服。如今，成立 27 年的红牛集团，它的饮料产品已经在全球 166 个国家出售了累计 400 亿瓶，集团在全球拥有 9600 名员工。那么红牛是怎么做到的呢？

20 世纪 80 年代中期，奥地利商人迪克·梅特舒兹（Dietrich Mateschitz）发现泰国市场上的一款供蓝领和泰拳选手饮用的饮料具有很好的提神作用，就买下了这款饮料的配方和商标，在 1987 年 4 月创立了红牛，并赋予它“功能饮料”的概念——希望红牛代表的不仅是一种新式饮料，更是一种充满乐趣、刺激和高能量的生活方式，然后将这种生活方式推销到全世界的消费者。

初期，他采用的营销手段是通过赞助一些小众的极限运动，比如快艇、滑雪、速降滑冰、自由式山地车等，使这些运动的发烧友类消费者群体对饮料和他们所钟爱的运动之间形成某种情感关联，也保证了公司在这些运动中处于领先地位。

作为一家大型企业，红牛在体育赞助上的投入很大。根据福布斯稍早些的报道（2012年），红牛在全世界支持了 600 名运动员，其中在美国 120 名，涉足 160 种不同的运动，在营销上的投入占其收入的大约三分之一。

另外，红牛的体育赞助有自己的“口味”。虽然在像 NBA 篮球这样的常规运动中也能看到红牛的赞助，但是红牛还是主要投资那些纷繁复杂、各种各样的极限运动。比如，红牛购买了一支 F1 车队，叫 Red Bull Racing——红牛车队，由英菲尼迪赞助。这支车队成绩比较好，红牛从中获得了很大的曝光。据说光是从车队那里获得的曝光所折合的价值，就抵掉了红牛在车队上一年的投入。

专注于极限运动也不是红牛策略的全部内容。他们的另外一个赞助方法是创造赛事举办活动，然后进行内容营销。红牛经常出资举办一些体育赛事或活动，让普通人或运动员可以参与到活动中，品牌也自然得到曝光。

在红牛赞助的极限运动中，比较有名的是 2012 年菲利克斯·保加拿（Felix Baumgartner）的太空边缘的一跳。在这次挑战中，菲利克斯从 24 英里的高空（相当于 38624 米）纵身跳下，用自己的身体打破音速。

红牛为这次极限运动专门配备了一个项目，叫 Red Bull Stratos，聚集一批水平先进的科学家、工程师和太空药材专家，帮助菲利克斯制造装备，也研究怎样收集生理数据提供给科学界。

红牛的发言人说，红牛当然了解这样的尝试中所蕴含的风险（据说电视直播延迟了二十几秒，以防止意外结果的出现），但是红牛一直和所赞助的运动员有着特殊的联系，希望帮助运动员们实现自己的愿望。红牛和菲利克斯为这个项目合作了 5 年。

下面是这次活动的一些照片。从中可以看到红牛的商标放在了菲利克斯的服装上、头盔上，和他所乘坐的太空舱的外部。当看到那红色和黄色的红牛标志的时候，怎能不给人留下深刻印象！

（菲尼克斯出发走向要乘坐的太空舱。衣服上的红牛标志非常显著）

红牛对极限运动的赞助就是可以做到这么极致！

著名赞助咨询机构 IEG 对红牛体育赞助的评价总结说：红牛的体育营销之所以成功，可以分析出三点原因：让自己成为体育运动实现的一个工具，而不仅仅是一个赞助商；倾听所赞助的运动员和体育运动想要什么，从他们那里了解这项运动，让赞助更贴近这项运动，也帮助他们实现愿望；内容为王，巧妙地打破广告和内容的界限。

同时，他们也发现这些极限运动本身具有非常好的影像特点，充满冒险性、吸引力的画面特别有利于影像传播。于是，红牛就通过与独立制作机构或者与媒体合作伙伴一起合作，专门制作了一些含有红牛品牌理念的媒体内容，并将其传播出去。

这样，红牛积累了有关其品牌活动的大量媒体内容。当这些内容被源源不断地生产、积累下来，红牛发现，这些内容不应该就此沉睡，而应该努力通过多种网络平台、第三方媒体和自己的频道传播出去，来争取更多核心消费者和更广泛的主流媒体用户。同时也为了便于这些媒体内容的收集、制作和流通更为规范化，红牛于 2007 年投资成立了红牛媒体工作室。

由于常年赞助或筹办运动赛事、极限赛事，并与近 500 位体育明星签约，红牛媒体工作室的内容库里储存了大量有趣的图片、视频和文字内容。而红牛也将这些内容在电台、电视台、网站、杂志等多个渠道进行了分发。

红牛媒体工作室首席商业负责人 Alexander Koppel 认为“内容创作、媒体平台和流通渠道是内容营销最重要的三个要素，所以我们致力于成为一个 360 度无死角的媒体商业公司。那么在拥有各类媒体平台及与各大媒体保持良好合作关系的前提下，能否创作出优质内容就成为决定内容营销成功与否的第一要素”。红牛是怎样搭建自己的媒体平台的呢？

1. 电台

红牛媒体工作室旗下主要推出了两个数字电台，一个是无线音乐电台，一个是红牛音乐学院电台。无线音乐电台是一个音乐家、音乐制作人和音乐爱好者交互分享的平台，该网站主要汇集了世界各地的音乐人，并参访和解读流行乐坛的优秀音乐人访谈。而红牛音乐学院电台提供上千种来自世界上最好的俱乐部和节日的访谈、DJ 混合音效和演唱会录音，相当于一个巨大的尖端音频档案库。

2. 电视台

红牛的电视台业务一方面是通过和电视频道合作的形式为其提供电视节目内容，另一方面是通过自建网络电视台的方式，提供在线的电视点播业务。

MSNBC、ESPN 等体育电视台是红牛内容合作的重要频道系列，以和卤素电视台的合作为例，红牛作为卤素电视台每周四晚间的节目提供商，为其提供以极限运动和嘻哈风的街头运动为主题的节目内容，这些内容中正好传达了红牛的品牌理念，还不时有红牛 logo 出现在内容当中。

3. 网站

在红牛的官方网站，你几乎看不到有关产品的介绍，全部的的内容都围绕着不同的运动类型展开，以及常年开设有游戏、图片、音乐的下载专区，每年固定会有 50000 幅图片免费上传到网页端，页面游戏的主题也围绕着赛事展开。

4. 杂志

《红色公告》（RedBulletin）是红牛媒体工作室拥有的一本发行量达到 500 万的内部杂志，也是红牛传递其能量生活方式的重要渠道。不管是来自自由撰稿人的反馈，还是来自普通读者的反馈，《红色公告》都不是一本随刊赠送的广告杂志。

《红色公告》虽然隶属于红牛集团，但它并不是一个形象工程，职业的撰稿人在写作的时候可以不用受到任何限制，也从来不会被要求必须在文字中植入红牛广告，这本杂志所传达的就是一种健康的生活方式。

2011 年，红牛媒体工作室投资 200 万美元拍摄了单板滑雪大片《飞行的艺术》(TheArtofFlight)，这部电影集合了惊险华丽的单板动作，令人揪心的冒险历程，还有不可缺少的故事情节，让观众切实地与 TravisRice 等众多世界单板滑雪高手进行了近距离接触。然后红牛把它放在 iTunes 的体育、纪录片频道，以及所有付费电影网站中置顶一周。在 iTunes 上以单次 10 美元的价格提供有偿下载。最终这个影片荣登了 2011 年 iTunes 同类影片下载榜首。2012 年，这部影片还被制作成 3D 电影，在部分 AMC 影院里进行了限量播放。可见，红牛直接从付费中就赚取了成本花费。

一般而言，在媒体眼中，企业是广告主，是媒体最主要的收入来源；在企业眼中，媒体是广告和宣传推广渠道。但是，偏偏有那么一些企业，由于种种原因，自己直接涉足到了传媒行业中。自己直接跨界进入传媒行业，成为传媒行业中的特殊力量。

黄太吉是怎么卖煎饼的

煎饼果子加豆腐脑是北方人最常见的早餐搭配，被认为是最“接地气儿”的平民食物。一家名为“黄太吉”的小店通过新媒体应用，将这种传统食物做得“大牌范儿”十足，市场估值已经达到了 4000 万元人民币，成为 2013 年最著名的煎饼。在互联网行业浸淫多年的创始人赫畅，通过成功的个人社会化营销、品牌精准的服务定位、跨行业跨平台跨媒介的经营和低成本颠覆式的新媒体营销。写就了黄太吉的煎饼传奇。餐饮市场的巨大空间，是赫畅决定转型的重要原因。“移动互联网市场规模也就 200 多亿元，而中国一年的餐饮市场规模高达 7 万亿元”。新的营销模式给煎饼果子店打开了一条不同寻常的营销之路。当传统煎饼遇上社会化媒体，其互联网玩法给传统餐饮业带来了诸多思考。

20 平方米的店面面积，13 个座位的有限容量，煎饼果子能从早卖到晚，猪蹄限量发售，购买需提前预约，新浪微博粉丝量已超 90000，被称为“微博营销经典案例”。一年能实现 500 万元的流水，被风投估价 4000 万元人民币。这个煎饼的传奇是如何写就的？除了一流的口味之外，其社会化媒体营销功不可没。“黄太吉”几乎利用了所有社会化媒体平台营销，不止微博、大众点评，还有即时通信工具，如微信、陌陌。通过这些途径来订餐和推送促销信息，从而使营业额节节攀升。

从选址上看，黄太吉就注定不是一个传统的餐饮企业，看上去更像是一个“新物种”。在建外 SOHO 西区，虽然这里的房租比繁华热闹的东区便宜了五分之一，但自然人流则要少了一半以上。重要的快餐品牌几乎都不选择在西区开店，黄太吉却反其道而行之。他选址的标准很简单，不需要太大，能安排下 20 个座位即可；能做明厨，让消费者看见食物制作的过程；交通便利，易于送外卖。黄太吉选址上跳出了传统餐饮业的成本结构，不被高房租绑架，而且通过口口相传的口碑创造属于自己的客流和粉丝，让客户主动找来。消费者会主动去搜寻这些信息，然后决定他们的消费和行为。赫畅认为“黄太吉做的不是O2O（OnlineTo Offline），是C2B（Consumer To Business）。”

黄太吉的潜在客户是北京CBD附近无数知名公司的高密度的白领客户，他们深知上班族会天天为每顿饭吃什么而头疼，他们对食品的要求主要在于是否物美价廉、卫生放心，同时还要对这种食品有熟悉感，不能稀奇古怪。此外还要有些附加值，这就要求就餐环境舒适、品牌有格调。因此，他把“土气”的煎饼店包装出了时尚范儿：点餐模式类似星巴克，装潢风格类似港式餐厅，海报做成文艺风，还提供免费Wi-Fi。

2015年6月，黄太吉正式宣布“外卖服务平台”问世。黄太吉外卖“中央厨房”国贸CBD基地1号正式启动，可以接入第三方品牌标准化快餐产品，提供生产加包装加配送的一条龙服务。单一基地单日产能8000单，25000件单品……在北京未来3个月将启动10个产能基地，向单城市单日10万单进军。黄太吉的成功在于将传统行业的媒体化运营，那么让我们来看一下他是怎么做的。

一、个人社会化营销

“个人社会化营销指的是个人以社会化媒体为平台进行自身或作品的策划推广以扩大影响力或获得经济效益的营销活动。”其中，社会化媒体主要包括当今网络中的博客、微博、社交网络、视频网站、维基百科等以“人人均可参与”为特点的传播媒介。

2013年电影《泰囧》《致我们终将逝去的青春》《小时代》的成功得益于良好的社会化媒体营销策略。赫畅本人也是个善于借势的创业者。他看到了互联网社会化结构的趋势，借助新浪微博、消费者自身、名人效应之势，来传播黄太吉的品牌。他在经营黄太吉这个品牌的同时，也在经营自身的品牌。

二、“微时代”媒体运营

赫畅认为自己做煎饼果子就是将原来已存在的东西做好，做出它的本真，这也是一种创新。他把准了互联网时代人们餐饮消费的脉搏，找到了传统餐饮业的突破点。

黄太吉在“微时代”的突破之一，在于对粉丝的重视。很多人觉得黄太吉的品牌影响做得很不错，尤其是微博营销。当很多企业家认为微博的回复繁琐无甚作用时，赫畅却干了许多人不屑于干的活，他认为粉丝就是黄太吉的未来。在赫畅看来，微博根本不是0和1的问题，不是一个要做和不做的问题；而是1和2、1和3的问题，是怎么做的问题。一个在互联网时代的创业者，如果仍然忽视微博这个最重要的用户行为，“坦白说，你做什么都不成功的风险可能非常高，因为你忽视了最显而易见的品牌沟通现实”。

黄太吉在“微时代”的突破之二，在于其走心的服务。没有任何品牌是可以脱离产品和服务本身存在的。如果不是黄太吉的理念和产品，消费者不会有持续的热情。而黄太吉的服务理念也为人津津乐道，甚至成为媒体竞相报道的话题。如店内免费Wi-Fi、免费洗车、停车攻略、开奔驰送外卖……特色而贴心的服务是一般餐饮业的突破，这也为消费者提供了持续分享的理由。

三、跨界经营的优势

不少人将黄太吉与互联网思维捆绑在一起，原因在于其用户驱动产品和良好的用户体验。赫畅认为的互联网思维是“一切都是可以连接起来的”理念。

用互联网思维做餐饮。从行业归属看，黄太吉属于传统餐饮业。黄太吉通过对品牌的精心打造，形成了这样的品牌：“黄太吉=煎饼”，“黄太吉=互联网思维的煎饼店”。一时间得到了全世界的关注，尤其震惊了餐饮业，引无数人不远万里前来学习这种互联网餐饮模式。

四、颠覆式的媒体营销

2013 年，黄太吉与小米手机、平安银行、余额宝等一起被《台湾商业周刊》评选为“中国大陆年度最佳商业好点子”案例。黄太吉的成功不仅仅是其煎饼产品的成功，更是营销的成功。它的营销好到什么程度？很多人去黄太吉并不是为了吃煎饼，甚至不是为了吃饭，而是为了一种体验，一种文化，一种时尚，一种品位。更让人意外的是，黄太吉始终没花一分钱做广告。

黄太吉运用社会化媒体所具有的广泛的公开性、参与性，打破了口碑传播的时间、空间和关系界限，消费者可以随时随地地获得很多有相似体验的其他消费者对自身体验的描述。因此，几乎所有的社会化媒体形式都为黄太吉所用：微博、大众点评、微信、QQ、陌陌……特别是“微信”“陌陌”等即时通信工具，都可以用来订餐和推送促销信息，既利于品牌推广，又方便顾客订餐。

五、多种营销手段同时使用

1. 内容传播，制造分享理由

黄太吉深谙网络营销之道，善于利用微博“以小搏大”，善于寻找卖点，为社交网络制造分享的理由。除了口味纯正之外，黄太吉的卖点一是美女老板娘，二是开奔驰送煎饼。

2. 饥饿营销，就是要吊你胃口

在寸土寸金的北京 CBD，黄太吉的店铺小，座位少，而随着影响力的渐渐扩大，顾客越来越多，排队是必然现象。此外，每天限量供应的猪蹄等更是吊足了顾客的胃口。这种饥饿营销的效果是非常明显的，形成“越来越多的人知道黄太吉这个品牌→越来越多的人涌进黄太吉的门店→场面也显得越来越火爆→人们选择黄太吉的理由也越来越充分→更多的人知道黄太吉这个品牌”这样一个循环递进。

3. 差异化事件营销，细分顾客

消费者的兴趣爱好不同，关注的事情自然也就不同，黄太吉充分结合事件和节日进行差异化营销，细分顾客群体，充分抓住各方顾客的需求，同质化的产品做到了差异化的销售。

比如奥巴马竞选期间黑米豆浆和巧克力豆浆半价销售，六一致青春怀旧风，光棍节买一根油条送一根油条，甚至老爵爷弗格森退役也给身着曼联队服到店的顾客一套免费的煎饼。黄太吉的种种活动创意让顾客得到了美食以外的附加值——这种快乐和满足远远大于煎饼本身。社交媒体时代，社交是关键，参与体验是关键，去了以后吃什么反而不再那么重要！

不难发现，黄太吉的大部分营销方法是基于互联网或是在互联网平台发酵扩散的。黄太吉善于利用潜在客户常用的媒介（如微博、微信等）扩大品牌传播，也深谙潜在客户的心理和兴趣，善于吸引和引导。这才是黄太吉成功的密码所在。

从 papi 酱看“网红”

当今社会，粉丝经济无处不在。会“吐槽”、擅长搞笑也是生产力？没错。靠短视频“吐槽”在微博汇聚 800 多万粉丝人气的网络红人“papi 酱”近日获得了 1200 万元投资，投资方为罗辑思维、真格基金、光源资本和星图资本。2016 年 3 月 21 日，罗辑思维宣布与“papi 酱”联合拍卖广告，广告主可以在短视频中露脸，最终广告以 2200 万的高价收官。这次的广告拍卖被业内视为首例网红经济成功“变现”案例。

从 2015 年 9 月 29 日开通微信公众号至今，共发布 37 篇图文消息，其中有 9 篇阅读量 10W+的文章。2016 年 1 月 5 日发布的“上海话+英语又来了”截止目前已经在公众号上收获 43 万+阅读。微博上也有过万转评，4 万点赞。

除了公众账号与微博，papi 酱的短视频在优酷上也广受好评。papi 酱 2015 年共发布了 27 个短视频，累计总播放数达 2065.3 万，聚集了 10.3 万粉丝，评分更是高达 9.3 分。“papi 酱 2015 年度十大烂片最专业点评”不仅在公众号上收获了 10 万+阅读量，在优酷视频上播放量达 110 万之多。

现在做自媒体也好，做网红也罢，都已经开始明智地选择在多个平台发布内容。只要是好的内容，所到之处无不俘获一批粉丝，成为到处能见的“网红”。

从最初的秒拍，到优酷，再到 AB 站，豆瓣、知乎、再到现在的微博、微信，papi 酱都凭自己的原创内容吸引了不少粉丝，瞬间成为全民讨论关注的逗比女神。现在能全平台做内容的可能也数不出几个，papi 酱在新媒体领域的渠道布局也是亮点之一。

现在，多平台的内容分发趋势已经不可避免，对于内容创业者来说有更好的机会获得成功。今日头条、搜狐自媒体等多个平台都在大力扶持内容创业者。多个渠道的分发推荐，将会是未来很大的竞争力优势。那么作为网红如何运营自己的个人品牌呢？

在个人品牌时代到来的今天，个人品牌的建立和网红其实是两个层面的东西，甚至可以说，网红只是你个人品牌其中的一个属性或者渠道。用网红的渠道去打造自己的个人品牌，而后者则是在内容基础上增加了网红这一个渠道。就比如，很多人都在说的雷军和贾跃亭正在成为新的企业家网红，前提是他们即便之前不是网红，他们的身份、职位、财富等就已经形成了他们的个人品牌。

网红 IP（intellectual property 知识产权）化的运作，其实是一个由渠道打开内容的过程，跟大多数渠道商想要品牌化一样，是一个“逆向”的运作，其实并不会有想象中的那么容易。这一方面取决于你的内容究竟是什么，是否有足够好的潜力。如果你是一个靠打擦边球直播的网红，那么你的 IP 化就很难，而像 papi 酱这样，本身内容带有价值观属性的，则易于 IP 化；另一方面则取决于你是否有好的媒体平台去进行 IP 化，强化自身的品牌影响力。

对 papi 酱而言，通过网红这一身份，已经让她形成了一定的个人品牌，那么下一阶段则是，如果把个人品牌进行 IP 化——很显然，papi 酱目前的那些短视频的潜力远没有她个人 IP 化的潜力和空间更大，毕竟一个 3 分钟左右的视频很难有足够多承载 IP 化的内容。因此，虽然不清楚罗振宇当时以什么理由说服 papi 酱接受投资，但相信 IP 化运作一定是最大的筹码。

对于在电视和互联网行业厮混多年的罗振宇来说，他有足够的资源和平台去帮助 papi 酱进行 IP 化运作。现在网上流传的表情包相信还是 papi 酱无心插柳的 IP 内容，未来 papi 酱可以去参加电视录制、可以筹拍电影、可以推出基于个人品牌的延伸品，这些其实都是罗振宇所擅长的东西。

基本上可以这样下个结论，如果个人想要成为网红，有可能会成功。但是如果想把网红这一身份转移到个人品牌并且充分的进行 IP 化运作，单靠个人很难达到好的效果。或许你可以进行某部分的 IP 运作变现，但很难进行系统的 IP 化。如果你的网红身份没有足够的媒体平台去进行 IP 运作，那么你的个人品牌也就仅仅停留在网红阶段。

所以，未来基于公司或者平台的网红或许会成为主要的方式，它不仅可以给你足够的资源，同时可以让你权益变现最大化。更甚者，未来个人品牌也会成为企业进行招聘的一个主要的标准。

papi 酱广告拍卖事件之后，已经不知道有多少人有立志成为网红的想法。显然，如果说之前网红赚钱这个事还只属于大多数普通人概念里的东西，而这次的 2200 万则彻底的让网红概念落地，与之相伴的则是大量人开始涌入网红市场。

实际上，即使在 papi 酱以前，网络直播市场的火爆已经为网红形成了一个主要的渠道。像是游戏，或者是女主播这些，很多人已经吃到了直播的红利。

但是，这与 papi 酱利用微信公众号所形成网红不同，直播市场仅存在于一个相对封闭媒体空间和封闭的人群中——只有观看直播的人可以看到，大多数并没有通过直播这一渠道向公众号、微博导流。而 papi 酱的成功，则开始让这些直播的人意识到，原来可以有一个更大的可能。

“网络直播—>微信公众号—>个人品牌—>IP 运作—>社群运营”，我们已经隐约地看到了这一条完整的产业链成型。在产业链中的每一个环节都可以完成变现，只不过越往后变现的力度越大。通过“papi 酱”现象，可以看出“网红经济”已初具规模。

“papi 酱”的走红，指明了“网红经济”未来发展的几个趋势。

（1）短视频崛起，将在网红传播中发挥重要作用。短视频的地位将日益突出，脸书（Facebook）接连收购几家短视频公司，如今短视频广告已占到脸书广告一半。未来在中国国内也将迎来短视频的爆发。

（2）原创成为网红经济新势力。未来网红经济将日益细分化、差异化，类似“papi 酱”这样的优质原创内容将越来越多。

（3）网红将从个体团队转为公司化运营。网红本身具有很高的流量，但为了创造效益、扩大影响，网红将从个体到团队公司运营的方向发展，更多网红创作公司会出现。

（4）网红将推动热门 IP 变现。网红是热门 IP 的一部分，具有商业变现价值。自媒体网红是跨界的，其价值能够体现在网络经济的各个方面，因此受到不少投资人青睐。

UC 浏览器的新媒体计划

UC 浏览器全球用户超过 5 亿，日活跃用户突破 1 亿，是阿里巴巴旗下的核心产品。UC 头条是根植于 UC 浏览器的信息流个性化推荐产品，自 2015 年 7 月上线后，文章日曝光量已达 63 亿，日阅读次数 5.7 亿，单条文章最高阅读量达千万。

UC 头条现已全面启动自媒体开放平台战略。强大的品牌平台和庞大的阅读群体，让 UC 订阅号成为自媒体人的最佳选择。在这里，您的产品能最快地出现在用户的移动终端上；同时，基于阿里巴巴的大数据，您的订阅号及其内容将被推荐给更懂您的受众与粉丝，百万级别阅读量不再是遥不可及的梦想。

2016 年 4 月 28 日下午消息，阿里巴巴移动事业群在京召开战略发布会，正式宣布旗下 UC 浏览器将实现战略升级，成为千人千面的新媒体平台。

同时，阿里移动事业群总裁俞永福还宣布推出赋能媒体计划，推动内容提供商向内容服务商转变，让媒体像天猫品牌商家一样拥有自己的“内容店铺”，形成良性、可持续发展的媒体新生态。并发布阿里汇川移动广告平台，打通 UC 浏览器、神马搜索、PP 助手等多个阿里旗下移动平台，为广告主提供移动精准营销服务。

“未来五年，互联网产品必须从‘人找信息’到‘信息找人’升级”，俞永福指出，当下人与信息连接方式正在经历重构。互联网出现之前，信息很少，获取信息的途径少，用户要自己去找信息，是“人找信息”的模式；移动互联网出现之后，信息爆炸，理想的模式应该转变为“信息找人”。

从“人找信息”向“信息找人”升级，自己受启发最大的互联网产品是手机淘宝。传统 PC 上的淘宝网本质上就是电商门户，但手机屏幕空间小，还用中心化的流量分布方式，消费者信息过载，商户也有流量天花板。

“从‘人找信息’到‘信息找人’，信息服务与电商变革逻辑是一样的，UC 要像做淘宝、天猫一样做媒体平台！”UC 将沿着手机淘宝的变革路径升级 UC 浏览器，在供给侧主打“万能的 UC”，不断提升内容的丰富度和高质量，同时在消费侧发力，用阿里大数据优势进行个性化内容推荐。

目前 UC 浏览器全球月活跃用户数已经超过 4 亿，除了在中国市场稳居第一，在印度和印尼等新兴市场也已经拿下了超过 50%的市场份额。此外，移动应用分发平台 9Apps 在海外也初具规模，月活用户数超过 1.6 亿。

2015 年 8 月，UC 推出了基于浏览器的个性化信息流产品——UC 头条，并启用了全新品牌 Slogan“给的再多，不如懂我”。根据移动场景和浏览习惯，将精选后的信息和服务用更好的体验和方式传递给用户，初步实现千人千面。

随着移动互联网的普及，人们对信息的获取方式出现明显的变化，以微信、微博、UC 浏览器为代表新媒体平台崛起，随着它们的用户规模庞大起来，内容需求凸显，微信、微博、UC 就变成了内容服务的渠道，成为了一种泛媒体，也造就了一批自媒体浪潮。

今年 4 月，UC 正式推出了“赋能媒体计划”，推动内容提供商向内容服务商转变，让媒体像天猫品牌商家一样拥有自己的“内容店铺”，形成良性、可持续发展的媒体新生态。

在运营商 UC 就是要让内容创造者拥有自己的“内容店铺”，把自己的店铺作为自己长期经营的阵地，这样内容提供商的经营价值不是一次性的流量售卖，而是可以利用内容店铺沉淀自己的品牌价值。

同时，针对信息流产品普遍存在的同质化问题，UC 也给除了自己的解决方案：“既要做内容的淘宝，追求丰富度，又要做内容的天猫，追求专业和品质”。俞永福表示，不能仅仅以点击量来判断信息的价值，财经评论和段子手吐槽需要不同的推荐标准，也需要更多元化的价值变现手段，可以是打赏，也可以是社群电商。他指出，在媒体变现方式上，要实现“千人三面”——广告、增值服务、电商。而这三种方式，阿里 UC 都有自己的优势，广告上拥有阿里妈妈，电商则是阿里的业务大本营。

阿里移动方面称，UC 即将实施的“赋能媒体计划”包括精准流量、多元变现两个部分。在流量上，UC 利用阿里大数据将每天 60 亿次的曝光资源用精准算法结合人工运营进行智能推荐，把高契合度、高匹配度的用户推荐给媒体人，同时会强化版权管理，加大原创保护。在变现方式上，除了传统的内页广告和运营补贴，还将提供付费墙、众筹、打赏等多种形式，提升变现效率；此外支持外链，无缝对接电商及支付系统。

何小鹏还指出，UC 后续还会加紧建设数据参谋、社群运营等工具平台，让媒体更高效、便捷地经营自己的“内容店铺”，甚至推动用户参与媒体的内容创造。

目前，UC 表示已经与新浪、第一财经、网易、爱卡汽车、时尚集团达成内容合作，著名明星高晓松、黄磊，知名财经作家吴晓波也先后入驻。

俞永福表示“UC 有充分的耐心，我们计划用五年的时间完成媒体新生态的建立，实现内容、平台、用户三者的长期平衡和共赢。”现阶段 UC 除了用“信息找人、千人千面”

升级消费侧，以“赋能媒体、授人以渔”媒体变革，还必须提升平台自身的商业化能力，在移动营销领域有所建树，提升平台的供血能力。

阿里巴巴 COO 朱顺炎在 UC 发布会的演讲中指出，互联网营销受到了信息碎片化的极大冲击，一个单一的媒体无法完全覆盖商家和品牌想触达的用户群体。只有拥有强大的媒体矩阵，才可以覆盖更多的用户，并使这些用户在访问时间和深度上进一步增加。

而阿里巴巴已初步完成了营销媒体品传销矩阵的布局，既有优酷这样的品牌类媒体资源，又有包括 UC 浏览器、神马搜索、微博在内的传播类媒体，此外还有淘宝、天猫这一国内最大的电商媒体平台，能够直接为销售带来直接转化。品传销矩阵能为广告主带来维度更加丰富的投放媒体。广告主可以根据自己的诉求，找到最为优质的投放渠道。

第八章

企业危机公关中媒体扮演什么角色

企业危机事件的频繁发生，如何进行危机管理是危机来临时企业的首要任务。危机事件发生后，企业如何进行危机公关，以及媒体应用在危机公关中起到什么样的作用？当然，媒体是化解不良影响给企业或品牌带来的危机，是企业危机中的“救命稻草”。

媒体是危机公关中的救命稻草

在现代社会，企业同社会中个人、群体和组织的联系紧密和广泛，但由于企业与社会公众之间的不同动机，存有利益的差别与矛盾，因此在企业的经营过程中难免出现与社会公众间的纠纷与冲突。这些纠纷会影响企业的形象和在公众中的信任度。如何化解企业和公众的矛盾、平息冲突、获得社会公众的谅解，是公共关系危机管理要解决的问题。如 2007 年初发生美国兰捷航空的乘客滞留事件，随后出现的 LG 手机翻新机事件、娃哈哈饮用水事件、“三鹿奶粉”事件等。大众传媒在这些危机的传播和扩散过程中起着重要的作用，有时也是引导整个社会舆论的主要力量。

当企业遭遇危机时，如何及时与媒体进行沟通以避免更大损失，如何通过有效公关重塑企业形象，以及如何借助媒体的力量化解危机呢？这是每个企业都关心的问题。

我们已经步入多媒体时代。在这里一切都在不停变化，变成新的样子，然后一次又一次地对自己进行修正。在这个世界里，每一分钟都可以是截稿时间。你在芝加哥说句话，马上会在伦敦、新加坡被报道，或者通过互联网、电话、博客以及卫星电视新闻传播到世界各地。我们生活的世界高度开放、透明，我们就好像生活在显微镜下一样，可以说没有任何秘密可言。

在这个世界里，各种来源的五花八门的新闻不断地想尽办法去捕捉媒体的吸引力。在这个世界里，一个不知名的博客使用者都可以了解或捏造对企业不利的消息，然后还可以在网上传播出去，用不了一天就能毁掉一个企业。

我们所在的这个世界，新闻媒体在不断变化，今年和去年就不一样，明年变化可能会更大。在今天这个竞争激烈的社会，成功的新闻报道会把你定位成一位领袖人物，一位与众不同的人。关于你的企业的新闻报道不仅仅是自我膨胀的兴奋剂，还会树立你的声望和推广你们的品牌，这是提高公司知名度的最快捷的途径。媒体报道可以让那些从没听说过你的企业的人快速了解。媒体报道能够创造传奇，也能够让神话破灭，成功的媒体报道还能够拨乱反正。

但是对于很多想提升知名度的个人、公司或组织来说，如何成功地和媒体打交道就太难了。在过去的几十年中，人们已经意识到与媒体关系的价值在于这是一种有影响力的、品牌推广和市场营销的工具，媒体报道会让你达到预期目的。

各大公司在公关方面花费巨大，动辄就几百万、上千万元的广告费，希望利用媒体巨大的影响力在各自的市场赢得有利地位。想要提升影响力，媒体是非常有效的途径。但是，仍有很多公司会有上当受骗的感觉。

很多公司尽管有自己的公关部门，但是因为缺乏专业人士，他们往往会雇用公关公司来帮他们获得媒体报道。公关公司都是专业的，有很多媒体资源，有专业的团队负责媒体投放，这让客户感觉把专业的事情交给专业的人来做很放心。

但华盛顿一家独立公关公司酷瑞斯咨询公司的道格·普拉策认为，大部分公关公司的基本模式“残缺而陈旧”。普拉策认为今天的客户们需要的是价值和效果，但大部分公关公司不过是在出售时间，他称之为“过气的商品”。

道格·普拉策说，很明显这是供不对求，因为公关公司提供的服务顾客并不需要。他还认为，对于很多公关公司来说，按工作小时付账的模式是导致员工频繁跳槽和客户不断流失的罪魁祸首。酷瑞斯作为一家新公司，在公关领域发展很快，这部分是由于它拿到了一个几百万美元的大单子：在9·11事件发生后，它帮助沙特阿拉伯维护了其国家形象。

企业危机公关中媒体应该采取怎样的对应策略呢？通常我们都会谈到关于企业危机产生后的几点原则，即危机公关5S原则，其中包括：速度第一（Speed）；承担责任（shoulder the matter）；真诚沟通（Sincerity）；系统运行（ System）；权威证实（Standard）。也就是说在危机爆发后，要第一时间做出反应；做出的反应要从公众角度出发，而不是一味地推卸责任；企业应把自己所做、所想的，积极坦诚地与公众沟通，同时在避免一种危险时，不要忽视另一种危险；企业应尽力争取独立的专家或机构、权威的媒体及消费者代表的支持。除了这些原则之外，以下几点应是危机公关中企业在面对媒体的信息传播重要重视和切实做到的几点。

一、关注事态发展，重视“长尾”

网络和手机传播的迅速壮大是信息传递新形势。危机信息传播的规则正在发生变化——信息传播的权力、舆论的批评权力开始从机构向个人过渡，“长尾”效应发挥的作用正在逐步显著。网络媒体特别是门户网站之外的网络信息应该成为企业所要监控的重要对象之一。

二、及时回应，避免夸大

在信息更新巨大的今天，关注信息走向对企业的未来产生重要影响。很多苗头出现之后，企业要及时给予反应，预防其夸大、走样，乃至变质。

保持官方信息和流传信息的统一性。在有损企业利益的信息出现后，首先自检企业自身问题，再确定原因及时做出反应，避免更多的揣测性的报道泛滥。由于媒体报道有“猎奇”的特性，因此，很多“谣言”或者以讹传讹的消息会在不断的报道中产生出来，这时不免会有一些制造事端企图扩大影响或敌对势力的出现。此时，及时纠正正在流传的误导性消息，对于企业危机的顺利解决非常必要。

三、企业危机公关媒体反应要快

当企业危机扩散后，企业更应该用立即反应回答、重要版面刊登、黄金时间播出、权威人士发言等这些手段进行“危机公关”。

四、媒体有所作为，寻找突破口

化劣势为优势在实际的媒体公关开展中，寻找合适的时机对说服企业内部决策者赞同和短期内产生效果都有相当重要的意义。但事实证明，做一些较好的公关策划、公关活动和公关传播，不仅不会影响销售，而且会成为争取市场份额的机会。

五、善用媒体组合维护公司形象

“捷蓝的道歉”应该说是 2007 年危机公关的善用新媒体的经典案例。2007 年 2 月 14 日，灾难性的冰暴袭击了纽约市肯尼迪国际机场，造成多趟进出港航班延误，数百名乘客被困机舱。继旅客滞留机舱数小时事件之后，捷蓝航空又取消了 6 天之内的 1000 多趟航班。一系列的旅客滞留、飞机延误和航班取消事件同时暴露出了捷蓝在管理上的不足。这个时候公众对捷蓝的信誉和服务的不信任都达到了前所未有的状态。然而随后，“捷蓝”的危机公关让我们能够看到的是有诚意的、主动的、有想法的公关策划。捷蓝并没有以天气原因来为事件做解释，而是主动承担责任。CEO 尼尔曼做了两个大胆而有创意的举动——在 YouTube 上发布道歉视频、参加电视节目《大卫·莱特曼晚间报道》。尼尔曼在 Youtube 上发表的道歉视频已经有 28 万多人看过。如何在互联网时代进行危机公关，新老媒体的结合使用，起到了良好的效果。

企业危机公关中的媒体沟通

伴随经济社会的发展，媒体对经济利益的谋求日渐凸显。媒体开始运用多种手段开展组织经营，提升品牌，扩大影响力。

在今天这个世界，电子邮件、互联网、即时通信无处不在，企业认为对已经发生的事件进行保密是愚蠢的想法。文件、会议记录——任何东西，不管其机密级别如何——动动鼠标就可以传遍全城或全世界，或出现在博客上。这样的事情无时无刻不在发生。

此外，还有越来越多的博客致力于揭露公司及各类机构的机密。例如，MacRumors.com（其中的 Rum 意为“谣传”）这个博客，主要内容就是关于苹果这家因保密程度高而闻名的电脑公司的各种真真假假的交易流言。苹果公司因此引起消费者、华尔街，以及科技行业内的大胆猜测，有人把这叫做“保密控”。

MacRumors.com 吸引了大量粉丝，被列为互联网“最具价值的 25 个博客”之一，而且对于网站的创建者阿诺德·金博士来说，这个网站已成为他的摇钱树。实际上，这个网站的主要收入来源是横幅广告、产品销售佣金和谷歌广告。这使得金博士能够辞去全职的医生工作，转型成为在家上班的全职博客作者，而且一年的收入高达六位数。这个博客既受欢迎又赢利，这样一个成功故事催生了其他类似网站的诞生，当然这些网站关注的是别的公司或机构，因为不止苹果一家公司想保守秘密。

在战略沟通中，只要你一坐下来写东西，不管写的是新闻发布稿、还是战略计划或电子邮件，你必须时刻记住不管你写什么都有可能会被公开，甚至在不经意间就发生了，因为没有什么可以做到完全保密。任何一家公司想要隐瞒事实并操纵问题的话，最终受影响的是自己的可信度。

发生在华盛顿特区动物园的事件就是一个典型的例子。露西·斯佩尔曼博士任园长的华盛顿国家动物园死了将近二十只动物，其中包括一些稀有品种和濒临灭绝的品种，而且兽医的记录在事发后有些被调换了。有一次，一只很受欢迎的大象因为没有注射疫苗，在肺结核早期死掉了。还有一次两只很罕见的斑马死于低温症和营养不良。这些事件通过《华盛顿邮报》的一系列报道而公之于众。

《华盛顿邮报》是如何知道的呢？有人爆料。在占了整个头版的采访中，亨利·加文揭露了那些吓人的细节。《华盛顿邮报》进行进一步的调查，然后会形成一篇关于国家进口动物的报道，从而对该动物园获得完全认证造成威胁，进而威胁到园长露西·斯佩尔曼的工作。”

“露西·斯佩尔曼作为一名领导者的可信度可能会被削弱，可能会有呼声要求她辞职。”伟达公司在一个清单中声称。该清单罗列了如果出现更多对动物园的负面新闻报道可能会发生的后果。结果就是露西·斯佩尔曼从动物园的资金中挪用了50000美元给公关公司以挽救自己的形象，但是事与愿违，她的阴谋成了头版头条的新闻。她这样做所传递的信息就是，好的公关公司比采取负责的措施保证动物的安全福利更重要。动物园的员工们被她的行为激怒了，他们把机密文件交到记者手中。接下来的一系列报道把露西·斯佩尔曼描绘成了一个不称职的园长，伟达公司被认为关注她的名声超过关注动物园的名声。事情到这里还没有结束。这位园长的傲慢无知让《华盛顿邮报》的编辑在文章中这样写道：“如果动物们能讲话，我们会更了解国家动物园是如何养护和喂食它们的。至少20只动物因明显的忽视、错误诊断及其他严重失误而死亡，但兽医的记录不完整或被调换，这使得真相扑朔迷离……”

在有不寻常的事情发生时，每天都有新闻在透露给媒体。例如，对沃尔玛这个零售帝国的幕后的仅仅一瞥就让《纽约时报》刊登了一篇关于该公司的董事长李·斯科特在公司内部网站上的评论的报道。一位经理问这位董事长为什么“这家全球最大的公司不能提供某种医疗福利”，这时李·斯科特很明显是被激怒了，他指责这名经理对企业不忠诚，并建议其辞职。一群人把李·斯科特过去两年的发帖记录交给了《纽约时报》，之后他们之间的交流被公开化了。

任何事情都不能保密，这是绝对的。恶行越惊人，越容易被曝光。想想臭名昭著的尼克松水门事件。还有勇敢的丹尼尔·艾尔斯伯格，他把五角大楼的文件交给了《纽约时报》，从而揭露了被隐瞒的越战真相。那都是三十多年前的事情了，当时还没有电子邮件、博客、互联网及24小时不间断的新闻节目。所以在今天，保密虽非全无可能，但跟以前相比难多了。

当然了，在处理企业信用危机方面最有效的措施就是花些时间和发报道的记者搞好个人关系。媒体对你的信任无疑会有助于减少他们对爆料者的轻信。

在媒体都存有潜在敌意的这样一个环境中，最好和那些大牌记者保持密切关系。和媒体之间建立相互信任的工作关系可以扭转不利印象，纠正错误信息，缓解可能不利的报道，还可以为记者提供更好更准确的视角。

如果你面临着一些棘手的问题，而且也恰恰是媒体要问的问题，你可能会想大喊“无可奉告”，但你最好赶紧打住。这样说结果不会有什么区别，但是对于一位发言人而言，说“无可奉告”是不负责任的做法，这样往往会让事情更糟糕。

下面就介绍另外一种办法，可以处理可能会对公司不利的情况。

首先，如果某位记者给你打电话，记住没有法律规定你必须马上跟他交谈。如果你感觉自己没有做好准备或感觉被偷袭，那就花些时间来整理一下自己的想法，想想要说什么。跟对方解释你非常乐意跟他交谈，但是你正在忙。然后询问对方是否在赶稿子，和对方商定一个合适的时间范围给对方回电话，例如半个小时或一个小时以后。

其次，要求记者告诉你想谈哪方面的内容。千万不要问记者他们会问什么问题，问问大概范围即可。大部分记者会合作。然后你要和你们的公关人员及其他相关人员碰头，起草有实际内容的声明而不是“无可奉告”。在战略沟通领域，争取一些时间是非常有用的方法，因为这让你避免和记者谈话时的可能会是一个不愉快的话题，也有助于你集中注意力。

最后，一定要按约定及时和记者联系。如果你的公司面临的情况很不利，而且媒体可能会问到这方面的问题，那么最重要的是提前和媒体取得联系，拟定一个答复或声明，多么简短也没关系。你们可以这样答复：“因为现在我们还没有准备好正式的声明……”然后列上一两条与事件有关的简短但重要的信息。这样，就会给人留下积极反应、负责可靠的印象。无论是否愿意，都要表现出真诚的沟通意愿。积极的态度往往会传递出真实的信息，这可能是你具有建设意义的唯一选择。

自媒体时代企业危机公关的策略

博客、微博、微信、社交网站、即时通信工具等媒介迅速兴起，社会化“自媒体”时代来临。每一个人从传统媒体时代的“旁观者”转变成为现在的“媒体人”，每一个人都是信息资讯的传播者，都有属于自己的媒体，如微信、播客、微博等。

“自媒体”的多样化和便捷性，给企业危机公关带来了诸多不确定性因素，企业如果不及时正确地处理，任何再微小的危机事件都可能经过自媒体的放大效应造成重大的影响。要正确解决自媒体时代企业的危机公关，必须从源头抓起，把危机控制在萌芽状态，才能使企业在自媒体时代下的发展竞争中游刃有余，不惧挑战。

在人人都是媒体的时代下，对自媒体时代下的企业危机公关策略分析，是企业在激烈的社会竞争和舆论环境中需要面临和处理的重要问题，也成为诸多企业和个人面临和关注的问题。

一、在危机公关中，企业面临的首先是来自信息环境的挑战

信息环境的掌控能力对于危机公关的处理显得至关重要。与传统媒体时代相比，网络

时代企业的信息环境变得愈发复杂和多样性，所以，企业要及时掌握信息环境的变化来应对可能发生的危机。

二、自媒体时代的信息传播更具便捷性

在传统媒体时代，对于公众来说，报纸、电视、广播、杂志四大媒体的使用权主要集中在社会主流、精英人群手中。普通公众很难有机会直接接触和使用大众传播媒体公开表达自己的观点和看法，公众在信息传播的渠道、信息内容的自由度还是表现形式上都受到了很大的限制，自我的意见表达传播受到一定的限制。

在自媒体时代，传统媒体垄断的局面被打破，公众拥有了更多的传播渠道。以网络为平台的论坛、博客、即时通信、短信等新媒体迅速发展、普及。对于公众来说，这些新媒体易得性、易使用性、开放性、费用的低廉性、便捷性，给公众创造了一个个可供他们传递信息、交流意见的平台。

网络的发展为公众提供了更多的传播平台，也使得公众的信息得以更好的实现和传达，可以更加自由地选择信息传递的时间和平台。在传统媒体时代，由于媒体资源的本身特性、媒体技术内身发展的局限性、媒体使用的高昂成本等，在表现传播形式上也常常只能局限于采用文字、图片或者视频等某一形式，在表现的形式上略显单调。

而在网络自媒体时代，媒体技术的发展与媒体资源的丰裕，使得公众传播的手段和形式更加多样化，公众可以通过网络同时使用文字、图片、声音和影像等多种多样的表现形式，不再局限于某一单一的表现手法。例如，我们可以在某人的博客上同时看到对某件事情文字、图片、影像等多样化、多角度、多媒体地表现，极大地增强了传播效应。

三、企业媒体传播环境面临不可控性

在自媒体时代，危机事件一旦发生、甚至仅仅是呈现丝毫的征兆，信息都会在第一时间内在互联网上蔓延，这种速度往往抢先于传统的大众媒体。这种传播时间上的不可控性，对于企业来说就无法利用时间的延迟来化解危机的解决，任何的迟疑都有可能将企业置于困境之中。

而在自媒体时代，强大的信息搜索功能，特别是人肉搜索的力量，为公众提供了更为充裕的、多样化的信息来源。此外，公众还可以从网络上获得各种内容充裕的信息数据库，则进一步丰富了他们的信息来源；同时，网络传播具有一定的匿名性、虚拟性，我们常常不清楚传播者究竟是谁，究竟来自于哪里，使得这种信息的来源具有极大的不可控性。而在自媒体时代，网络传播环境的特点使得大量的信息留存于网络上，很难被删除。信息具有更长久的保存性，各类信息可以随时进行搜索查阅，极易进行复制传播。当危机来临时，此前各类不良信息的点滴积累对于企业来说无疑是一颗烈性炸弹。

四、企业媒介传播面临信息不对称

对于组织来说，网络媒体的危机公关面临的是一种新的信息不对称。传统媒体时代，

公众面临的是信息缺乏的不对称，组织利用自身的优势故意隐瞒或掩盖信息，带来组织与公众间在相关信息上的不对称，从而解决相关危机。在自媒体时代，信息的不对称则是指信息过剩而带来的不对称，从而给组织对于危机公关的解决带来极大的难度与挑战：企业想努力地发出有利于自身的信息，公众却不断地接收到各种不利于企业的信息。企业面临着自身信息无法有效到达公众的不对称。具体表现在，自媒体时代，公众有时很难及时得到有效信息，容易出现由于信息过剩而引发的信息处理难度的增加，从而导致对信息的怀疑，进而加大危机公关的难度。

五、互动性是网络自媒体的一大特性

网络自媒体时代，传统单向的线性传播方式被网络媒体的双向、甚至多向的传播方式所代替，信息的传播具有很强的交互性。网民与网站之间、网民与网民之间都可以通过论坛、博客，借助网络电话等工具即时沟通、实现互动。公众可以对各种新闻稿件、视频资料等及时发表评论、展开讨论。可以说网络媒体给大家一个充分的互动交流的机会，实现了媒体与网民的互动。这种互动既包括个人间的信息交流互动，也包括组织与个人间、群体与群体间、一对多、多对多等的互动。公众的话语传播可以不受时间和空间的限制，可以随时随地传播到世界各地，通过网络，实现无疆化、跨区域化乃至全球化的传播。

六、自媒体时代企业公关面临着严峻挑战

自媒体与传统的传播方式不同，每个人在自媒体上都是多种身份，有多种位置，比如说我们每一个参与者，他首先是一个信息发布者，又是信息传播者，同时又是话题创建者，也是活动策划者，每一个参与自媒体的人，实际上是多种角色，多种形象在媒体上出现。

社会化媒体改变了以往传统媒体一对多的传播方式为多对多的“对话”。由于发布者的不可知性，任何一个人都可以是危机发生的触发器，任何一个细节都可能是危机的诱发因素。我们也许能控制某一个媒体，但我们无法控制每一个人。正是因为门槛低的原因，给危机的潜入提供了机会。

自媒体时代，我们也面临一个很大的挑战，那就是信息没有价值，注意力才有价值。而这个挑战的残酷性在于：好消息通常不能吸引注意力，而能够吸引注意力的往往是坏消息。

“微博或论坛曝光——网民关注——传统媒体报道——网络转载——网民议论放大——更多媒体关注——更多社会关注——事件升级，掀起高潮”，这种令人恐怖的裂变效应，往往使企业措手不及。自媒体的“扩音器”作用明显。

自媒体传播具有垃圾累积效应。负面信息一经发布就会被不断谈论、转载，甚至被丑化。有的“自媒体”过分追求新闻发布速度或者说为了追求点击率而忽略了新闻的真实性，这就导致了“自媒体”所传播的信息的可信度低。而微博的传播机制，也让很多人在无意中当了谣言的“二传手”。

自媒体时代成为“围观时代”，当企业被无数人围观的时候，即使你做了一百件好事，

也抵不过一件错事带来的伤害和中伤。任何一个微小的疏忽或者细节的失败，都可能导致严重的后果，前功尽弃，甚至万劫不复。有人说：爬到山顶需要花 10 年的时间，而掉到山谷只需要 10 秒钟。在社会化媒体时代，尤其如此。

七、自媒体时代企业危机公关的应对策略

“自媒体时代”信息的传播源十分分散。微博、BBS、博客、SNS、QQ 群等都有可能传播负面信息。在不能有效干预和屏蔽疏导的情形下，面对危机，任何愤怒、隐瞒、掩盖，都于事无补，几乎所有的危机处理失败的案例，都存在着态度上的偏差。此时企业最明智的办法是，面对事实，正视事实，认真对待，敢于公开真相。在这样一个信息碎片化的时代，企业危机公关面临着重大的挑战，有众多需要规避和注意的方面，正确看待自媒体，及时发现危机根苗，将其扼杀在萌芽状态，才能游刃有余。

八、“预防是解决危机的最好方法”

这是英国危机管理专家迈克尔·里杰斯特的名言。未雨绸缪，超前预防潜在的危机本身就是最好的公关。对于企业而言，预防危机的难度在于危机的先兆可能很细小，非常容易被忽略，也可能出现的频率很高，以致麻痹了决策者的神经，还可能从先兆出现到危机爆发的时间极短，企业无暇顾及。

在发达的媒体环境中，任何再微小的危机事件都可能经过媒体的放大效应酿成大漩涡，最终导致品牌的美誉度及公众信任被摧毁。因此企业进行危机公关的关键是要重视媒体沟通策略，进行正确的舆论引导，从实现公众信任重建。

要抢占社会化媒体阵地，需要建立危机的防火墙。首先要建立危机公关体系，从危机的预防、处理到从危机中恢复，都应有体系、流程和制度为保证；其次，确保在第一时间发现危机源头，了解危机动向，对热点进行识别，通过分类、聚类分析，判断其倾向和趋势；第三，主动、系统、全面地进行传播，积极承担社会责任，潜移默化地树立正面形象。因此，通过坦诚而行之有效的行为来约束自己，无论是在传统媒体还是在自媒体时代下，才能够更好地获得良好的社会效应和舆论传播。

突发应变与公众抚慰

整版广告上这样写着：“百事可乐公司很高兴地宣布……一切正常。”1993 年 6 月，百事可乐公司在美国各大报纸上刊登的这则广告，将该公司为期一周的谣言控制活动推向高潮。这场危机始于 1993 年 6 月 10 日。这一天，华盛顿州的一对夫妇声称在一听无糖百事可乐里发现了注射器。第二天，附近某城市的一位妇女在一听百事可乐里发现了注射器的针头。短短几天时间里，从纽约州到路易斯安那州，各地都有百事可乐里发现针头的消息。接连不断的消息及美国食品和药品管理局发布的警告，成了全美各大媒体的头条新闻，在黄全时间播出的晚间电视新闻对此事也非常关注。

第一天，百事可乐公司并没有对此进行公开回应，几日后才有所动作。由公司首席执行官克雷格·韦泽厄普带领的危机管理团队着手在公司内部调查此事，首先调查的就是位于西雅图的灌装工厂。不到两天时间，百事可乐公司就发布了关于灌装过程的内部报告，在危机时期，公司一直向员工披露这些信息。

随着各方批评的加剧以及同类案件的增加，百事可乐公司依然坚持自己的立场。尽管有评论家不断催促该公司召回所有产品，公司仍然坚持他们的灌装技术绝对安全可靠。公司向消费者保证，“我们有 99%的把握，确信任何人都不可能打开饮料罐，然后再完好无损地重新封装好。”此外，因为“那两起事件并没有对当事人和大众的健康造成任何损害”，公司促请它的灌装厂商和总经理不要将饮料从商店货架上撤掉。

随后，百事可乐公司对灌装厂商和总经理发布了一份“消费者咨询内部说明书”，介绍了对之前几起指控事件的初步调查结果：

（1）之前发现的注射器是糖尿病注射胰岛素专用。我们的生产车间从来没有这些东西。

（2）所有百事可乐罐都采用了新包装，从来没有重复利用或重新加灌。生产过程中有两道外观检查程序：第一道是在加注饮料之前，第二道是瓶罐在加注生产线过程中。然后这些瓶罐才会被封盖。

百事可乐的有力推断基于以下两点：首先，以灌装生产线的速度和安全程度基本上不可能有任何外来物体进入未开启过的饮料罐的情况；第二，之前消费者发现的物体不是在工厂内被放进罐里的。

接下来的一段时间里，在美国从路易斯安那到纽约，从密苏苏里到俄亥俄州，从费城到南加利福尼亚，全国很多地方都出现了同类百事可乐饮料污染情况的报道。雪上加霜的是，百事可乐还陷入了一场从未经历过的媒体风暴：

“一个陷于惊恐的公司正在为自己的名誉而战” ——《纽约邮报》

“FDA 告诫无糖百事饮料消费者” ——美联社

“无糖百事饮料消费者被警告小心垃圾” ——《今日美国》

“无糖百事没有任何召回计划” ——《纽约时报》

一时间，百事饮料污染事件的报道占据了所有全国性媒体，并连续三天成为晚间新闻和网络早间节目的主角。全国各地的地方新闻则将他们的镜头对准当地的百事灌装厂。公司总裁和 6 人公关小组一天要回答处理近百个质询请求。公司陷入一场注射器污染的噩梦之中。

百事可乐公司随即开始了猛烈的媒体宣传战，四条视频新闻通稿在全国各地的电视台播放，包括灌装过程、第一次拘捕谎报者的行动，以及一家便利店的监视摄像头拍下来的一名妇女正往一听已打开的无糖百事可乐罐中塞注射器的画面。这些视频新闻通稿在超过 300 家电视台播放，收看的观众超过 3.65 亿。

韦泽厄普和公司的一位安全专家在各家电视台的晚间新闻节目和脱口秀中出镜，反复强调灌装过程的安全性，以及公司在危机中坚持信息公开的决心。美国国家公共广播电台记录了韦泽厄普的话：“我们必须把知道的一切信息公之于众，不仅要告知美国食品和药品管理局，还要告诉所有的美国大众，让他们知道我们显然是异常严肃地对待这件事的。”在调查过程中，百事可乐公司与美国食品和药品管理局及其他政府部门通力合作。

事实上，韦泽厄普与美国食品和药品管理局局长大卫·A·凯斯勒一起出现在了美国广播公司的《夜线》栏目中。在这档节目里，美国食品和药品管理局表示百事可乐公司没有召回产品的必要。

1993 年 6 月 17 日，这场危机宣告结束。美国食品和药品管理局决定对谎报者展开调查，最终有 20 多名嫌疑人被捕。而百事可乐公司的反击还远未结束。公司通过广告宣传了 7 月的打折促销活动——“感谢美国”，整个夏季百事可乐的销量大幅上扬。百事可乐公司巧妙利用视频新闻通稿，在危机传播中表现优异，不仅没有把小事故变成全国性灾难，反而化危机为商机，从而获得了 1994 年度美国公共关系协会的“银钻奖”。

企业直面媒体，不推卸责任

“联合碳化物”是美国著名的化学公司，且在世界化学公司中名列前茅。1984 年 12 月，该公司发生了震惊世界的博帕尔事件，不仅印度人民遭受了巨大灾难，公司形象也蒙上了一层浓重的阴影。

1984 年 12 月 3 日凌晨，公司所属印度博帕尔农药厂一个装有 45 吨液态剧毒气体的储气罐压力急剧上升，当时无人值班，没人发现压力越来越大。剧毒农药终于冲破阀门泄漏出来，顷刻间化为浓重的烟雾，飘散在人口稠密的博帕尔郊区。短短几天夺走了 2800 人的生命，使 52 万余人受到不同程度的伤害，其中 10 多万人终生残疾。

企业在发生公关危机时反应速度要比救火的速度更快些，因为这比大火烧毁企业的厂房更危险，危机吞噬的是企业品牌的信誉。速度是危机公关中的第一原则。堤坝出现一条裂缝，立即修补很简单，假如速度缓慢，几十分钟就可能发生溃坝。当企业发生危机时就像堤坝上的一条裂缝一样，立即上前修补可以避免许多损失。但是因为看似很小的问题，没有引起重视或缺乏危机处理经验等，从而错过了最佳处理时机，结果就会导致事件不断扩大与蔓延。

当位于美国康涅狄格州的公司总部得到灾难消息时，采取了如下行动：

（1）立即向全世界各地的分公司发出指令，停止该种气体的生产和运输；

（2）危机当天就在康涅狄格的一家饭店举行了新闻发布会，那天的会议大厅里挤满了记者，到会的记者们提出了许许多多的问题，但是联合碳化物公司能够告诉记者们的就是公司正向印度方面提供帮助，如送去医疗设备和防毒面具，派出医务人员等。最后公司宣布它正派去一个技术专家小组检查工作的情况并调查事故的原因。当时的情况非常紧急，记者们都要求尽快报道这起事件。

（3）派出一个由 1 名医生、4 名技术人员组成的小组赴印度调查事故原因。

（4）第二天，公司董事长沃伦安德森冒着被逮捕的危险飞到了印度博帕尔做第一手调查。到 12 月 7 日那天，总共有超过两千的当地居民死亡，另有两万多人因中毒得病。

（5）董事长沃伦安德森在被印度官员释放后对媒体说道：我现在最关心的是那些受灾难影响的人们。这句话立刻引起了大家的共鸣。在他的声明中没有提到他被印度政府逮捕的事。

新闻媒介的记者、环境组织的代表、政治家、毒气专家都介入了这场灾难。有关博帕尔事故的报道在几小时里就出现在报纸的头版，成了头条新闻。电视广播也在主要的新闻节目中对事故进行专门报道。

不少记者在新闻稿里开始猜测有关事故的原因，工厂安全系统的设计情况，致命化学品在人口密集地区进行生产的问题，可能出现的大规模索赔以及公司应该承担的责任，等等。虽然这些猜测得不到确认，但它们还是成了报纸上的头条新闻。整整一个多月，这一事件成为新闻报道的热点。联合碳化物公司为此付出了巨大代价。

综观整个危机事件的特点是：（1）问题突然出现，无任何征兆；（2）以前未出现过；（3）处理不及时，意味着收益的下降，失去一个关键的机会；（4）会产生较大的负面影响；（5）不可预测；（6）舆论关注性较大。

当危机降临企业时，企业必须做出迅速的反应来挽回损失。一般而言，“主动出击是最好的防御”这一原则总是适用的。能够迅速采取行动、果断承担责任的企业能起到力挽狂澜、化干戈为玉帛的神奇作用；而拙劣的危机处理方式则可能会加剧事态恶化，使企业在公众心目中的形象一落千丈，最终会给企业造成无法估量的损失。因此，危机管理的关键是捕捉先机，在危机危害组织前对其进行控制。危机应对之道，应是从产品生命周期的初始开始，全过程防患于未然。熟悉危机处理正反两方面的经验和教训，将有助于企业组织的生存和发展。

充分利用媒体传播正能量

美国约翰逊联营公司具有100多年的历史，由于在“泰诺”中毒事件中成功地处理了危机，在企业危机管理史上谱写了光彩夺目的一页，还获得了美国公关协会授予的最高奖银钻奖。

“泰诺”是美国约翰逊联营公司生产的治疗头痛的止痛胶囊商标。这是一种家庭用药，在美国销路很广，每年销售额达4.5亿美元，占约翰逊公司总利润的15%。

“泰诺”中毒事件是这样发生的：1982年9月29日至30日，有消息报道，芝加哥地区有人因服用“泰诺”止痛胶囊而死于氰中毒，开始报道是死亡3人，后增至7人。随着新闻媒介的传播，传说在美国各地有25人因氰中毒死亡或致病。后来，这一数字增至2000人（实际死亡人数为7人）。这些消息的传播引起约1亿服用“泰诺”胶囊的消费者的极大恐慌，一时舆论哗然，医院、药店纷纷把它扫地出门。民意测验表明，94%的服药者表示今后不再服用此药。约翰逊公司面临一场生死存亡的巨大危机。

实际上，对回收的800万粒胶囊所做的实验，只发现芝加哥地区的一批胶囊中有75粒受氰化物的污染（事后查明是人为破坏）。但面对这一严峻局势，约翰逊公司依然采取了以下决策：

（1）成立了由公司董事长伯克为首的七人委员会，会员中有一名负责公关的副总经理。危机初期，委员会每天开两次会，对处理“泰诺”事件进行讨论决策。

（2）经过调查，虽然只有极少量药（75粒胶囊）受到污染，但公司决策人毅然决定在全国范围内立即收回全部“泰诺”止痛胶囊（在五天内完成），价值近1亿美元。同时，公司还花费50万美元通知医生、医院、经销商停止使用和销售。这一决策表明约翰逊公司坚守了自己的信条：“公众和顾客的利益第一”，不惜做出重大牺牲以示对消费者健康的关切和高度责任感。这一决策立即受到舆论的广泛赞扬，《华尔街周刊》赞称：“约翰逊公司为了不使任何人再遇危险，宁可自己承担巨大的损失。”

（3）与新闻媒介密切合作，以坦诚的态度对待新闻媒介，迅速地传播各种真实消息，无论是好消息，还是坏消息。

（4）敞开公司大门，积极配合美国公众和医药管理局的调查，在五天时间内对全国收回的胶囊进行抽检，并向公众公布检查结果。

由于约翰逊公司在“泰诺”事件发生后果敢地采取了一系列正确的决策，赢得了公众和舆论的支持，使公司信誉的损失减少到最低程度。

“泰诺”事件发生后，美国政府和芝加哥地方当局发布了新的药品包装规定。约翰逊公司抓住这一良机，进行了重返市场的公关策划，并为“泰诺”止痛药设计了防污染的新式包装，重将产品推向市场。为此，在世界著名公共关系公司博雅公关公司策划下，1982年11月11日，约翰逊公司举行了大规模通过卫星转播的记者招待会。会议由公司董事长伯克亲自主持，他感谢新闻界公正地对待“泰诺”事件，介绍该公司率先实施“药品安全包装新规定”，推出“泰诺”止痛胶囊防污染新包装，并现场播放了新包装药品生产过程录像。这次招待会发布的“泰诺”胶囊重返市场的消息传遍全国，美国各电视网、地方电视台、电台和报刊广泛报道，轰动一时。在一年的时间内，“泰诺”止痛药又占据了大部分的市场，恢复了其事件前在市场上的领先地位，约翰逊公司及其产品重新赢得了公众的信任。

危机公关一定要及时

随着社会的不断发展，公众对话语权的诉求越来越强烈。当危机发生时，所有危机受众都有权利参与到与之切身利益相关的决策活动。危机公关的目的不应该是转移受众的视线，而是应该告诉受众真相，使他们能够参与到危机管理的工作中来，表现出积极合作的态度。

2013年的3·15晚会上苹果公司榜上有名，紧接着就爆出了“大概8点20分发”事件。纷涌而至的怀疑和评论让苹果公司始料不及。从而使得3·15事件对苹果公司的影响在无形中逐渐扩大了。随后，苹果公司CEO库克的致歉公告中提及3月18日苹果公司给中国所有的授权服务提供商下发了新的培训材料，说明苹果公司对中国市场的消费者也是非常看中的。

苹果公司直至4月1日才发布致歉公告，虽然不是很及时地做出反应，但是给了市场和消费者沉淀的时间。再大的问题在新媒体时代都是经不起时间的考验的，慢慢地人们的注意力会被其他事情所吸引。苹果此时再出来致歉，虽然晚了半拍，但是比事情刚刚发生大家群情激奋时要稳妥一些。

接下来他们做了什么？推广！致歉公告里面明确讲明 iphone4 和 4S 的保修变更，却并未提及 iphone5，这难保不会促使新一波的 iphone4 购买潮。

企业的最佳危机公关时间确实是 24 小时，在最佳公关时间里采取措施降低影响才是最重要的。降低危机所造成的影响，立即着手实施内部措施，同时展开危机事件调查，利用新媒体的特殊和人性来降低致歉后的负面影响，为销量下降的产品做新一轮推广……

2013 年 3 月 15 号在央视、人民日报等多家媒体的集中连续报道之下，苹果 CEO 开始出面发表道歉信，并承诺改善 iPhone 4/4S 的售后政策并加大监管力度，至此苹果售后服务问题才终于告一段落。

致尊敬的中国消费者：

在过去的两周里，我们收到了许多关于 Apple 在中国维修和保修政策的反馈。我们不仅对这些意见进行了深刻的反思，与相关部门一起仔细研究了"三包"规定，还审视了我们维修政策的沟通方式，并梳理了我们对 Apple 授权服务提供商的管理规范。我们意识到，由于在此过程中对外沟通不足而导致外界认为 Apple 态度傲慢，不在意或不重视消费者的反馈。对于由此给消费者带来的任何顾虑或误会，我们表示诚挚的歉意。

为了进一步提高服务水平，我们正在实施以下四项重大调整：

- 改进 iPhone 4 和 iPhone 4S 维修政策
- 在 Apple 官方网站上提供简洁清晰的维修和保修政策说明
- 加大力度监督和培训 Apple 授权服务提供商
- 确保消费者能够便捷地联系 Apple 以反馈服务的相关问题

同时我们也意识到，关于在华运营和沟通还有许多需要我们学习的地方。在此，我们向大家保证，Apple 对于中国的承诺和热情与其他国家别无二致。为消费者带来最佳用户体验及满意的服务是我们的理想，更是我们的承诺，它已深深植根于 Apple 的公司文化之中。我们会不懈努力，以实现这一目标。

正如苹果公司所说的那样，苹果致力于生产世界一流的产品和提供无与伦比的体验。的确，苹果凭借良好的产品和体验，赢得了全世界大多数消费者的喜欢，以至于很多时候把苹果不好的地方掩盖掉了。正因为如此，苹果公司在对待自己产品的时候，几乎从一开始就充满了信心，对于产品出现的问题也基本上随着时间慢慢被冲淡了。或许苹果习惯了这样的处理方式，所以一开始的时候就并没有把媒体的曝光看成是多么严重的事情。

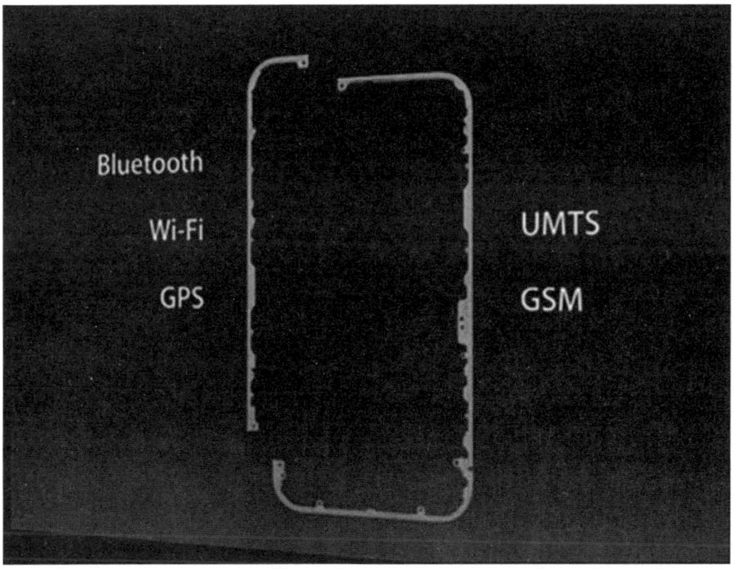

iPhone 4 作为苹果公司过去最成功的产品，曾经出现过“天线门”事件，当时在整个业界也引起了巨大的反应，但是面对如此严重的问题，苹果公司当时的态度是可以免费提供手机套。苹果天线门的出现，不少人认为这会影响到苹果手机的声誉和销量，但是随着时间的推移，苹果 iPhone 天线门的问题也不了了之，甚至改进天线后的 iPhone 4S 同样是一机难求。

当然，不仅仅是苹果 iPhone 4 出现过比较严重的产品缺陷问题，发布的 iPhone 5 也同样存在机身掉漆和过薄的机身导致机身易折断的现象。不过面对这两个问题，苹果都没有做出非常积极的回应。最后这些看似不大不小的问题也都被消费者接受了，也并没有影响到苹果手机的销量和在消费者心目中的追捧程度。

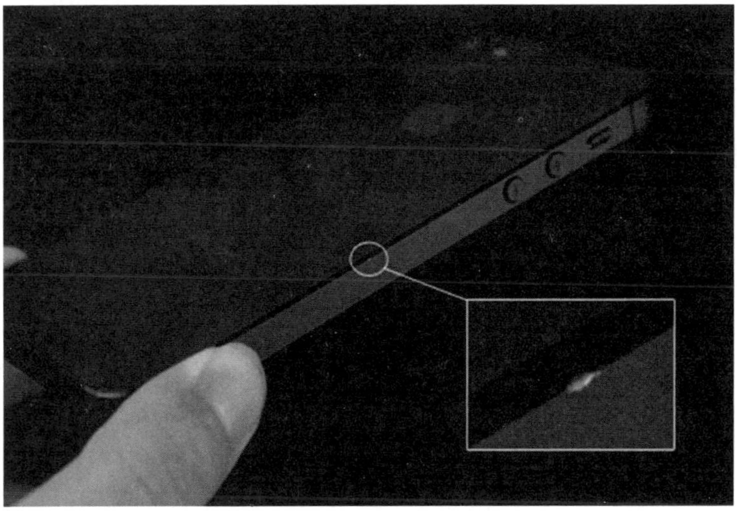

无论是 iPhone 4 还是 iPhone 5 每一次产品出现问题，苹果几乎都是以不变应万变的方

式应对。但是就中国市场来看，之前的种种危机大多在专业媒体中有报道，面对的受众也以关注数码产品的专业用户占多数，普通的消费者或许并不一定都能了解。而这次曝光苹果的媒体是作为中国国家电视台的央视，其受众人群之广、影响力之大是其他媒体所不能比拟的，而习惯以不变应万变的苹果，在这次危机面前显然显示出他们成熟的公关经验。

这次央视曝光苹果公司售后存在的问题，所以对于苹果公司中国办事处的人来说这次也许并不算是很严重的危机，这一点从苹果公司第二次作出的回应可以看出，苹果公司认为他们的政策完全符合中国法律法规，于是苹果公司也就更加理所当然没有把这件事放在心上。

苹果公司美国总部以及苹果公司 CEO 到底知不知道他们产品出现问题呢，为什么一直没有看到苹果总部对这件事情的回应，这是大家都在想的问题。作为一家跨国企业，苹果中国办事处不可能没有在第一时间把这件事上报给美国总部。面对这次危机，苹果公司中国办事处发表了声明。显然，没有实质性解决方法的声明显然不够。

最终，苹果公司 CEO 库克出面来发表道歉信，这种冲击和影响力对于中国消费者的影响是不容小视的。这一点可以看出这次危机和苹果本身内部的机制也有很大的关系。

中国是全球最大的智能手机市场，也是苹果公司在美国之外的第二大市场，库克频繁访华看出了其对于中国市场的重视。但是如果不在一些细节上公平对待，以及在危机公关能力上提升，对于苹果在中国市场的发展是很不利的。

当然，处理危机的时间是有限制的，不是一味推拖就能解决的。1997 年 5 月，我给当时还处于风光的秦池酒提供了处理危机的方案，但一直没有行动。直到 1998 年 12 月，厂里一位领导到武汉找到了我，问："谭老师，后悔没有按你的方案处理，现在还有什么妙招吗？""唉"，我无可奈何摇了摇头："一个癌症晚期的病人，神医能救活吗？"。

传统媒体和新媒体结合迅速扭转局面

当一家公司深陷一系列负面新闻当中时，它该如何权衡以下三者对监管者的责任。对消费者和员工的忠诚，以及对股东的回报？公司在通报负面事件时，又有哪些道德选择？

国际汽车制造商丰田公司就面临过这样的抉择：2007 年到 2010 年，丰田生产的最畅销车型被曝光存在安全隐患，当时丰田的国际销量如日中天，达到历史新高。

《华尔街日报》曾详细介绍了 2007 年至 2010 年间与汽车加速器有关的召回事件。2007 年 3 月，美国国家公路交通安全管理局开始着手调查当年发生的五宗和雷克萨斯 ES350 油门踏板有关的投诉案件。在这五宗案件中，似乎是踏板导致了汽车的突然加速。

一辆 2007 年生产的凯美瑞轿车发生了致命事故，美国国家公路交通安全管理局提醒丰田公司，应该召回全天候脚垫，理由是脚垫使得驾驶者无法正常操控油门踏板。2007 年 9 月 26 日，丰田公司宣布召回全天候脚垫。然而，事情还没有结束。两年后的 2009 年 9 月，一名加利福尼亚州的公路巡逻员驾驶着雷克萨斯 ES350 汽车，发生了惨烈的事故。当时车上还载有他的妻子、女儿和内弟，四人无一生还。事故的原因正是汽车多次加速到每小时 100 英里时，速度过快的汽车失去控制，发生碰撞。2009 年 9 月 25 日，美国国家公路交通安全管理局提醒丰田应当为加速器问题做出更多的解决工作。10 月 5 日，因为脚垫可能会影响油门踏板操控，丰田召回了近 400 万辆轿车。

2010 年 1 月，丰田发现踏板设计可能存在缺陷，并将这一情况向美国国家公路交通安全管理局汇报，同时敦请管理局快速行动。1 月 16 日，丰田宣布再召回 230 万辆汽车。美国国家公路交通安全管理局要求丰田停止销售可能存在缺陷的汽车。丰田公司遵守了这一要求，召回汽车的数量又增加了 110 万辆。不久，管理局认定丰田至少在 2007 年 9 月 29 日就已经知道踏板存在问题，并通知了欧洲的分销商，但是对美国分公司隐瞒了这一情况，导致问题踏板继续在车上安装。尽管美国消费者已经就此问题进行投诉，丰田公司依然没有向美国国家公路交通安全管理局或消费者通报这一隐患。经过调查，管理局对丰田公司处以 1640 万美元的罚款。这可能是史上数额最大的罚单，5 月，丰田缴纳了这笔罚款。在美国，许多针对丰田的起诉接踵而至。

但是，丰田汽车的安全问题还在继续。2010 年 4 月，丰田召回了 2010 年生产的雷克萨斯 GX460，因为《消费者报告》杂志曝光了这一车型的稳定控制系统存在问题。1 个月后，丰田宣布将召回 2010 年生产的雷克萨斯 LS 系列汽车，因为其转向控制系统存在问题，亟须修缮。

很明显，对于公开产品问题的时机，丰田公司内部也有过争论。根据美联社的报道，负责公司环境和公共事务的副总裁伊夫・米勒曾经告诉负责公司信息传输的执行协调员，公司应该先将产品问题公之于众，过几天再宣布召回的决定。美联社还披露了米勒所写的一封邮件："我们保持沉默不是在保护消费者，根本就没时间再隐瞒下去了。"

对于丰田召回事件，传统媒体的报道连篇累牍。在社交媒体上，关于召回事件的讨论和帖子也是铺天盖地，而且大部分都是负面消息。2010 年 2 月 6 日，丰田公司的主席丰田章男终于在名古屋的新闻发布会上现身，为产品的安全问题向公众致歉。安全问题影响了公司的股价，他还就股价下跌向公司股东道歉。2 月 24 日，他出席了美国国会众议院监管和政府改革委员会的听证会，在事先准备好的陈词中，他说："我们所追求的发展速度，超过了我们员工和企业当前能承受的极限，这一点我们必须牢记在心。由于我们片面追求发展速度，而导致召回事件中出现的种种安全问题，对此我追悔莫及。对于驾驶丰田车而发生事故的司机们，我也感到深深的歉疚。"

丰田把问题单纯归咎于汽车加速系统，招致了一些批评，丰田也很快对此作出回应。美国广播公司在 2 月 22 日的新闻节目中播出了一则布莱恩·罗斯报道的调查性新闻。丰田指责该报道中出现的丰田车上的流速仪画面是嫁接的。美国广播公司随后也承认，新闻中出现的读数很高的流速仪是从另一辆车上拍下来的，两车情况完全不同，在剪辑时把这个读数高的流速仪的画面插了进去。丰田在一份新闻通稿中表示，美国广播公司的做法是在误导大众。

不仅如此，丰田还试图对肖恩・凯恩和大卫・吉尔伯特的批评进行回击。肖恩・凯恩是一名安全顾问，大卫・吉尔伯特是南伊利诺伊大学汽车技术系的教授，他们在 2 月众议院能源和商业委员会的听证会上作证。

凯恩请吉尔伯特做一个实验，试图证明丰田车的加速器问题可能导致车内电力系统问题，而不是踏板卡住的问题。丰田公司向委员会汇报，指出丰田已经聘请了专业从事测试的毅博公司来调查此事。毅博公司出具了一份 56 页的报告来为丰田辩护，丰田也在官网上播放了毅博公司的视频信息。但是，《纽约时报》报道称，毅博公司其实在此之前就受雇于丰田的法务部门，负责研究公司面对法律诉讼时保护公司的最佳对策。2000 年到 2009 年，毅博公司向丰田收取的咨询费用有 1100 万美元之多。

丰田公司还聘请了 RLM 公关公司作为顾问，并委托该公司进行一项民意测验——“凯恩与吉尔伯特揭露的事实是否可信”。随后，众议院能源和商业委员会要求查阅所有与民意测验相关的文件，因为委员会怀疑该测验意在恐吓两位证人。

丰田也在处理新增的消费者投诉。根据《洛杉矶时报》的报道，丰田公司与“快速市场分析与研究团队”进行合作，共同调查、解决消费者的投诉。一位普瑞斯的驾驶者向丰田投诉突然加速问题，“快速市场分析与研究团队”把媒体邀请到圣迭戈的高通体育场，见证这款汽车并无问题。在纽约，该团队也用这种方式回击了对普瑞斯汽车的质疑。但是，在另一桩凯美瑞汽车投诉中，消费者获得了胜利：该消费者的凯美瑞汽车被召回后，本应完成的修理工作却没有完成。

一系列召回事件迫使丰田公司的诸多车型停止销售，丰田公司急于重新拉拢消费者。一场全美范围的宣传活动出现在平面媒体和电视上，该活动意在告知那些拥有丰田座驾的车主该如何行动以修缮汽车。2010 年 1 月 31 日，丰田在全美各种媒体发布广告，宣布召回的各车型已暂停销售。2010 年 2 月 5 日，丰田又在各大报纸上刊登整版广告，随后还在油门踏板出现问题后进行了系列宣传：“目前，人们对召回事件议论纷纷，这是我们向消费者坦陈的事实。”广告解释了丰田公司针对加速器卡死和油门踏板投诉的“四步解决方案”：1. 向出现问题的八款车的 450 万车主发送信件，请他们与经销商安排时间见面；2. 延长经销点的营业时间，加快修理速度；3. 向经销点的工作人员提供维修指导和培训；4. 停止生产被召回的车型。

丰田还利用新媒体与用户交流。2010 年 2 月 9 日，丰田汽车公司美国区销售总监吉姆·林茨参与了一场网络访谈，并回答了 10 个问题。这 10 个问题是由 Digg 新闻挖掘网站的用户在提交的 1400 个问题当中投票选出的。五天之内，这场线上访谈就吸引了超过 100 万次的点击。

TweetMeme 是一项针对 Twitter 的加强型服务，它运营着“对话丰田”服务，向用户提供丰田官方及与此事件有关的其他 Twitter 账号订阅，并提供新闻报道的链接。丹尼斯·莫里塞是丰田汽车公司美国区销售部社交媒体团队的成员之一，他解释了设立“对话丰田”的初衷——“既是倾听消费者声音的平台，也为对丰田车感兴趣的消费者提供对话的空间”。丰田还利用 Facebook、Twitter 和 YouTube 账号与客户沟通。在公司网站的首页上，还设置了召回专题网站的链接。

2010 年 3 月，丰田宣布建立“全球质量优先委员会”，促进公司在安全方面的沟通。还提供了多款车型的“0 首付”购买活动，同时也降低了其他车型的租赁费用，消费者对此反还应热烈。之后，销售额上升了 20%，回到了召回问题车型前的正常水平。

第九章

学会与媒体打交道

当今时代，随着知识经济的不断推进，促使信息化社会建设得到较快发展。舆论形式、舆论格局发生了巨大的变化。媒体的种类和形式也越来越多，人们获取信息的渠道也越发及时化、便捷化、多样化和国际化。面对纷繁复杂的社会现象，迫切需要我们以敏锐的眼光，快捷的思路与各种媒体打交道。

企业如何与媒体交朋友

媒体通常的概念是指电视、电台、报刊、杂志，现在又扩展到互联网，我们必须通过这些媒体打造宣传平台。

媒体跟其他行业一样有自己的工作方式和实实在在的需求。只要企业公关人员能够按照媒体的工作方式来满足媒体的需求，相信媒体公关不是什么难事儿。那么企业公关人员与媒体打交道过程中应当注意哪些要点呢？具体如下。

一、深入了解媒体人

及早跟媒体人交朋友，不要“临时抱佛脚”。事实上，这跟你与普通人交朋友没有任何区别。但说到底，再先进的方法也抵不过“真诚”二字。和任何人交朋友之前，你都愿意先了解这个人的历史和过去，和媒体人交朋友也不例外。在接触媒体记者之前，除了了解他们的履历和背景，还可以提前研读他们发表的文章和专访，翻看每一篇的反应和评论，同时了解他们最感兴趣的话题。在正式接洽的时候，你如果能对记者的作品如数家珍，并准确地说出他们所关注的领域是哪些，对什么类型的话题最为擅长——即便遇上再高冷的记者，也会被你满满的诚意所打动。

二、情感为先

无论是媒体对你进行正面宣传，还是来找“麻烦”的，都一定要积极配合，有礼有节，善待他们。以平等的身份，友好的态度，有理有据地反映情况。对记者的要求，凡是合理的都要尽可能地积极配合，越是好的记者越要给他一些可以讲故事的空间。即使你没有得到授权或不便当时讲出来，可以讲“暂时还不清楚”“正在了解之中”，并表示出积极配合的姿态，而不能生硬地说“无可奉告”，也不能简单地加以肯定或否定，更不能以某种理由强硬封口。

三、媒体差异对待

就是大家要区别地对待媒体。不要把新华社、《人民日报》《经济日报》等主流媒体和商业性报刊一样对待。主流媒体大部分都是弘扬主旋律，是从正面进行报道的，即使报道一些问题，也会事先和企业沟通，不会在背后下黑手。因此，对主流媒体的记者，一定要当作好朋友一样加以敬重，积极配合。但是对待商业性报刊的记者，你就要慎重了，这些记者可以讲，既不是你的敌人，也不是你的朋友，他是你的挑战者，监督者。因此，在工作中要根据他们各自的特点来确定你反映内容的多少和反映情况的深浅度。

四、选对合适的媒体

这一步要求公关人员非常清楚哪些媒体关注哪些领域。举一个非常极端的例子，如果你的产品是一个人工智能大数据的，传递的信息也是一些前沿技术，那么这篇稿子给到娱乐新闻媒体绝对会石沉大海。但是，如果你把大数据做成娱乐事件的展现就有可能被编辑采纳，比如用大数据的方式预测一下中国好声音的冠军是谁……总之，要非常清楚你需要什么样的媒体关注。

五、受访前做好充足准备

向媒体反映情况不是一般的聊天，而是要事先设计好一个流程。首先要做好心理上的准备。特别是出现问题的时候，一定不能慌张。其次要做好内容上的准备，不能靠好口才“临场发挥”，一定要提前做好充分的预案，把所有的利益关联方考虑清楚，详细列出哪些话应该讲、如何讲，重要的内容要写成文字；最后要做好形象上的准备，不能毫不讲究地就出来迎接媒体和记者，那样人家会感到你对对方很不尊重；另外，在接受采访或新闻发布前，要尽可能地收集了解一些记者的相关情况。这样可以使你的准备更加具有针对性。

六、及时沟通

对本单位出现的一些非常明显的突发事件，千万不能进行遮掩，一定要及时进行沟通，不要把媒体当成对立面。别以为告诉媒体了，就把事情捅出去了。因为企业站位不一样，负责的层面也不一样，所以考虑问题的角度也不一样，只有及时拿出相对有力的处置方案，比如：对某个事件是主动曝光讲清事实，还是请主流媒体为企业说话等；只有相互配合、协同作战、才能牢牢控制住舆论的主导权，才能杜绝各种谣传和歪曲性报道的出现。

七、首先发声

对一些事实，或有必要对外公布的事件，一定要先发制人。先一步把信息传播出去十分重要。出现突发事件后，一般都会有一段信息的真空。在这个真空的时候，谁先发布信息，谁就占领了信息的制高点。

八、简洁原则

俗语讲，言多必失，一句话讲清楚的事儿，一定不要讲很多。在面对记者发言之前，一定要在脑子里头有一把尺子、划一个界限。什么话是你可以说的，什么话是你不可以说的。另外，回答记者的每一次提问都不要超过一分钟。言多必失，讲 100 句话，99 句都是对的，有一句是错的，可能媒体最后用的就是那一句错的。因此，新闻发布一定要以简为主。

九、诚实原则

就是要确保发布信息的真实性。无论是接受记者的采访，还是以新闻发言人的身份回答记者的提问，需要把握的一条重要原则就是要诚实，要实话实说。为什么呢？因为如果你不诚实，就会给自己埋下定时炸弹，很可能你还没有走出新闻发布厅，定时炸弹就爆了。因为只要说了谎，那个谎随时可能会被人揭穿。

十、维护长期关系

当你开始为媒体提供价值之后，接下来就是与他们保持长期稳定的关系——定期拜访、举办媒体答谢活动、逢年过节送些礼物是比较标准的做法；私下里朋友圈点赞评论、组饭局等。总之，要让你的名字频繁出现在对方的生活工作中。这样你就能很好的和媒体保持亲密的关系。

如何与专业媒体打交道

大多数企业都会想着借助媒体曝光，尤其是专业媒体，专业媒体对企业品牌的推广和企业发展起着非常大的作用。那么企业如何与专业媒体打交道呢？

一、要清楚自己的目的

在联系媒体之前，有一件事你一定要考虑清楚，即你想借助哪一类媒体来宣传，以及个人的真实目的。因为这才是一个重要企业所能拥有的特权。事实证明，没有目标，成就一番事业只能沦为笑谈（这几乎是商界的金科玉律）。同样，对待媒体，如果盲目地选择媒体、盲目地接受报道，公司发展也不会有多大的起色。当然，如果你没有明确的商业目标，那么显然时间也不会得到充分利用。

因而，做公关要带有一定的目的。Socialcam 是一家视频生活网站的衍生物。于是，当他们打算拉赞助的时候，就会下意识地找一些科技媒体来曝光，让更多的投资人了解到他们是时下热门的社交应用。

Exec 是一款针对本地清洁服务的应用，而企业的目标是让当地的居民了解并使用它。这种情况下，选择全国性的媒体显然是不明智的，因为99%的人不会去用。所以选择地方有影响力的专业媒体是比较明智的。

二、媒体喜欢有“故事”的企业

在寻找到合适的媒体前，你要先准备好公司的“故事”。什么才算一个“有血有肉”

的故事？故事有很多种类型，但以下方面常常提到。

首先值得一提的是融资。不论何种原因，媒体都喜欢报道融资方面的情况，即使它毫无趣味性。所以假使融到 1 个亿的起步资金，你可以多报道一些相关内容。

其次，里程碑式的进步也是评判指标，比如日营业额达到 1000 万元。此外，商业故事，特别是发生在成功企业身上的，财经类报刊都愿意报道。所以一开始，你无需担心这些。

举个例子，几年前，一家美国企业把美金冻在冰块里面倒在 PayPal 总部门口，因为 PayPal 冻结了很多开发者的账号。这件事被广泛报道，因为这太有趣了，而实际上，整个故事压根儿就跟 PayPal 无关。

还有，有关产业概况或个人观点的建设性的文章，或者是科技博客，也会得到媒体的青睐，因为这些能吸引到读者的眼球。

基本上，上述情况都可以构成一个故事。当你想成立一家创业公司或者当你创立一家创业公司时，你认为自己做的每件事都很有趣，但其他人可能并不这么想。你真正应该考虑的是，如果我不是这家公司的创始人，自己会阅读这个故事吗？所以在花时间推销故事之前，你需要后退一步，多想想，“人们真的想阅读吗？”要始终牢记，记者和媒体人真正想挖掘的是那些能吸引读者眼球的故事。

另外，值得注意的一点是，你的故事不一定非要原创，有原创因素就够了。你肯定不愿意讲自己是第二个融到 1 个亿的，因为第一个人会抢走所有的目光。总之，你要找到一个独特的角度来阐述整个故事，使其变得更加有阅读性。

三、如何找媒体报道你的故事

创造商业故事是需要技巧的，如果你想要获得媒体报道，也可以遵循以下几个小步骤。首先，要把媒体看作一个销售窗口。企业公关部可以和很多媒体人士联系，但并不是所有媒体都看好你的故事，所以如果有记者没有报道你的故事，也不要沮丧。其实，你要考虑的第一件事是想出一个故事，接着再与想报道你的故事的媒体接触。如果有中间人的话，这个过程会更简单，就像谈生意一样。当然，最好还是面对面交流。如果你给媒体一个好的故事，那么就要留出足够的时间让他们撰写故事，就要提前一周或者更长时间通知他们，因为他们不可能就为了一家企业的报道而放下近期所有的事情。很多企业公关部的人会对媒体讲，“你好，我明天要发布这款产品。你能过来报道一下吗？”这种要求不大可能会实现，除非你有后台。所以最好留有前置时间，提前预约。

那么，一旦你设定好新闻发布日期，产品也要趁热打铁，争取在两周内上市。你有了人为的介绍，安排好见面会，希望记者能在你身上多花时间，因为成本效应会起作用。大体上，他们在你身上花下的时间成本越大，也就越重视你，越有可能报道你的故事。最好的办法是来一场面对面交流会。

下一步是以要点的形式写出整个故事，并且记住内容。当你与媒体记者交流时，不要被他牵着鼻子走。按照自己先前拟好的提纲进行。之后他们再根据这些要点撰写故事。所以基本上，自己写的内容会转化为一个耐人寻味的故事。

四、曝光率高也不是一件好事

有时，公关活动是个好策略，可以帮助你赢得曝光率，但是它算不上一个吸引客户的根本性策略，只能起到辅助性作用，而企业也不能总是去曝光。最终，人们会对关于你公司的报道感到厌烦。而新闻的关键性就在于自身的新颖性，这很难做到，除非你是像谷歌这样的大公司，每周都能曝光。

五、与媒体成为朋友

企业的公关人员要与熟知媒体人常常会会面，联络一下感情，这就是所谓的商业关系。一次采访结束后，你要继续与媒体人员保持良好的联系，因为未来他们可能会再帮你撰稿。你也很可能会为他人伸出第二次援助之手。所以，尽力与几个记者建立良好关系，以便应对突发新闻的尴尬局面。另外，一旦出现负面报道，熟识的媒体朋友还能为你提供正名的发声渠道，尽快解决公关危机。

如何与权威媒体打交道

什么是权威媒体？党报、党刊、党网、电视台、通信社、质量报刊等。如新华社、人民日报、中央电视台、经济日报、光明日报、农民日报、中国新闻社、各省市党报、中国质量报、电视台、新闻网、人民网、中国网等，属于权威媒体。

在这个信息大爆炸的时代，媒体已融入我们生活的方方面面。作为企业，与媒体打交道也成了在企业经营过程中不可避免的事情。尤其是一些在业内做的比较出色的企业，都会成为各路媒体争相追逐的“目标”。

无论你的企业是大是小，且记住一句话：新闻报道是性价比最高的品牌宣传方式。任何一家企业，如果忽视了媒体的巨大作用，忽视社会舆论环境的变化，迟早会付出高昂的代价。很多企业、尤其是创业型的企业，往往觉得企业正处于高速发展阶段，哪里还有时间和财力去找一个专门对接媒介的人，这笔费用能省则省。其实不然，无论媒体环境发生怎样的变化，企业始终要清醒地意识到，媒体再怎么变化，是永远不会消失的。即便是自媒体充斥的互联网时代，也依然需要权威的主流媒体来传递新闻。不要以为有了自媒体，所有的报纸杂志等都会死掉，这是错误的认识。正确的作法如下。

一、了解权威媒体的价值

首先企业要认识到权威媒体真正的价值。媒体的价值不在于发广告，而是在于能够传递大众需要的信息。因此，企业应从媒体的关注点出发，首先是要提供媒体感兴趣的信息，才会争取到对企业或产品的报道。成功的媒体报道应该是企业、媒体、大众等三方共赢的局面。所以要赢得媒体报道，首先要从媒体的角度出发，寻找企业自身的闪光点，看是否能够引起媒体的关注。很多企业最常犯的错误就是过于关注自己的产品，而缺少对媒体的认识。从企业自身的报道需求出发，即使获得报道，也引不起太多关注。

二、与权威媒体良性互动

一般来说，媒体的报道形式有新闻报道、记者专访、行业专题等。如果企业想要获得更多的媒体关注，获得持续的报道，与媒体的良性互动必不可少。无论是企业的高管、还是企业的市场公关人员，都应与媒体人员建立良好的合作关系。如果企业内有文笔不错且有想法的员工，可以鼓励其多挖掘行业新闻，为媒体写写专栏什么的，恰当的在其中提下自家的产品，也不失为一种宣传的方式。而企业营销人员也需要与媒体记者保持良好的关注，将市场一线情报及时反馈给媒体记者，给媒体当个通信员，适当地爆爆料，与媒体形成长期稳定、互惠共赢的局面。

三、不要去揣摩媒体的动机

现在很多企业对媒体的认识其实存在很大的误区，尤其是当接到新闻记者（正规媒体）的采访电话时，往往对他们的动机想当然地妄加定论：认为记者的采访是为了给媒体带来商业利益。这种错误的认识在当下的环境下很常见。

四、不要让公关公司代替企业

现在，很多企业往往把企业的所有和媒体相关的业务都交给公关公司来做，觉得这样做是省时省事省心的做法，其实未必。如果你的企业不是一家非常成功的公司，在行业内没有非常高的知名度，那么不要一直让公关公司直接和媒体打交道，尤其面对权威媒体。公关公司毕竟没有你对企业的了解透彻。而且有些报道，公关公司是站在公关的角度来做，而并非是从新闻传播的角度来报道，所以在传播效果上会有很大的差异。活动策划可以交给公关公司，但是新闻传播，权威媒体的新闻媒体记者更专业。

五、让媒体主动报道

企业寻找自身闪亮点，让媒体主动报道。无可否认一般的媒体是喜欢比较知名的大公司，大公司具备品牌知名度，报道容易引起关注，而作为小公司没什么知名度，通常难以引起媒体关注。所以企业想要获得权威报道尤其困难。不过也并非不可能，这就需要从自身出发寻找闪亮点。具体的闪亮点可以从以下几个方向去找：一是创始人身份背景，如行业知名人士，可以直接打创始人的这张牌。二是跟实时热点的结合。在寻求报道的过程中，刚好行业出现了某个热点事件，如果能够巧妙地结合进去，也会获得不错的曝光机会。三是和行业大牌拉关系。在产品的所属行业中是否有大牌企业，如果有，可以和其拉上关系也会获得不错的曝光率。四是向媒体提供新发明、新成果、新观念、创新管理等。

学会利用软文传播

软文，这个词在学术界尚没有确切的定义，百科上的定义为：“软文是由企业的市场策划人员或广告公司的文案人员来负责撰写的‘文字广告’”。梁文认为软文是指通过特定的概念诉求、通过理论联系实际的方式，利用心里冲击来使消费者理解企业设定的概念，从而达到宣传效果的营销模式。他认为软文是一种文字广告。软文作为一种服务于营销的文体形式，主要包含着三个基本要素：(1)创作的主体一般为公司或者产品宣传人员；(2)创作的作品能够在某一个内容点吸引读者，如通过一则真实的事实新闻吸引读者，或者通过一个有视觉冲击力的标题吸引读者……；（3）有一定的宣传目的。

软文相对于一般的广告文章，突出在“软”，通过潜移默化的作用影响读者，达到宣传企业或者某种产品的目的，一篇优秀的软文，读者阅读时很难发现是广告。阅读结束之后，文章所提的产品已然植入读者心中。图书《就想开间小小的咖啡馆》，书中讲述了作者的一个梦想，当读者看完了这本书，其实已经完全了解了“参差咖啡”的产品和服务特点，作者无形之中宣传了“参差咖啡”。随着读者阅读喜好的变化，软文通过各种渠道被广泛应用到宣传中，如论坛、博客、微信上，文章的形式也变得多种多样，从早期的新闻事实、故事性软文到现在的微小说、购物体会、经验分享等。

软文的概念从形式的角度可以分为狭义和广义的定义。

狭义上是指广告发展初期，通过付费的方式，企业在报纸、杂志等媒体刊登宣传企业的或产品的文字广告。如报纸上经常出现的针对某种产品的感谢信，召开产品发布会的新闻等。

广义上是指通过专业的策划或者某种宣传目的，付费至报纸、杂志、网络等各种宣传媒体，刊登文章，以达到宣传企业或某种产品的目的。渠道多种多样，包括当前盛行的博客、微信等自媒体，形式上也包含新闻报道、案例分析、购买心得等。

一、软文的重要性

随着自媒体的发展，软文在宣传中发挥的作用显得愈发重要。在企业的宣传策划上，软文是必须考虑应用的必要手段，如在房地产行业中，新房上市前，用新闻性软文宣传楼盘价格低，之后在各大博客和论坛分享房客的看房和购房经历，介绍楼盘的配套和服务等。软文对企业如此重要，主要体现在以下几个方面。

1. 广告成本相对较低

广告费用是企业的一大笔开支。消费时代，一个企业要想使自己的产品成为名牌产品，就必须在广告宣传上有巨大投入。如前些年的王老吉每年在广告宣传上的费用支出是一亿元人民币，在 2016 年竞价购买央视《新闻联播》前 10 秒广告位费用高达 9650 万，硬广告的巨大投入带来了巨大的销量。电视广告、网络广告这些广告效果迅速有效，但费用较高，而且收入与产出比面临着很多不定因素影响，风险较大。相比之下，软文有很大的优势，一篇原创的软文费用低，而且一篇优秀的软文能够免费得到转载，产生极大的宣传效果，在消费者心目中产生良好的口碑效应。

2. 能够有效提高产品知名度

信息爆炸时代，一个产品信息很难在消费者心中留下印象，通过软文的深度阐释和介绍，能够让消费者理解企业或者产品信息，口口相传，能有效提升企业或者产品知名度。网络宣传中有两个重要的元素：链接和关键词，一篇软文正好体现了这些。由此可以提高产品的曝光率，能够有效地将读者引流到企业或者产品界面，增加了网络的流量，促成了产品销售。

3. 企业宣传的必备手段

互联网通信技术的发达，自媒体的迅速发展，使软文的重要性越来越突出。一篇优秀的软文能够在一夜之间成就一个产品，为企业带来巨大收益。每一个企业都非常重视软文这一宣传方式，通过在各种渠道发布一些软文，提升企业知名度，增加企业和产品的曝光度，让消费者认识和熟悉产品。

二、如何写好软文

怎样才能写好软文，以及写软文的一些技巧。软文的写作不仅要让客户学到一些东西，还要让客户进入到你的软文里面，跟着你的文章走。只有这样，你的软文才发挥它的价值。

1. 标题选择

如果软文适用于网站的推广，不管是引导用户、还是网站品牌的推广都需要考虑用户的定位。因为在这个行业永远是初级用户看文章的比较多。所以我们在设置标题的时候一定要抓住初级用户，标题一定要是基础的内容，若涉及到高深的技术，初级用户很难懂，自然也不会去点击了。怎么去设置呢？标题一定要懂得选择关键词，通常在标题里面一个用户关注的关键词能给你带来一大批用户。如：“排名第一、算法、收录、小白、新手、技巧、快速”等这些词容易受到初级用户的关注。所以我们在写作软文的时候尽量包括这一些关键词进去，你也可以进行数据分析，去观察那些比较火的帖子，当然一定要分清楚是楼主自己顶的、还是大家顶的。

2. 文章条理清晰

文章条理一定要清晰。一篇好几百字的文章如果没有分点讲述，用户很难耐着性子去看完，更加不用说会去评论。所以写文章的时候一定要分第一点、第二点、第三点，并且文章的小标题最好使用加粗表识，这样用户就非常清楚一篇文章到底讲了哪几个点，也不会看完一篇文章还不知道说的是什么意思了。一篇文章的内容不要太长，1500 个字就非常好了，如果达到3000个字以上，用户很难认真地看完，并且论坛或者文章板块的收藏用户很少去使用，所以文章就很难达到最终的效果。

3. 提出观点吸引用户

提出观点很重要，你要让用户明白你今天说的是什么。很多人都会很郁闷，什么样的一篇软文能让用户产生兴趣看下去呢？除了标题就是文章的第一段内容。更为重要的是你今天说的跟用户有什么关系，如果跟用户没有关系，那么用户凭什么要看你的呢？又怎样吸引住用户？

三、软文的传播要素

著名的传播学家拉斯韦尔提出了著名的传播过程“五要素”构成理论，即“5W”模式，软文作为传播过程中的内容要素，要达到很好的传播效果，就必须考虑传播发生时的传播者、对象、渠道、以及希望达到的效果，从而形成传播的内容，即软文内容。一般情况下，主要从以下这个几方面打造软文的内容。

1. 一个有吸引力的标题

标题是文章的眼睛，一个好的标题能够第一时间抓住读者，一篇有内容的文章，也少不了一个好的标题。如以“利”吸引读者的标题，《小站长年收入10万不是梦——我的奋斗历程》（网址培训软文标题），《注册XX网址会员，即送100元现金券》（xx网上商城的软文标题）；还有以“新”馋人的标题，《我市惊现“日光盘”》（楼盘促销软文标题），《终于，多功能车开始用安全阐释豪华》（途朗轿车软文标题），《苹果AIR创、新、薄（世上最薄的笔记本电脑）》（苹果软文标题）；还有以“情”动人的标题等等。

2. 内容有真情实感

软文靠一个好的标题吸引了读者，能够留住读者的关键还是内容，正如“标题党”能够通过标题吸引读者，给一个网址或者产品带来瞬时关注量，但不能打动读者，留住她们。新闻性的软文能够讲述好一个真实的事实性故事，一个经验分享型软文，讲述的是创作者真实的感受，让阅读者能够被细节打动，受到无声无息的影响，避免文字广告的灌输式宣传，不能起到宣传作用，反而引起读者反感，不能达到预期效果。

3. 深入分析目标客户

广告需要一定的夸张，但过度的夸张则不行，过度的夸张会让消费者觉得虚假，产生厌恶的情绪。软文所产生的宣传效果是消费者对作者阐述的事实有了信任之后，因此，软文创作前就必须充分考虑自己的顾客的特征，如年龄特征、购买行为和心理特点，写出的文字能够吸引她们，从而将产品信息隐藏在稳重，影响到他们的决策和购买行为。如通过微信渠道发布的软文，一定要考虑读者，谁会阅读，谁会分享，他们会了解到什么内容，从而最大程度吸引客户，使自己的目标客户乐于主动分享。

下面是一篇宣传脑白金的软文，你是否读完才发现它是则广告，是否了解到了一些知识性的内容，它与一般的文章有什么区别呢？

不睡觉，人只能活五天

医学工作者都知道：

不吃饭，人可以活20天，

不喝水，人可以活7天，

不睡觉，人可以活5天。

可见，睡觉比吃饭、喝水更重要，睡眠有障碍的人往往面色灰黄，智力及记忆力下降，精神萎靡，抵抗力差、衰老过速等。有关文献显示：睡眠障碍者每天的衰老速度是正常人的2.5—3倍。美国圣地牙哥退伍军人医院的实验报告：一天的睡眠不足，就可导致第二天的免疫力下降，其中78%的人呈大幅度下会降。

许多人有一个误区：失眠伤人，但睡得不沉、易惊醒、醒得过早等浅睡眠现象对人体伤害不大。医学论文指出：浅睡眠对衰老、智力、免疫力的危害与失眠造成的危害几乎相当。

为什么会出现睡眠障碍？原来是大脑的中枢神经出现了故障。以前解决的办法是用药物对中枢神经进行麻醉，该药物就是安眠药。近年人类找到了更好更安全的办法，就是求助于中枢神经的“顶头上司”、大脑的“总司令”——脑白金体。脑白金体位于大脑正中心，是人体的主宰者，掌管衰老，为人体的生命时钟。脑白金体通过分泌的脑白金物质控制着人体各系统，随年龄的增长，其分泌量日渐下降。如果每天饮用脑白金，脑白金体的指挥能力大大增强，从而解决人体各系统出现的故障，包括睡眠障碍。

饮用脑白金2-3天后，睡不好觉的人即可享受婴儿般地睡眠，的确神奇！脑白金做为人体固有的天然物质，未发现任何副作用。美国政府FDA委托麦克博士，在荷兰针对1800名妇女，每天喝正常剂量25倍的脑白金，经三年观察，无一例发生副作用。

脑白金无上瘾性。但许多人有疑问，美国有5000万多失眠者喝脑白金已达三年，为什么仍坚持饮用？根据调查报告，这些失眠者的睡眠早已改善，但补充过程中，多数人出现了精力旺盛、食欲上升、疾病改善、大便畅通、更年期推迟、衰老减缓等意外惊喜，导致众多补充者坚持不懈。

但脑白金也有缺点：喝脑白金后，补充者夜间的春梦明显增加，如果其爱人得知梦中情人不是自己，脑白金就可能成为家庭和睦的杀手。另一个缺点是假货盛行，老百姓往往分不清真假。在中国市场上的假货一般都没有口服液，但脑白金的一种主要成份是液体。

世界老化与癌症会议主席华特博士在其科学专著《脑白金的奇迹》中论述脑白金是人类迄今为止发现的最好助眠食品后，幽默地奉劝喝脑白金者：

别忘了，找一个心爱的枕头！

4. 选择发表的媒体

根据目标受众，选择可刊载较多的报刊或网站，切忌乱投乱发。

企业如何用好自有媒体

自媒体出现后，全球传媒生态发生了深刻变革。相关统计显示，2016 年全球网民数量将超过 40 亿，占到全球总人口的一半以上。其中，中国网民数量达 7 亿多。根据腾讯公司发布的《2016 微信用户数据报告》，截至第四季度末，微信每月活跃用户突破 7 亿，微信公众平台自 2012 年 8 月上线至今共 3 年，公众账号总数超过 1200 万个。与此相应的是，全球纸媒体的数量大量减少。例如，从 2005 年到 2011 年，美国纸质日报的发行量由 5334.5 万份下降至 4442.1 万份，下降幅度达 16%。

自媒体的迅猛发展对传统媒体带来很大的冲击，关注自媒体的人群越来越庞大。对于这样一个庞大的群体，不得不引起企业传媒人的关注，尤其是企业传媒策划人，更应该掌握自媒体策划的武器，为自己的企业赢得用户，变自媒体为资本。

随着博客、微博、微信等媒体以惊人的速度发展，影响力日益增长，今天的时代可以说是自媒体时代。有鉴于自媒体的影响力，越来越多的企业对自媒体的开发利用愈加重视。如何策划好自媒体，这是摆在企业面前的一个严峻命题。

一、用户选择渠道的多样性

首先是客户更加愿意通过网络获取信息来了解服务和选择商品，另一方面是移动互联网让媒体变得更便捷、更丰富，企业可以与客户在任何媒体上建立互动，由此获取客户。

二、企业进入“信任+分享”阶段

（1）社交媒体的营销手段更加丰富，如：二维码、微信、支付宝、SNS 等；

（2）企业与消费者建立联系，通过游戏、聊天、讲故事等方式互动，激发出人人参与的力量；

（3）企业更加注重消费动向，消费者将大量的时间花在手机上了，那么企业就尽可能吸引消费者的眼球。

三、让客户主动上门

（1）选择合适媒体：潜在客户会利用搜索引擎、社交媒体、官网、社区、网店等渠道接触品牌；

（2）设置引导页面：企业在媒体设置优质内容，引导客户互动或改变其访问路径，即利用表单、在线客户服等手段捕获客户需求及联系信息；

（3）及时收集信息，持续营销：用记分卡模式把有效数据采集回来，进行有效分析，销售人员通过邮件、微信、电话等与客户互动，促进消费者二次消费。

四、电子传单

电子宣传单发送，企业通过 email 的方式发送给用户。是互联网时代最新的营销方法。电子宣传单的优点：

（1）目标客户消费能力强：使用 email 的人大部分是商务人士、都市白领、新锐学生，有很强的消费能力。

（2）精准营销，传播力强：针对商务精英、年轻消费者，电子宣传单可以按指定行业、指定地区、指定年龄段、指定性别发送，精准营销。

（3）表现力强：电子宣传单图文并茂，表现力强。过去的纸质宣传单可轻松做成电子宣传单。

（4）成本低廉：电子宣传单发送是一种低成本的营销方式，成本比传统广告要低得多。

（5）主动传播：电子宣传单发送属于主动式营销。客户接收到电子传单，企业的信息就能被客户所知道；保存时间长，二次传播方便：因为广告的载体就是电子邮件，所以具有信息量大、保存期长的特点。

五、企业内刊

（1）传播企业理念。建立并传播企业的经营理念、价值理念、管理理念等是企业文化建设的重要途径。在企业内刊的传播过程中，社会形象和员工风采得到充分展示，从而增强了员工的自信心和对企业的自豪感与责任感，优化了企业发展环境。

（2）服务企业发展。内刊可以展现企业的发展战略、企业未来的发展方向、企业的总体规划。企业内刊的任务就是充分发挥宣传阵地和企业喉舌的功能，迅速及时将企业的年度战略、长远战略传达给广大员工。企业内刊可以围绕企业发展战略，精心组织版面和文章内容，有针对性地开展宣传报道；

（3）记录企业成长。企业内刊记录企业的历史、发展，这本身就是企业的无形资产。企业内刊充当着记载企业历史的角色，在宣传报道的同时，也完成了对企业历史的记录。

六、企业网站

（1）企业网站有利于提升企业形象，它所起的作用更类似于企业在报纸和电视上所做的宣传。不同之处在于企业网站容量更大，企业可以把任何想让客户及公众知道的内容放入网站。此外，相对来说，建立企业网站的投入比其他广告方式要低得多；

（2）企业网站可以与客户保持密切联系，企业有什么产品、服务或新产品，甚至只是想知道该企业有什么新闻时，他们就会习惯性的进入该企业的网址；

（3）企业网站也是与潜在客户建立商业联系方法之一。现在，世界各国的经销商主要都是利用互联网络来寻找新的产品和新的供求，因为这样做费用最低、效率最高。原则上，全世界任何人只要知道了企业的网址，就可以看到企业的产品和服务。因此，关键在于如何将企业网址推介出去。

七、企业微信公众号

企业微信公众号通过公众号是目前企业最常用的传播手段，可在微信平台上实现文字、图片、语音、视频的全方位沟通、互动 。形成了一种主流的线上线下微信互动营销方式。大部分企业都在其商品上贴出二维码图像供用户扫描关注。街上发的宣传单、小杂志，包装袋、饮料瓶、也都有公司微信公众号的二维码。

（1）微信公众号可以实现精准营销。微信公众平台可以给关注者推送文字、语音、视频、图片、以及多图文消息，当消息推送后，每位关注的用户都能收到，实现精准营销；

（2）收集数据，进行大数据分析。微信公众号后台可以对用户数据进行分析。如用户增减数据，用户性别、语言、省份、地理位置、使用的移动终端设备机型等。图文消息的到达率、阅读率、转发收藏率及消息分析和接口分析等。通过这些数据分析可以制定更优化的营销方案；

（3）建立好自己本身的公众平台，做微信的运营系统。企业加强推广自己的微信平台，比如电视、报纸等这些地方，加上自己企业的微信号，在商品上面可以印上公司的微信公众号等；

（4）微信二维码：二维码的信息容量巨大，可容纳多达 1850 个大写字母或 2710 个数字或 1108 个字节，或 500 多个汉字，比普通条码信息容量约高几十倍。这样企业可以把商品图片、音频、文字等更便捷地推送给消费者。

（5）微电商：微电商为一种电商形态，微店虽解决了交易，但体验和引流较弱。而抽奖、优惠券、限时抢购、秒杀等，将参与活动的流量导入微店、实体店，电子传单+微店是最实用的微电商方案。

八、企业微博

微博之所以被称为“微”，与传统博客相比最大的特点就在于篇幅短小。所有的信息都被限制在 140 个字符以内。这样一来，企业通过微博发布的信息往往短小精悍、言简意赅。用户看起来既方便快捷，也不会因长篇累牍而觉得反感。

（1）快速传播。一条好的微博可以在短时间内转发成千上万次，转发量大就会获得巨大的展现量，一条转发超过千次的微博，其展现量可达到几十万，也就是说有几十万人会看到这条微博，看到的人并不一定会转发，但这也会起到一种宣传的作用，对于企业微博来说，这十分具有诱惑力。因为企业微博一般都是使用公司名称作为微博名字，一条转发上千的微博会给这个企业带来数十万的展现。虽然这种展现不能立刻产生效应，但不能否定它的作用。

（2）传播低成本。相比其他推广方式，微博绝对算得上是廉价，这也是众多商家涉足微博的原因。

（3）口碑营销的力量。企业所发的微博如果得到很多转发，这足以证明这条微博是受到大多数人喜欢的。喜欢你的微博内容，间接证明对你价值观的认可，会对你的微博产生好感，继而产生信任心理，因此，称其为口碑营销。

九、企业博客

企业博客是高效、自主的推广企业品牌和产品的网络传播方式之一，作为传播途径它大体上可以分成两个方面的作用，第一个是通过博客促进企业内部交流，就是对内的博客，通过博客手段促进学习、绩效、变革；第二个方面是企业博客对外的部分，譬如狭义上的企业博客，再加上员工博客，可以起到推广企业品牌，传播企业文化的作用。

企业博客可以使企业和客户、供应商、媒体、合作伙伴等外部环境之间的沟通更为有效和简单，是网站更新的最简单方法之一，为企业所创建的内容提供自动组织的有效方法，并且能够保证更新的内容及时到达你的目标受众。当然，它还有一个很重要的好处，与冷冰冰的新闻稿相比，企业博客显得更加人性化。

通过企业博客，企业可以及时收集大家对产品的质量和服务的反馈。企业博客是网站、电话会议和电子邮件等沟通渠道的有效补充。把博客和市场营销结合起来，博客是一个很好的市场营销手段。企业可以使用它制定一个远期战略目标，并让这个目标传递给消费者；还可以通过它加强内部沟通或缩短与顾客的距离。如果更正规一些的话，可以由企业的公关部门管理这些博客。而且，这些博客内容也可以有企业员工之外的作者，比如喜爱你公司产品或服务的顾客。企业的 CEO 或高管也可以参与到博客编写中，这样更有利于企业品牌的推广和传播。

后　记

著名广告大师约翰·沃纳梅克的一句话："我知道我的广告费至少浪费了一半以上，但我不知道究竟浪费在哪里？"说的是广告投放由于不当而给企业造成巨大浪费。广告投放是一门科学，如何将有限的资金用在"刀刃"上，是企业主、媒体人和公关公司人员要着重考虑的问题。

广告投放是企业经营和市场营销的重要组成部分，包括企业要在哪些区域、哪些城市、以多大的广告规模、在哪些媒体上投放广告，主要针对本公司的哪些产品做宣传，广告以什么规格、什么时期来呈现产品的那些方面等。从这些内容可以看出，在一定程度上广告投放策略是企业市场营销策略的集中表现。

媒体的最佳组合，就是解决媒体如何与创意完美结合，使传播达到最大说服效果的问题。组合方式多种多样，包括网络媒体与平面媒体，单一媒体与多元媒体等形式。不同的媒体对创意的承载能力不一，不同的创意策略需要不同的媒体呈现。

媒体投放是企业的一种投资，需要最大的投入产出比。既然是投资，就有其战略性与科学性。"用最少的成本达到最好的效果"是所有企业投放广告的愿望。那么如何进行有效、科学的媒介组合呢？

一、易获得性原则

所谓易获得性原则，是指在众多的可用媒体中，首先考虑的是受众者最先接触到的媒体。

二、经济性原则

不同的媒体其制作成本相差悬殊，且得到的效益也不相同。在选择媒体时，我们要考虑使用媒体组合后可能得到的回报与制作成本（时间、劳动力）的比值。一般说来，应该选择投入成本低、回报高的媒体组合。

三、方便性原则

媒体组合应尽可能地方便大众，这主要取决于媒体的特征。首先是媒体是否容易接近；其次，要考虑媒体操作是否方便，即媒体需要何种环境、需要何种特殊操作技能等。第三，要考虑媒体的时间特性，即时媒体和永久媒体的组合。

通过媒体组合，给广告主带来什么样的好处呢？

第一，信息的多层次化传播。

任何一种媒体不可能到达所有的目标受众，通过不同媒体的组合，使信息的覆盖面更广，更具厚重感，加之不同媒体间的优势相互补充，使信息的接受更为容易。

第二，创造协同效应。

利用多种媒体组合，形成多层面的"信息战"策略，增大商品信息的传播总量，增强信息的渗透力，这对商品推广非常重要。广播传声、电视有影、报刊有文，路牌广告，这种地毯式的信息轰炸对人们认知新商品，其积极作用不言而喻。

第三，实现最佳效益。

由于同时调动多种媒体，会使各种媒体所拥有的不同受众群体得到广泛叠加，实现最大到达率。从而能使同一预算发挥出最大的经济效益。

几十年来我对各种媒体的特性及面对的人群有深入的了解，对组合后如何才能产生最大的广告效果有深入的研究；另外，在营销策划、标准制定、品牌与服务认证等方面也积累了丰富经验，并取得了骄人的成绩。在此期间策划了《全国糖酒会最佳广告宣传组合》、《绿色希望工程春天大行动》《中国房地产策划大赛》《中国美容化妆品策划大赛》《中国策划大会》《中国企业品牌评价活动》《全国售后服务评价活动》等一百多项大型项目，取得行业内一致好评。本书是我多年实战经验的结晶。通过本书能让困惑于媒体投放的企业家，懂得如何与媒体打交道，如何利用媒体组合给企业带来最好的广告效益，同时也希望本书给媒体从业者及公关公司人员带来参考性的意见。本书难免挂一漏万不足之处，还望各位指正。

作者

2017 年 6 月 27 日

附录 1

媒体一览表

报纸媒体

中央媒体

人民日报、新华社、新华日报、解放日报、光明日报、文汇报、经济日报、中国日报、科技日报、中国纪检监察报、中国青年报、中国妇女报、农民日报、法制日报、中新社、环球时报、参考消息、工人日报、金融时报、中国经济、中国经济时报、中国产经新闻、国际金融报、中国质量报、中国新闻报、中国消费者报、国际商报、中国贸易报、人民公安报、人民法院报、政府采购信息报、国门时报、中国信息报、消费日报、检察日报、信息早报、中国联合商报、现代教育报、中国食品报、中国高新技术产业导报、中国计算机报、中国广播报、世界新闻报、中国旅游报、中华建筑报、中国网友报、中国交通报、中国少年报、华声报 人民铁道报、中国教育报、中国邮政报、中国有色金属报、文艺报、中国劳动保障报、中国企业报、中国质量报、中国财经报、中国知识产权报、中国证券报、大众科技报、中国商报、中国经济导报、新华每日电讯

北京

北京青年报、北京日报、北京晨报、北京晚报、新京报、京华时报、现代教育报、娱乐信报、法制晚报、名牌周刊、竞报、北京广播电视报、时尚生活指南、北京电视周刊、青年时讯｜华北版、青年周末、时尚周刊、通信产业报、财富新闻报、今日财富报、商务时报、西部时报、都市精品周刊、人物周刊、购物导报、都市精品生活、音乐周刊、精品购物指南

上海

新民晚报｜社区版、新民晚报、申江服务导报、解放日报、新闻晨报、新闻晚报、天天新报、东方早报、东方早报、文汇报、上海青年报、上海壹周、上海商报、IT 时代报、上海服装月刊、城市导报、生活周刊、上海汽车报、上海劳动报、上海金融报、完全生活手册、上海科技报

天津

今晚报、天津日报、每日新报、城市快报、假日 100 天、今晚经济周刊、滨海时报

重庆

重庆晚报、重庆晨报、重庆商报、重庆青年报、巴渝都市报、三峡都市报、渝州服务导报、新女报

四川

成都商报、成都晚报、华西都市报、天府早报、成都日报、西南商报、四川广播电视报、消费与质量报、四川科技报、广安日报、乐山日报、乐山晚报、泸州晚报、泸州日报、达州日报、达州晚报、凉山日报、绵阳晚报、华西生活周刊、四川经济日报、内江日报、内江晚报、

德阳日报、德阳晚报、自贡晚报、自贡日报、宜宾晚报、宜宾日报、攀枝花日报、攀枝花晚报

广东

南方都市报、广州日报、投资快报、深圳特区报、深圳商报、南方日报、深圳晚报、羊城晚报、新快报、羊城地铁报、民营经济报、深圳晶报、信息时报、信息时报、广州青年报、亚太经济时报、汕头日报、汕头特区晚报、汕头都市报、汕头广播电视报、珠海特区报、珠江晚报、广东科技报、湛江晚报、佛山日报、惠州日报、揭阳日报、云浮日报、潮州日报、清远日报、茂名日报、茂名晚报、东莞日报、中山日报、珠江时报、韶关日报、增城日报、河源晚报、佛山广播电视报、中山商报、江门日报、汕尾日报

辽宁

辽沈晚报、沈阳晚报、沈阳晚报（政法专刊）、大连晚报、半岛晨报、沈阳日报、时代商报、大连日报、现代女报、新商报、城市生活信报（原辽宁广播电视报）、时尚生活导报、丹东日报、本溪日报、本溪晚报、辽沈晚报本溪版、锦州晚报、锦州日报、辽西商报、阜新日报、阜新晚报、辽阳日报、辽宁职工报、辽阳广播电视报、鸭绿江晚报、辽沈晚报铁岭版、铁岭日报、抚顺日报、燕都晨报、朝阳日报、抚顺晚报、葫芦岛晚报、葫芦岛日报

吉林

城市晚报、长春晚报、吉林日报、长春日报、东亚经贸新闻、长春商报、江城日报、江城晚报、视听导报、延边日报、时尚女报、松源日报、吉林农村报、吉林工人报、松源晚报、松源晨讯、吉林科技报、延吉日报

黑龙江

生活报、新晚报、黑龙江晨报、黑龙江日报、哈尔滨日报、黑龙江经济报、齐齐哈尔日报、鹤城晚报、佳木斯日报、北方时报、今天消费报、新都市报、鹤岗日报、鹤岗晚报、大庆日报、大庆晚报

湖北

楚天都市报、长江日报、武汉晚报、楚天金报、武汉晨报、武汉科技报、长江商报、湖北广播电视报、新闻信息报、江汉商报、东楚晚报、襄樊晚报、十堰广播电视报、荆州晚报、荆门晚报、鄂州日报、孝感日报、黄冈日报、鄂东晚报、南鄂晚报、襄樊日报、十堰晚报、荆门日报、孝感晚报、咸宁日报、荆州日报、随州日报、恩施日报、恩施晚报、仙桃日报、三峡日报

云南

春城晚报、滇池晨报、生活新报、都市时报、云南广播电视报、玉溪日报、临沧日报、楚雄日报、昆明日报、云南经济日报、丽江日报、大理日报、红河日报

河北

燕赵都市报、燕赵晚报、精品导报、石家庄日报、河北日报、河北经济日报、河北广播电

视报、河北青年报、河北科技报、廊坊日报、廊坊都市、唐山广播电视报、秦皇岛日报、邯郸日报、中原商报、牛城晚报、邢台日报、张家口晚报、承德日报、承德晚报、衡水日报、衡水晚报、沧州日报、沧州晚报、保定日报、保定晚报

山东

齐鲁晚报、大众日报、半岛都市报、济南时报、济南日报、都市女报、青岛日报、青岛早报、山东商报、新晨报、山东科技报、山东青年报、便民都市报、青岛财经日报、齐鲁周刊、鲁中晨报、淄博日报、淄博晚报、烟台晚报、维坊晚报、城市信报、山东广播电视报、生活日报、经济导报、淄博声屏报、枣庄日报、枣庄晚报（鲁南晨刊）、东营日报、潍坊日报、烟台日报、今晨 6 点、烟台广播电视报、威海日报、威海广播电视报、荣成日报（荣成时讯）、文登大众周末、文登日报（文登大众）、济宁日报、牡丹晚报、泰安日报、泰安广播电视报、莱芜日报、德州日报、临沂日报、沂蒙晚报、鲁南商报、聊城日报、聊城晚报、滨州日报、菏泽日报、菏泽广播电视报

陕西

华商报、西安晚报、三秦都市报、西安日报、西安商报、各界导报、农业科技报、陕西广播电视报、阳光报、榆林日报、西北信息报、消费者导报、铜川日报、咸阳日报、渭南日报、延安日报、安康日报

福建

海峡都市报、福州晚报、东南快报、东南快报、厦门晚报、福建日报、福州日报、海峡财经导报、厦门日报、厦门商报、海峡消费报、通信信息报、福建工商时报、海峡生活报、福建科技报、文化生活报、厦门广播电视报、东南早报、三明广播电视报、泉州广播电视报、闽北日报、闽西日报、闽东日报、莆田晚报、宁德晚报、闽南日报、泉州晚报、三明日报、石狮日报

山西

山西晚报、太原晚报、山西日报、三晋都市报、晋中日报、山西青年报、山西商报、生活晨报、山西经济日报、吕梁日报、现代消费导报、市场信息报、山西广播电视报、长治日报、晋中晚报、太行晚报、朔州日报、晋中广播电视报、临汾晚报、忻州晚报、忻州日报、临汾日报

江西

江南都市报、南昌晚报、南昌日报、江西商报、赣南晚报、宜春日报、新余日报、经济晚报、南昌广播电视周报、江西广播电视报、瓷都晚报、井冈山报、抚州日报、赣西都市报、信息日报、赣南日报

内蒙古

呼和浩特晚报、呼和浩特广播电视报、内蒙古广播电视报、北方新报丨新周末、呼和浩特日报、内蒙古晨报、内蒙古商报、黄河晚报、包头日报、包头晚报、乌兰察布日报、红山晚报、

包头广播电视报、鄂尔多斯日报、鄂尔多斯晚报、赤峰日报、都市 7+1、家庭周报、乌海晚报、乌海日报

河南

大河报、郑州晚报、河南日报（农村版）、河南商报、东方今报、河南科技报、河南经济报、青年导报、经济视点报、河南法制报、郑州广播电视报、洛阳广播电视报、焦作日报、焦作日报晚报版、三门峡广播电视报、三门峡日报、三门峡晚报、商丘日报、京九晚报（商丘）、信阳日报、信阳晚报、信阳新周刊（信阳新周报）、驻马店日报、安阳日报、开封日报、平原晚报、淇滨晚报、鹤壁日报、汴梁晚报、漯河日报

江苏

扬子晚报、金陵晚报、现代快报、南京周末、南京晨报、南京晨报、江苏经济报、城市商报、江苏科技报、江苏商报、南京日报、淮安日报、淮安晚报、盐阜大众报、无锡商报、无锡新周刊、扬州日报、扬州时报、扬州广播电视报、泰州日报、泰州晚报、宿迁广播电视报、宿迁晚报、江阴日报、徐州广播电视报、淮海晚报、江南时报、扬州晚报、常州晚报、常州日报、苏州日报、苏州广播电视报、姑苏晚报、宿迁日报、常熟日报、盐城晚报、盐城日报、张家港日报、武进日报

安徽

合肥晚报、新安晚报、安徽日报、江淮晨报、江淮时报、安徽青年报、安徽市场报（市场星报）、安徽经济报、安徽科技报、安徽商报、蚌埠日报、马鞍山日报、滁州日报、皖江晚报、安徽广播电视报、安庆日报、铜陵日报、芜湖日报、大江晚报、蚌埠广播电视报、淮南日报、淮北日报、淮河早报、马鞍山广播电视报、金周刊芜湖广播电视报、安庆晚报

浙江

钱江晚报、浙江日报、东南商报、青年时报、每日商报、现代金报、今日早报、宁波日报、宁波晚报、杭州日报、浙江科技报、新侨报、浙中新报、嘉兴日报、绍兴日报、浙江市场导报、处州晚报、嘉兴广播电视报、南湖晚报、嘉兴日报嘉善版、义乌商报、衢州日报、台州晚报、台州日报、台州商报、舟山广播电视报

湖南

潇湘晨报、长沙晚报、三湘都市报、科教新报教育科研、当代商报、衡阳日报、衡阳晚报、衡阳广播电视报、常德日报、常德晚报、娄底日报、邵阳日报、金鹰报、湖南科技报、湘潭日报、湘潭晚报、怀化日报、张家界日报、益阳城市报、浏阳日报、永州日报

新疆

都市消费晨报、新疆都市报、新疆日报、乌鲁木齐晚报、生活晚报、新疆科技报、阿克苏广播电视报、喀什日报、新疆广播电视报、伊犁日报

宁夏

新消息报、银川晚报、法治新报、一周生活、宁夏日报、宁夏广播电视报

海南

南国都市报、海口晚报、海南日报、海南特区报、国际旅游岛商报、三亚晨报

西藏

拉萨晚报、西藏商报

甘肃

兰州晨报、兰州晚报、兰州日报、鑫报、酒泉日报、甘肃经济日报、西部商报、甘肃科技报

青海

西海都市报、青海科技报、西宁晚报

贵州

贵阳晚报、贵阳日报、贵州都市报、经济信息时报、贵州商报、西部开发报、贵州日报、遵义日报、遵义晚报、遵义晚报、铜仁日报、黔西南日报、黔东南日报、六盘水日报、六盘水晚报（乌蒙新报）

广西

南国早报、广西日报、南宁晚报、南宁日报、当代生活报、广西广播电视报、百色早报、西江都市报、柳州日报、柳州晚报、右江日报、柳州广播电视报、梧州日报、贵港日报、玉林日报、玉林晚报、钦州日报、钦州晚报、北海日报、北海晚报、贺州日报、河池日报

电视媒体

中央电视台

- 中央电视台一套
- 中央电视台二套
- 中央电视台三套
- 中央电视台四套
- 中央电视台五套
- 中央电视台六套
- 中央电视台七套
- 中央电视台八套
- 中央电视台九套
- 中央电视台十套
- 中央电视台十一套
- 中央电视台十二套
- 中央电视台少儿频道
- 中央电视台音乐频道
- 中国教育电视台

北京市

- 北京电视台一套
- 北京电视台二套
- 北京电视台三套
- 北京电视台四套
- 北京电视台五套
- 北京电视台六套
- 北京电视台七套
- 北京电视台八套
- 北京电视台九套
- 北京电视台十套
- 北京卫视

上海市

- 上海东方卫视
- 上海教育电视台
- 上海电视台新闻娱乐频道
- 上海电视台文艺频道
- 上海电视台新闻综合频道
- 上海电视台第一财经频道
- 上海电视台生活时尚频道
- 上海电视台电视剧频道
- 上海电视台体育频道
- 上海电视台真实频道
- 上海东方电视台新闻娱乐频道
- 上海东方电视台文艺频道
- 上海东方电视台音乐频道
- 上海东方电视台少儿频道
- 上海炫动卡通卫视
- 上海东方电视台戏剧频道
- 上海电视台戏剧频道
- 上海电视台纪实频道
- 上海电视台国际频道

海南省

- 东方广播电视台
- 旅游卫视
- 海南广播电视台综合频道
- 海南广播电视台公共频道
- 海南广播电视台影视娱乐频道
- 海南电视台新闻综合频道
- 海南广播电视台少儿频道
- 海南广播电视台旅游卫视
- 海口电视台一套新闻综合频道
- 海口电视台二套生活娱乐频道
- 海口电视台三套经济频道
- 三亚广播电视台一套新闻综合频
- 三亚广播电视台二套旅游生活频

宁夏回族自治区

- 宁夏卫视
- 宁夏电视台公共频道
- 宁夏电视台经济频道
- 宁夏电视台影视频道
- 银川电视台文体频道
- 银川电视台生活频道
- 银川电视台公共频道
- 宁夏教育电视台
- 银川电视台新闻综合频道

黑龙江省

- 黑龙江电视台
- 黑龙江电视台少儿频道

- 黑龙江电视台卫星频道
- 黑龙江电视台影视频道
- 黑龙江电视台法制频道
- 黑龙江电视台文艺频道
- 黑龙江电视台女性频道
- 黑龙江电视台公共频道
- 黑龙江卫视
- 黑龙江电视台二套影视频道
- 黑龙江电视台三套文艺频
- 黑龙江电视台四套都市频道
- 黑龙江电视台五套法制频道
- 黑龙江电视台六套公共频道
- 黑龙江电视台七套少儿频道
- 齐齐哈尔有线电视台
- 齐齐哈尔电视台一套新闻综合频
- 齐齐哈尔电视台二套都市频道
- 齐齐哈尔电视台三套影视文艺频
- 鸡西有线电视台
- 鸡西电视台新闻综合频道
- 鸡西电视台二套公共频道
- 鸡西电视台影视频道
- 黑河有线电视台
- 黑河电视台信息频道
- 黑河电视台公共频道
- 黑河电视台新闻综合频道
- 绥化电视台
- 绥化有线电视台
- 绥化电视台公共频道
- 大兴安岭电视台
- 佳木斯电视台
- 佳木斯有线电视台
- 双鸭山电视台
- 双鸭山有线电视台
- 伊春电视台一套新闻综合频道
- 伊春电视台二套公共频道
- 伊春有线电视台一套
- 伊春有线电视台二套
- 伊春电视台三套
- 大庆电视台
- 大庆电视台教育频道
- 大庆电视台娱乐生活频道
- 大庆电视台影视频道
- 大庆电视台新闻综合频道
- 牡丹江教育电视台
- 牡丹江电视台新闻频道
- 牡丹江电视台图文频道
- 哈尔滨电视台经济频道
- 哈尔滨电视台娱乐频道
- 哈尔滨电视台影视频道
- 哈尔滨电视台新闻综合频道
- 哈尔滨电视台生活频道
- 哈尔滨电视台都市资讯频道
- 牡丹江电视台公共频道
- 牡丹江电视台财经证券频道
- 鹤岗电视台公共频道
- 鹤岗电视台农少频道
- 鹤岗电视台文艺频道
- 鹤岗电视台新闻综合频道

山西省

- 山西卫视
- 山西电视台影视频道
- 山西电视台科教频道
- 山西电视台都市频道
- 山西电视台少儿频道
- 山西电视台公共频道
- 山西电视台新闻综合频道
- 阳泉电视台
- 阳泉有线电视台
- 太原电视台新闻频道
- 太原电视台百姓频道
- 太原电视台法制频道
- 太原电视台影视频道
- 太原电视台文体频道

•太原教育电视台
•大同电视台影视频道
•大同电视台生活频道
•大同电视台新闻综合频道
•长治电视台新闻频道
•长治电视台公共频道
•长治电视台教育频道
•晋城电视台新闻综合频道
•晋城电视台公共频道
•晋城电视台新闻综合频道
•晋城电视台信息频道
•临汾电视台一套
•临汾电视台二套
•临汾电视台三套
•临汾电视台四套
•吕梁电视台一套
•吕梁电视台二套

陕西省

•陕西卫视
•陕西电视台一套新闻综合频道
•陕西电视台二套都市青春频道
•陕西电视台三套经济资讯频道
•陕西电视台三套经济资讯频道
•陕西电视台四套影视娱乐频道
•陕西电视台五套公共•政法频道
•陕西电视台六套科学教育频道
•陕西电视台七套体育健康频道
•陕西电视台西部电影频道
•榆林电视台一套
•榆林电视台二套
•西安电视台一套新闻综合频道
•西安电视台二套白鸽都市频道
•西安电视台三套商务资讯频道
•西安电视台四套文化影视频道
•延安电视台一套新闻综合频道
•延安电视台二套影视娱乐频道
•铜川有线电视台
•铜川电视台一套新闻综合频道
•渭南电视台一套新闻综合频道
•渭南电视台二套经济文艺频道
•渭南电视台三套影视剧频道
•渭南电视台其他广告
•宝鸡电视台新闻频道
•宝鸡电视台科教影视频道
•宝鸡电视台经济频道
•汉中电视台经济文化频道
•汉中电视台政法公共频道
•汉中电视台互动娱乐频道
•汉中电视台新闻综合频道
•安康有线电视台综合频道
•安康有线电视台影视频道
•安康电视台一套新闻综合频道
•咸阳电视台综合频道
•咸阳电视台影视频道
•咸阳电视台市民频道

福建省

•福建电视
•福建电视台综合频道
•福建电视台电视剧频道
•福建电视台都市时尚频道
•福建电视台经济生活频道
•福建电视台少儿频道
•福建电视台新闻频道
•福州电视台少儿频道
•福州电视台影视频道
•福州电视台生活频道
•福州电视台新闻综合频道
•三明电视台

- 三明电视台都市频道
- 莆田电视台一套
- 莆田电视台二套
- 泉州电视台一套新闻综合频道
- 泉州电视台二套都市生活频道
- 泉州电视台三套影视剧频道
- 厦门电视台一套综合频道
- 厦门电视台二套纪实频道
- 厦门电视台三套生活频道
- 厦门电视台四套影视频道
- 厦门卫视
- 南平电视台新闻综合频道
- 南平电视台公共影视频道
- 武夷山电视台
- 福建东南卫视
- 福建教育电视台
- 厦门电视台卫视
- 晋江电视台影视频道

重庆市

- 重庆电视台
- 重庆电视台一套影视频道
- 重庆电视台二套新闻频道
- 重庆电视台三套少儿频道
- 重庆电视台四套都市频道
- 重庆电视台五套娱乐频道
- 重庆电视台六套生活频道
- 重庆电视台七套时尚频道
- 重庆电视台八套公共频道
- 重庆电视台九套青少频道
- 重庆电视台科教频道
- 重庆卫视
- 重庆教育广播电视台
- 重庆有线电视台

湖南省

- 湖南卫视
- 湖南电视台卫星频道
- 湖南经济电视台生活频道
- 湖南经济电视台综合频道
- 湖南经济电视台都市频道
- 湖南电视台影视频道
- 湖南电视台娱乐频道
- 湖南电视台都市频道
- 湖南电视台体育频道
- 湖南电视台时尚频道
- 湖南教育电视台特殊广告
- 湖南电视台潇湘电影频道
- 长沙电视台一套新闻频道
- 长沙电视台经贸频道
- 长沙电视台政法频道
- 张家界电视台公共频道
- 张家界电视台新闻频道
- 常德电视台公共频道
- 常德电视台都市频道
- 常德电视台图文频道
- 益阳电视台经济频道
- 益阳电视台公共频道
- 岳阳电视台新闻综合频道
- 岳阳电视台公共频道
- 岳阳电视台科教频道
- 岳阳电视台资讯娱乐
- 岳阳经济电视频道
- 岳阳电视台生活频道
- 湘潭电视台都市频道
- 湘潭电视台新闻频道
- 湘潭电视台法制频道
- 衡阳电视台
- 衡阳生活频道
- 衡阳娱乐频道
- 衡阳资讯频道
- 衡阳人民广播电台

- 郴州电视台经济生活频道
- 郴州电视台图文信息频道
- 娄底电视台新闻综合频道
- 娄底电视台经济生活频道
- 怀化电视台时政频道
- 怀化电视台生活频道
- 怀化电视台娱乐频道
- 湘西电视台经济频道
- 湘西电视台时政频道
- 永州电视台都市频道
- 永州电视台公共频道
- 永州电视台新闻综合频道
- 株州电视台经济频道
- 株洲电视台新闻综合频道

天津市

- 天津卫视（新闻综合频道）
- 天津电视台经济生活频道
- 天津电视台文化娱乐频道
- 天津电视台影视频道
- 天津电视台都市频道
- 天津电视台体育频道
- 天津电视台科教频道
- 天津电视台少儿频道
- 天津电视台公共频道
- 天津市电视台气象栏目
- 天津电视台滨海频道

河北省

- 河北电视台一套新闻综合频道
- 河北电视台二套经济生活频道
- 河北电视台三套都市频道
- 河北电视台四套影视频道
- 河北电视台五套少儿科教频道
- 河北电视台六套公共频道
- 河北电视台七套农民频道
- 河北移动数字电视
- 石家庄电视台一套新闻综合频道
- 石家庄电视台二套电视剧频道
- 石家庄电视台三套电影频道
- 石家庄电视台四套都市频道
- 张家口电视台一套新闻综合频道
- 张家口电视台二套经济生活频道
- 张家口电视台三套娱乐教育频道
- 张家口电视台都市传媒
- 承德电视台公共频道
- 承德电视台都市频道
- 承德电视台影视频道
- 承德电视台一套新闻综合频道
- 秦皇岛电视台新闻频道
- 秦皇岛电视台政法频道
- 秦皇岛电视台电影频道
- 秦皇岛电视台网络信息频道
- 唐山电视台新闻综合频道
- 唐山电视台生活服务频道
- 唐山电视台公共频道
- 唐山电视台影视频道
- 廊坊电视台一套新闻综合频道
- 廊坊电视台二套电视剧频道
- 廊坊电视台三套都市频道
- 沧州电视台经济生活频道
- 沧州电视台影视娱乐频道
- 沧州电视台新闻综合频道
- 衡水电视台一套新闻综合频道
- 衡水电视台二套生活娱乐频道
- 衡水电视台三套公共频道
- 邢台电视台一套新闻综合频道
- 邢台电视台二套影视频道
- 邢台电视台三套影视频道
- 邢台电视台广告制作价格
- 邯郸电视台一套新闻综合频道

- 邯郸电视台二套公共频道
- 邯郸电视台三套科技教育法制频
- 邯郸电视台互动娱乐点播频道
- 保定电视台一套新闻综合频道
- 保定电视台二套公共频道
- 保定电视台三套生活健康频道

广东省

- 广东电视卫星频道
- 广东电视台体育频道
- 广东电视台珠江频道
- 广东电视珠江频道海外版
- 广东新闻频道
- 广东南方电视台
- 广东电视台新闻频道
- 广东电视台公共频道
- 广东卫视
- 南方电视台经济频道
- 南方电视台经济频道
- 南方卫视
- 南方电视台综艺频道
- 南方电视台影视频道
- 南方电视台科教生活频道
- 南方电视台少儿频道
- 广州市电视台经济频道
- 广州市电视台少儿频道
- 广州市电视台英语频道
- 广州市电视台参考一频道
- 广州市电视台参考二频道
- 广州市电视台参考三、四频道
- 广州市电视台参考五频道
- 广州市电视台参考六频道
- 广州市电视台参考七频道
- 广州市电视台 34 频道
- 广州市电视台专业频道
- 广州市电视台竞赛频道
- 深圳电视台娱乐频道
- 深圳卫视（新闻综合频道）
- 深圳电视台都市频道
- 深圳电视台电视剧频道
- 深圳电视台财经生活频道
- 深圳电视台体育健康频道
- 深圳电视台少儿频道
- 深圳电视台公共频道
- 深圳电视台高清频道
- 深圳电视台财经生活频道
- 深圳电视台国际台
- 深圳电视台凤凰台
- 中山广播电视台综合频道
- 汕头市澄海广播电视台
- 东莞电视台公共频道
- 东莞电视台有线频道
- 东莞电视台新闻综合频道
- 东莞电视台生活经济频道
- 东莞电视台影视娱乐频道
- 东莞电视台凤凰台
- 台山市广播电视台
- 南雄市广播电视台
- 肇庆市广播电视台
- 珠海广播电视台生活服务频道
- 中山广播电视台公共频道
- 潮州广播电视台新闻综合频道
- 潮州电视台参考频道
- 番禺电视台
- 番禺有线台
- 湛江电视台公共频道
- 湛江电视台新闻综合频道
- 湛江电视台参考频道
- 顺德电视台翡翠台
- 顺德有线电视台
- 佛山电视台新闻综合频道
- 佛山电视台公共频道
- 佛山电视台影视频道
- 中山电视台综合频道

•中山电视台公共频道
•中山电视台明珠台
•中山电视台本港台
•中山电视台翡翠台
•珠海广播电视台第一频道
•珠海广播电视台第二频道
•珠海广播电视台新闻综合频道
•珠海电视台新闻综合频道
•惠州电视台一套新闻综合频道
•惠州电视台二套经济生活频道
•惠州电视台三套都市影视频道
•茂名市广播电视台
•茂名电视台公共频道
•茂名电视台图文信息频道
•茂名电视台综合频道
•江门电视台
•江门电视台公共频道
•汕头电视台影视文艺频道
•汕头电视台新闻综合频道
•汕头电视台经济生活频道
•增城电视台星空卫视
•增城电视台
•潮安电视台一套
•潮安电视台二套
•潮安电视台凤凰卫视台
•梅州电视台一套时政综合频道
•梅州电视台二套客家公共频道
•梅州电视台三套影视文艺频道
•潮州电视台新闻综合频道
•潮州电视台公共频道
•顺德电视台顺德台
•顺德电视台综艺台
•揭阳电视台新闻综合频道
•揭阳电视台二套公共频道
•揭阳电视台凤凰中文台
•清远电视台新闻综合频道
•清远电视台公共频道
•清远电视台华娱台
•河源电视台公共频道
•河源电视台凤凰中文台
•兴宁电视台无线频道
•兴宁电视台广东公共频道
•九江电视台公共频道
•萍乡电视台科学教育频道
•萍乡电视台经济生活频道
•辽阳电视台新闻频道

四川省

•四川卫视
•四川电视台文化旅游频道
•四川电视台经济频道
•四川电视台新闻资讯频道
•四川电视台影视文艺频道
•四川电视台体育频道
•四川电视台妇女儿童频道
•四川电视台公共频道
•四川电视台科技教育频道
•成都电视台影视文艺频道
•成都电视台公共频道
•成都电视台少儿频道
•峨眉山市广播电视台
•泸州电视台新闻综合频道
•达州电视台
•自贡电视台一套新闻综合频道
•成都电视台新闻综合频道
•乐山电视台一套
•乐山电视台互动•影视频道
•宣汉县广播电视台
•广元电视台新闻综合频道
•南充电视台综合频道
•绵阳电视台一套新闻综合频道
•绵阳电视台二套生活服务频道
•绵阳电视台三套影视频道
•广安电视台公共频道

- 遂宁电视台公共频道
- 内江电视台新闻综合频道
- 内江电视台城市公共频道
- 内江电视台影视文艺频道
- 内江电视台互动频道
- 乐山电视台二套
- 泸州电视台公共频道
- 攀枝花电视台
- 南充电视台公共频道
- 南充电视台科教频道
- 南充电视台新闻综合频道
- 资阳电视台一套新闻综合频道
- 资阳电视台二套影视文艺频道
- 雅安电视台一套新闻公共频道
- 雅安电视台二套综合频道
- 雅安电视台三套电影互动频道
- 阿坝州电视台
- 凉山彝族自治州电视台公共频道
- 凉山彝族自治州电视台新闻综合
- 凉山彝族自治州电视台公共频道
- 宜宾电视台一套新闻综合频道
- 宜宾电视台二套公共生活频道
- 宜宾电视台三套城市咨讯频道
- 广元电视台公共频道
- 广元电视台互动点歌频道
- 德阳电视台财富频道
- 遂宁电视台新闻综合频道
- 遂宁电视台影视文艺频道
- 攀枝花电视台影视文艺频道
- 资阳电视台公共频道
- 达州电视台影视频道
- 达州电视台公共频道
- 达州电视台新闻综合频道
- 四川自贡电视台
- 四川泸州电视台
- 四川德阳电视台
- 四川绵阳电视台
- 四川广元电视台
- 四川遂宁电视台
- 四川内江电视台
- 巴中电视台新闻综合频道
- 四川省眉山市电视台
- 四川省甘孜电视台

新疆维吾尔族自治区

- 新疆电视台一套汉语新闻综合频
- 新疆电视台二套维语新闻综合频
- 新疆电视台三套哈萨克语新闻综
- 新疆电视台四套汉语综艺频道
- 新疆电视台五套维语综艺频道
- 新疆电视台六套汉语影视频道
- 新疆电视台七套汉语经济生活频
- 新疆电视台八套哈语综艺频道
- 新疆电视台九套维语经济生活频
- 新疆电视台十套体育健康频道
- 新疆电视台十一套法制信息频道
- 新疆电视台十二套少儿频道
- 新疆兵团电视台综合频道
- 新疆卫视
- 乌鲁木齐电视台二套维语综合频
- 乌鲁木齐电视台三套影视频道
- 乌鲁木齐电视台四套生活服务频
- 乌鲁木齐电视台五套旅游娱乐频
- 乌鲁木齐电视台六套妇女儿童频
- 新疆教育电视台
- 巴音郭楞电视台
- 阿克苏地区电视台
- 吐鲁番电视台
- 和田电视台
- 哈密电视台
- 石河子电视台
- 克孜勒苏电视台
- 博尔塔拉州电视台

- 喀什电视台
- 克拉玛依电视台
- 伊犁电视台
- 昌吉电视台
- 阿克苏地区电视台

西藏自治区

- 西藏卫视一套藏语频道
- 西藏卫视二套汉语频道
- 西藏电视台三套影视文化频道
- 拉萨电视台

贵州省

- 贵州卫视
- 贵州电视台公共频道
- 贵州电视台电视剧频道
- 贵州电视台大众电影频道
- 贵州电视台时尚生活频道
- 贵州电视台时尚生活频道
- 贵州电视台科教健康频道
- 贵阳电视台一套新闻综合频道
- 贵阳电视台二套经济生活频道
- 贵阳电视台三套法制频道
- 贵阳电视台四套都市频道
- 贵阳电视台五套旅游生活频道
- 黔西南电视台
- 黔东南电视台
- 六盘水电视台
- 毕节电视台
- 遵义电视台新闻频道
- 遵义电视台影视频道
- 安顺电视台影视频道
- 六盘水电视台综合频道
- 六盘水电视台公共频道
- 遵义电视台都市频道
- 遵义电视台公共频道
- 黔南电视台都市频道
- 黔南电视台公共频道
- 黔南电视台信息图文频道
- 黔南电视台新闻综合频道
- 安顺电视台新闻频道
- 铜仁电视台综合频道
- 铜仁电视台公共频道
- 铜仁地区有线广播电视台

甘肃省

- 甘肃电视台
- 兰州电视台
- 兰州电视台新闻综合频道
- 兰州电视台综艺体育频道
- 兰州电视台公共频道
- 兰州电视台生活经济频道
- 陇南电视台
- 平凉电视台
- 天水广播电视台公共频道
- 天水广播电视台新闻综合频道
- 定西市电视台新闻综合频道
- 凉州电视台
- 凉州区广播电视台
- 庆阳电视台新闻综合频道
- 金昌电视台
- 酒泉地区电视台
- 白银电视台
- 甘南电视台
- 酒泉电视台综合频道
- 酒泉电视台公共频道
- 庆阳电视台公共频道
- 武威电视台新闻综合频道

•武威电视台新闻公共频道

河南省

•河南卫视
•河南电视台卫星频道
•河南电视台二套都市频道
•河南电视台三套经济生活频道
•河南电视台四套法制频道
•河南电视台五套电视剧频道
•河南电视台六套精品博览频道
•河南电视台七套商务信息频道
•河南电视台八套公共频道
•河南电视台九套新农村频道
•郑州电视台一套新闻综合频道
•郑州电视台二套商都频道
•郑州电视台三套文体频道
•郑州电视台四套导物频道
•郑州电视台五套政法频道
•郑州电视台六套影视频道
•郑州教育电视台•驻马店电视台
•洛阳电视台新闻综合频道
•洛阳电视台旅游文体频道
•洛阳电视台科教法制频道
•洛阳电视台经济生活频道
•焦作电视台二套影视频道
•焦作电视台三套生活频道
•焦作电视台综合频道
•焦作电视台公共频道
•焦作电视台图文频道
•新乡电视台一套新闻综合频道
•新乡电视台三套影视娱乐频道
•新乡电视台四套生活频道
•新乡电视台教育频道
•鹤壁电视台
•鹤壁电视台一套新闻综合频道
•鹤壁电视台二套生活频道
•鹤壁电视台三套影视频道
•安阳电视台一套新闻综合频道
•安阳电视台二套都市频道
•安阳电视台三套科学教育频道
•濮阳电视台科技教育频道
•濮阳电视台新闻综合频道
•濮阳电视台经济生活频道
•开封电视台
•开封电视台新闻综合频道
•开封电视台经济生活频道
•开封电视台影视文化频道
•商丘电视台一套新闻综合频道
•商丘电视台二套经济生活频道
•商丘电视台三套文体科教频道
•商丘电视台影视频道
•许昌电视台都市生活频道
•许昌电视台新闻综合频道
•许昌电视台影视图文频道
•漯河教育电视台
•漯河电视台一套新闻综合频道
•漯河电视台二套农业频道
•平顶山电视台新闻综合频道
•平顶山电视台公共频道
•平顶山电视台影视生活频道
•南阳电视台新闻综合频道
•南阳电视台社会生活频道
•南阳电视台教育频道
•南阳电视台电影频道
•南阳电视台少儿频道
•信阳电视台综合频道
•周口电视台一套新闻综合频道
•周口电视台新闻综合频道
•周口电视台电视剧频道
•驻马店电视台二套
•驻马店电视台三套
•三门峡电视台
•三门峡电视台公共频道

•三门峡电视台图文信息频道

江西省

•江西卫视
•江西电视台卫星频道
•江西电视台都市频道
•江西电视台经济生活频道
•江西电视台影视频道
•江西电视台公共频道
•江西电视台少儿家庭频道
•南昌电视台一套新闻综合频道
•南昌电视台二套都市频道
•南昌电视台三套资讯频道
•南昌电视台四套公共频道
•九江电视台新闻综合频道
•九江电视台公共频道
•九江电视台科学教育频道
•景德镇电视台影视信息频道
•景德镇电视台特别广告
•景德镇电视台都市生活频道
•鹰潭电视台新闻综合频道
•鹰潭电视台电视剧频道
•鹰潭电视台公共频道（有线频道
•新余电视台公共频道
•新余电视台新闻综合频道
•萍乡电视台新闻综合频道
•萍乡电视台都市频道
•萍乡电视台教育频道
•赣州电视台一套新闻综合频道
•赣州电视台二套经济生活频道
•赣州电视台三套
•赣州电视台影视频道
•上饶电视台一套
•上饶电视台二套
•上饶电视台影视频道
•抚州电视台新闻综合频道
•抚州电视台公共频道
•宜春电视台新闻综合频道
•宜春电视台生活娱乐频道
•宜春电视台影视剧频道
•吉安电视台二套
•吉安电视台三套
•吉安电视台一套

浙江省

•浙江卫视
•浙江电视台国际频道
•浙江电视台钱江都市频道
•浙江电视台经济生活频道
•浙江电视台教育科技频道
•浙江电视台影视娱乐频道
•浙江电视台民生休闲频道
•浙江电视台少儿频道
•浙江电视台留学世界频道
•浙江电视台六套民生休闲频道
•杭州电视台综合频道
•杭州电视台西湖明珠频道
•杭州电视台生活频道
•杭州电视台影视频道
•杭州电视台少儿频道
•杭州电视台一套新闻综合频道
•杭州电视台房产频道
•桐乡电视台新闻综合频道
•桐乡电视台文化生活频道
•义乌电视台新闻综合频道
•义乌电视台商贸频道
•舟山电视台综合频道
•龙泉电视台
•龙泉电视台公众信息频道
•湖州电视台新闻综合频道
•湖州电视台文化娱乐频道

- 湖州电视台服务导视频道
- 嘉兴电视台
- 嘉兴电视台新闻综合频道
- 嘉兴电视台文化影视频道
- 嘉兴电视台公共城市频道
- 嘉兴电视台城乡生活频道
- 舟山电视台生活频道
- 舟山电视台影视频道
- 宁波电视台一套新闻综合频道
- 宁波电视台二套经济生活频道
- 宁波电视台三套文化娱乐频道
- 宁波电视台四套影视剧频道
- 宁波电视台五套少儿体育频道套
- 宁波电视台少儿体育频道
- 绍兴电视台一套新闻综合频道
- 绍兴电视台二套公共频道
- 绍兴电视台三套文化影视频道
- 衢州市广播电视总台电视新闻综合
- 衢州市广播电视总台电视生活娱乐
- 金华电视台新闻综合频道
- 金华电视台经济生活频道
- 金华电视台教育科技频道
- 台州电视台新闻综合频道
- 台州电视台影视文化频道
- 温州市广播电视总台新闻综合频
- 温州市广播电视总台经济科教频
- 温州市广播电视总台都市生活频
- 温州市广播电视总台影视娱乐频
- 温州电视台都市生活频道
- 丽水电视台新闻综合频道
- 丽水电视台经济生活频道
- 丽水电视台文化娱乐频道
- 丽水电视台导视频道
- 余姚电视台无线频道
- 余姚电视台文化生活频道
- 上虞电视台经济文化频道
- 上虞电视台图文频道

广西壮族自治区

- 广西卫视
- 广西电视台卫星频道
- 广西电视台资讯频道
- 广西电视台综艺频道
- 广西电视台都市频道
- 广西电视台体育频道
- 广西电视台影视频道
- 广西电视台公共频道
- 南宁电视台新闻综合频道
- 南宁电视台影视娱乐频道
- 南宁电视台都市生活频道
- 南宁电视台公共频道
- 桂林电视台一套新闻综合频道
- 桂林电视台二套公共频道
- 桂林电视台三套科教旅游频道
- 柳州电视台新闻综合频道
- 柳州电视台生活科教频道
- 柳州电视台影视公共频道
- 梧州电视台一套新闻综合频道
- 梧州电视台二套公共影视频道
- 梧州电视台三套教育生活频道
- 玉林电视台一套新闻综合频道
- 玉林电视台二套公共频道
- 玉林电视台三套知识频道
- 玉林电视台新闻特约
- 北海电视台新闻综合频道
- 北海电视台经济科教频道
- 北海电视台频道都市生活频道
- 防城港电视台新闻综合频道
- 防城港电视台影视频道
- 防城港电视台互动点播频道
- 百色电视台
- 百色电视台都市频道
- 百色电视台公共频道

- 百色电视台综合频道

山东省

- 山东教育电视台
- 山东电视台
- 山东电视台生活频道
- 山东电视台公共新闻频道
- 山东电视体育台
- 山东卫视
- 山东电视台农科频道
- 山东电视影视频道
- 山东广播电视总台海外频道
- 山东电视台综艺频道
- 山东电视台影视频道
- 山东电视台体育频道
- 山东电视体育台车行天下
- 山东卫视电视剧特约
- 济南电视台
- 济南电视台新闻综合频道
- 济南教育电视台
- 济南电视台一套新闻综合频道
- 济南电视台二套都市•女性频道
- 济南电视台三套影视频道
- 济南电视台四套娱乐频道
- 济南电视台五套生活频道
- 济南电视台六套商务频道
- 济南电视台七套少儿频道
- 济南移动电视城市 T 频道
- 齐鲁电视台
- 齐鲁石化电视台
- 东营电视台经济生活频道
- 东营电视台娱乐导视频道
- 东营电视台
- 东营教育电视台
- 烟台电视台经济生活频道
- 烟台电视台电影频道
- 烟台电视台都市文体频道
- 烟台电视台新闻综合频道
- 滨州电视台影视频道
- 滨州电视台新闻综合频道
- 滨州电视台经济生活频道
- 临沂电视台三套影视频道
- 临沂电视台一套新闻综合频道
- 临沂电视台二套综艺频道
- 临沂电视台公共频道
- 临沂电视台都市频道
- 临沂电视台生活娱乐频道
- 泰安电视台新闻综合频道
- 泰安电视台生活频道
- 泰安电视台综艺频道
- 威海市广播电视台
- 威海电视台新闻综合频道
- 威海电视台经济生活频道
- 潍坊电视台新闻综合频道
- 潍坊电视台影视频道
- 潍坊电视台法制生活频道
- 潍坊电视台科教频道
- 潍坊电视台综艺频道
- 菏泽电视台新闻综合频道
- 菏泽电视台影视频道
- 菏泽电视台经济台
- 德州电视台一套综合频道
- 德州电视台二套影视频道
- 胜利电视台新闻综合频道
- 胜利电视台影视频道
- 淄博电视台影视频道
- 淄博电视台生活频道
- 淄博电视台科教频道
- 淄博电视台都市频道
- 淄博电视台新闻综合频道
- 枣庄电视台新闻综合频道
- 枣庄电视台生活教育频道
- 枣庄电视台影视综艺频道

- 威海电视台都市娱乐频道
- 威海电视台民生影视频道
- 青岛电视台新闻综合频道
- 青岛电视台生活服务频道
- 青岛电视台财经资讯频道
- 青岛电视台影视剧频道
- 青岛电视台都市频道
- 青岛电视台公共频道
- 日照广播电视台
- 日照电视台一套综合频道
- 日照电视台二套科教频道
- 日照电视台三套公共频道
- 日照电视台四套影视频道
- 济宁电视台新闻综合频道
- 济宁电视台影视频道
- 济宁电视台公共频道
- 济宁电视台广告综艺
- 聊城电视台新闻综合频道
- 聊城电视台经济频道
- 聊城电视台公共频道
- 牡丹电视台综艺频道
- 聊城电视台互动频道
- 聊城电视台水城频道
- 莱芜电视台
- 莱芜电视台公共频道
- 莱芜电视台生活频道
- 莱芜电视台综合频道
- 莱芜教育电视台
- 滨州电视台二套公共频道
- 枣庄电视台公共频道
- 临沂电视台农科频道
- 泰安电视台影视频道
- 泰安电视台商务娱乐频道
- 邹平电视台综艺频道
- 邹平电视台西王频道
- 邹平电视台经济频道
- 邹平电视台综合频道

内蒙古自治区

- 内蒙古卫视
- 内蒙古电视台影视剧频道
- 内蒙古电视台新闻综合频道
- 内蒙古电视台文体娱乐频道
- 内蒙古电视台少儿频道
- 内蒙古电视台经济生活频道
- 呼和浩特电视台一套
- 呼和浩特电视台二套
- 呼和浩特电视台三套
- 鄂尔多斯电视台新闻综合频道
- 包头电视台一套
- 乌兰察布电视台一套
- 乌兰察布电视台一套栏目及专题
- 乌兰察布电视台一套正规广告
- 锡林郭勒电视台一套新闻综合频
- 乌海电视台二套经济生活频道
- 通辽电视台一套
- 包头电视台二套
- 赤峰电视台二套文体影视剧频道
- 赤峰电视台三套经济生活频道
- 赤峰电视台一套新闻综合频道
- 呼伦贝尔电视台新闻综合频道
- 呼伦贝尔电视台影视娱乐频道
- 呼伦贝尔电视台图文频道
- 鄂尔多斯电视台城市生活频道
- 鄂尔多斯电视台经济服务频道
- 锡林郭勒电视台二套影视娱乐频道
- 锡林郭勒电视台三套图文频道
- 兴安电视台新闻综合频道
- 兴安电视台影视娱乐频道

青海省

- 青海电视台
- 青海油田电视台

- 青海电视台综合频道
- 青海电视台经济生活频道
- 青海电视台影视综艺频道
- 青藏铁路电视台
- 西宁电视台新闻综合频道
- 西宁电视台影视娱乐频道

云南省

- 云南卫视
- 云南卫视都市频道
- 云南影视频道
- 云南生活资讯频道
- 云南电视台电视娱乐频道
- 云南公共频道
- 云南电视台六套新闻综合频道
- 云南电视台卫视频道
- 云南电视台都市频道
- 云南电视台娱乐频道
- 云南电视台生活资讯频道
- 云南电视台影视剧频道
- 云南电视台公共频道
- 昆明教育电视台
- 昆明电视台综合频道
- 昆明电视台经济生活频道
- 昆明电视台文化娱乐频道
- 昆明电视台体育频道
- 昆明电视台影视综艺频道
- 昆明电视台新闻频道
- 西双版纳电视台一套新闻频道
- 西双版纳电视台二套公共频道
- 楚雄电视台公共频道
- 楚雄电视台新闻信息频道
- 大理电视台
- 红河电视台新闻综合频道
- 红河电视台公共频道
- 丽江电视台公共频道
- 丽江电视台综合频道
- 个旧电视台
- 曲靖电视台公共频道
- 曲靖电视台影视剧频道
- 曲靖电视台新闻综合频道
- 玉溪电视台
- 玉溪电视台新闻综合频道
- 玉溪电视台大众公共频道
- 保山电视台影视剧频道
- 保山电视台隆阳频道
- 临沧电视台一套新闻综合频道
- 临沧电视台二套经济生活频道
- 大理电视台一套新闻综合频道
- 大理电视台二套
- 大理电视台三套电影娱乐频道
- 普洱电视台公共频道

江苏省

- 江苏卫视
- 江苏教育电视台
- 江苏电视台综艺频道
- 江苏电视台城市频道
- 江苏电视台影视频道
- 江苏电视台少儿频道
- 江苏电视台公共频道
- 江苏电视台靓妆频道
- 江苏电视台国际频道
- 江苏电视台体育休闲频道
- 江苏广播电视总台幼儿教育频道
- 江苏广播电视总台财富天下频道
- 江苏电视台教育频道
- 南京电视台教育科技频道
- 南京电视台少儿频道
- 南京电视台生活频道
- 南京电视台信息频道
- 南京电视台影视频道

- 南京电视台娱乐频道
- 南京电视台十八频道
- 南京电视台新闻综合频道
- 徐州电视台一套新闻综合频道
- 徐州电视台二套经济生活频道
- 徐州电视台二套经济生活频道
- 徐州电视台三套影视娱乐频道
- 徐州电视台三套影视娱乐频道
- 徐州电视台四套社会政法频道
- 徐州电视台四套社会政法频道
- 徐州电视台五套都市频道
- 徐州电视台公共频道
- 无锡电视台新闻综合频道
- 无锡电视台都市资讯频道
- 无锡电视台生活频道
- 无锡电视台经济频道
- 无锡电视台影视频道
- 苏州电视台一套新闻综合频道
- 苏州电视台二套社会经济频道
- 苏州电视台三套文化生活频道
- 苏州电视台四套电影娱乐频道
- 苏州电视台五套生活资讯频道
- 靖江电视台生活服务频道
- 靖江电视台电视剧频道
- 靖江电视台多通道广告插播
- 靖江电视台喜庆点播频道
- 淮安电视台公共频道
- 盐城电视台法制生活频道
- 盐城电视台城市公共频道
- 盐都电视台
- 盐城电视台新闻综合频道
- 盐城广播电视台城市公共频道
- 盐城广播电视台新闻综合频道
- 扬州电视台城市频道
- 扬州电视台影视频道
- 扬州电视台生活频道
- 扬州电视台新闻频道
- 常熟广播电视台影视娱乐频道
- 常熟广播电视台社会生活频道
- 常熟广播电视台新闻综合频道
- 宿迁电视台新闻综合频道
- 宿迁电视台公共频道
- 淮阴电视台
- 淮安电视台新闻综合频道
- 溧阳电视台一套
- 溧阳电视台二套
- 江阴市电视台
- 江阴电视台城市频道
- 江阴电视台电影频道
- 江阴电视台电视剧频道
- 江阴电视台新闻综合频道
- 泰州电视台新闻综合频道
- 泰州电视台经济生活频道
- 泰州电视台影视娱乐频道
- 南通电视台新闻综合频道
- 南通电视台信息频道
- 南通电视台生活频道
- 南通电视台社教频道
- 镇江电视台影视剧频道
- 镇江电视台生活娱乐频道
- 常州电视台
- 连云港电视台一套新闻综合频道
- 连云港电视台二套影视频道
- 连云港电视台三套公共频道
- 宜兴电视台影视频道
- 宜兴电视台生活频道
- 宜兴电视台新闻频道
- 昆山电视台影视频道
- 昆山电视台城市频道
- 昆山电视台电视剧频道
- 昆山电视台新闻综合频道
- 张家港电视台娱乐资讯频道
- 张家港电视台社会生活频道
- 张家港电视台电影频道
- 张家港电视台电视剧频道
- 张家港电视台新闻综合频道
- 张家港电视台音乐频道
- 泰兴电视台新闻综合频道

•泰兴电视台影视娱乐频道
•丹阳电视台（一套）新闻综合频
•丹阳电视台二套生活频道
•丹阳电视台三套影视频道

安徽省

•安徽卫视
•安徽电视台影视频道
•安徽电视台经济生活频道
•安徽电视台影视频道
•安徽电视台文体频道
•安徽电视台公共频道
•安徽电视台卫星频道
•合肥电视台财经频道
•合肥电视台法制频道
•合肥电视台生活频道
•合肥电视台新闻频道
•合肥电视台影院频道
•安徽电视台经视频道
•滁州电视台一套新闻综合频道
•滁州电视台二套经济生活频道
•滁州电视台三套科教频道
•宿州电视台一套
•宿州电视台二套
•六安电视台新闻综合频道
•六安电视台经济生活频道
•六安电视台公共频道
•黄山电视台综合频道
•黄山电视台影视频道
•黄山电视台生活频道
•亳州电视台新闻综合频道
•亳州电视台农村频道
•亳州电视台生活频道
•宣城电视台新闻综合频道
•铜陵电视台二套经济生活频道
•阜阳电视台
•界首市广播电视台
•池州电视台一套
•池州电视台二套
•池州电视台三套
•淮北电视台新闻综合频道
•淮北电视台经济生活频道
•淮北电视台影视综艺频道
•阜阳电视台新闻综合频道
•阜阳电视台经济生活频道
•阜阳电视台信息资讯频道
•阜阳电视台公共频道
•蚌埠电视台栏目广告
•蚌埠电视台电视剧挂角
•蚌埠电视台一套
•蚌埠电视台二套
•蚌埠电视台三套
•淮南电视台一套
•淮南电视台二套
•淮南电视台三套
•马鞍山电视台
•马鞍山电视台新闻综合频道
•马鞍山电视台影视娱乐频道
•芜湖电视台经济生活频道
•芜湖电视台公共频道
•芜湖电视台影视频道
•芜湖电视台新闻综合频道
•安庆电视台新闻综合频道
•安庆电视台公共频道插播广告
•安庆电视台经济生活频道
•巢湖电视台经济生活频道
•巢湖电视台影视娱乐频道
•巢湖电视台新闻综合频道
•宣城电视台经济生活频道
•宣城电视台影视频道

湖北省

•湖北卫视
•湖北电视经济频道

- 湖北电视台一套综合频道
- 湖北电视台二套影视频道
- 湖北电视台三套都市频道
- 湖北电视台四套公共频道
- 湖北电视台五套体育频道
- 湖北电视台六套教育频道
- 湖北电视台经济频道
- 湖北电视台教育频道
- 武汉电视台一套新闻综合频道
- 武汉电视台二套文艺频道
- 武汉电视台三套科教生活频道
- 武汉电视台四套影视频道
- 武汉电视台五套体育休闲频道
- 武汉电视台六套外语频道
- 武汉电视台七套少儿频道
- 武汉教育电视台
- 洪湖市广播电视台
- 赤壁市广播电视台
- 十堰电视台新闻频道
- 十堰电视台综合频道
- 十堰电视台经济频道
- 十堰电视台生活频道
- 十堰电视台影视频道
- 荆门电视台新闻频道
- 荆门电视台公共频道
- 荆门电视台教科频道
- 荆门电视台影视频道
- 孝感电视台新闻综合频道
- 孝感电视台公共生活频道
- 孝感电视台影视频道
- 孝感电视台休闲频道
- 孝感电视台信息频道
- 黄冈电视台新闻综合频道
- 黄冈电视台都市频道
- 鄂州电视台新闻综合频道
- 鄂州电视台公共频道
- 鄂州电视台都市传媒频道
- 鄂州电视台影视频道
- 黄石电视台新闻综合频道
- 黄石电视台公共频道
- 黄石电视台都市频道
- 黄石电视台影视频道
- 咸宁电视台新闻综合频道
- 荆州电视台新闻台
- 荆州电视台娱乐台
- 荆州电视台精彩台
- 宜昌三峡电视台新闻综合频道
- 宜昌三峡电视台公共频道
- 宜昌三峡电视台影视频道
- 恩施电视台一套
- 恩施电视台二套
- 恩施电视台三套
- 随州电视台七套新闻综合频道
- 随州电视台九套生活娱乐频道
- 随州电视台八套经济频道
- 随州电视台
- 仙桃电视台一套
- 仙桃电视台二台
- 仙桃电视台三台
- 黄冈电视台生活频道
- 黄冈电视台影视剧频道
- 麻城电视台二套
- 麻城电视台一套
- 麻城教育频道
- 黄梅电视台综合频道
- 黄梅电视台影视剧频道
- 丹江口电视台新闻综合频道
- 汉川电视台科教生活频道
- 汉川电视台新闻综合频道
- 应城电视台一套
- 应城电视台二套
- 襄阳电视台
- 襄樊电视台一套
- 襄樊电视台二套
- 襄樊电视台三套
- 荆门电视台综合频道
- 荆门电视台教育频道

吉林省

- 吉林卫视
- 吉林电视台都市频道
- 吉林电视台生活频道
- 吉林电视台影视频道
- 吉林电视台乡村频道
- 吉林电视台公共频道
- 吉林教育电视台
- 长春电视台一套综合频道
- 长春电视台二套娱乐频道
- 长春电视台三套市民频道
- 长春电视台四套影视频道
- 长春电视台五套新知频道
- 白城电视台一套新闻综合频道
- 白城电视台二套公共频道
- 白城电视台三套少儿频道
- 松原电视台经济生活频道
- 松原电视台新闻综合频道
- 松原电视台少儿影视频道
- 通化电视台新闻综合频道
- 通化电视台影视频道
- 通化电视台经济生活频道
- 白山电视台一套
- 沈阳电视台三套影视频道
- 吉林市电视台电影频道
- 吉林市电视台电视剧频道
- 吉林市电视台娱乐频道
- 吉林市电视台生活频道
- 吉林市电视台新闻综合频道
- 辽源电视台新闻频道
- 延边电视台经济频道
- 延边电视台影视频道
- 延边电视台新闻综合频道
- 四平电视台

辽宁省

- 辽宁电视台卫星频道
- 辽宁教育电视台
- 辽宁电视台都市频道
- 辽宁电视台影视频道
- 辽宁电视台娱乐频道
- 辽宁电视台青少频道
- 辽宁电视台生活频道
- 辽宁电视台公共频道
- 沈阳电视台一套新闻频道
- 沈阳电视台二套生活频道
- 沈阳电视台四套公共频道
- 沈阳电视台五套时尚购物频道
- 沈阳电视台四套法治•社会频道
- 鞍山电视台二套女性频道
- 鞍山电视台三套影视娱乐频道
- 朝阳电视台一套新闻综合频道
- 朝阳电视台二套文化娱乐频道
- 朝阳电视台三套公共生活服务频
- 鞍山电视台一套新闻综合频道
- 本溪电视台一套综合频道
- 抚顺市广播电视事业发展中心
- 营口电视台新闻综合频道
- 盘锦电视台一套新闻综合频道
- 阜新电视台社会生活频道
- 阜新电视台新闻频道
- 阜新电视台科教影视频道
- 铁岭电视台新闻综合频道
- 铁岭电视台生活频道
- 铁岭电视台娱乐频道
- 抚顺电视台新闻综合频道
- 抚顺电视台公共频道
- 抚顺电视台影视频道
- 抚顺有线电视台
- 本溪电视台二套公共频道

- 本溪电视台三套科教影视频道
- 辽阳电视台文体影视频道
- 辽阳电视台教育频道
- 辽阳电视台公共频道
- 辽阳电视台新闻综合频道
- 丹东电视台一套新闻综合频道
- 丹东电视台二套文艺频道
- 丹东电视台三套影视频道
- 大连电视台生活频道
- 大连电视台法制频道
- 大连电视台文体频道
- 大连电视台新闻综合频道
- 营口电视台社会生活频道
- 营口电视台影视频道
- 盘锦电视台二套都市生活频道
- 盘锦电视台三套影视剧频道
- 锦州电视台一套新闻综合频道
- 锦州电视台二套城市生活频道
- 锦州电视台三套综艺影视频道
- 鞍山电视台导视频道
- 葫芦岛电视台
- 葫芦岛电视台新闻综合频道
- 葫芦岛电视台社会生活频道

香港

- 香港翡翠台
- 凤凰卫视电影台
- 凤凰卫视欧洲台
- 凤凰卫视美洲台
- 凤凰卫视资讯台
- 凤凰卫视中文台
- 香港有线电视

澳门

- 莲花卫视
- 中华卫视

杂志媒体

财经管理类

《商界》《中国企业家》《财经》《商业周刊/中文版》《财新周刊》《第一财经周刊》《人物周刊》《新财富》《中国品牌》《企业家》《上海商业》《中国广告》《世界之窗》《世界经济文汇》《东方经济》《现代工商》《现代领导》《经济展望》《大众投资指南》《经营与管理》《中外交流》《企业销售》《经贸世界》《中外企业家》《名人》《经营之友》《商业经济》《商业研究》《现代营销》《经济纵横》《经济视角》《中小企业》《经济与法》《经济与管理》《经济论坛》《企业活力》《现代企业教育》《外向经济》《市场经济大观》《经济师》《城市经济》《人事管理》《市场周刊》《经济时刊》《科技与经济》《今日科技》《南方经济》《特区与港澳经济》《经理人》《人事世界》《环球市场》《生态经济》《现代经贸》《经济学家》《经济评论》《人事与人才》《企业家天地》《职业》《中国经济报告》《今商圈》

文摘类

《读者》《青年文摘》《半月谈》《十月》《当代》《收获》《意林》《萌芽》《作家》《人口文摘》

《人民公安》《人民文学》《人民画报》《人民教育》《儿童文学》《小说月刊》《儿童文学选刊》《上海画报》《上海故事》《上海滩》《小说界》《中外书摘》《故事大王》《故事会》《民间故事》《民间故事选刊》《小学生作文》《小说月刊》《小说月报》《小说家》《小小说选刊》《企业之友》《启蒙》《求知》《散文》《红岩》《生活月刊》《妇女之友》《青年文学家》《诗林》《新青年》《青年月刊》《青年生活》《春风》《新蕾》《短篇小说》《青少年文学》《传奇故事》《莽原》《散文选刊》《当代小说》《译林》《今古传奇》《英语文摘》

女性情感类

《知音》《女友》《女友・花园》《女友・家园》《瑞丽》《爱人》《女报・时尚》《悦己》《人到中年》《大都市》《为了孩子》《少女》《当代学生》《现代家庭》《美化生活》《清风月刊》《女士》《同学少年》《运动与健身》《家长》《室内设计》《家庭生活指南》《家庭美容健身》《大家健康》《妇女》《旅游纵览》《人生与伴侣》《农家生活》《人人健康》《都市生活》《恋爱・婚姻・家庭》《爱情・婚姻・家庭》《美食》《婚育之友》《家园》《人民之声》《女报》《少男少女》《心理医生》《东方女性》《家人》

时事生活类

《求是》《新周刊》《三联生活周刊》《中国新闻周刊》《特别关注》《今日文摘》《环球人物》《环球财经》《中国报道》《亚太经济》《瞭望东方周刊》《现代广告》《台海》《看天下》《消费指南》《消费者之友》《凤凰生活》《新闻世界》《华声》《商界评论》《互联网周刊》《南风窗》《女人观天下》

人文科普类

《环球人文地理》《百科知识》《21 世纪》《人物》《人像摄影》《儿童音乐》《儿童漫画》《大自然》《小百科》《拼拼读读画报》《上影画报》《大众心理学》《小朋友》《书与画》《少年文艺》《艺术世界》《世界科学》《卡通王》《动画大王》《好儿童画报》《戏剧艺术》《自然与人》《哈哈画报》《看图说话》《探索与争鸣》《中国油画》《中国漫画》《少儿美术》《艺术家》《国画家》《智力》《童话王国》《当代美术家》《法制天地》《思维与智慧》《探索与求是》《名人传记》《大众法制》《中国人口·资源与环境》《艺术百家》《书画艺术》《民国春秋》《人口与优生》《艺术生活》《南方》《小艺术家》《青年探索》《热带地理》《法制月刊》《漫友》

娱乐时尚类

《商界·时尚》《南都娱乐周刊》《时尚》《南方人物周刊》《ViVi 昕薇》《芭莎男士》《风尚志》《淑媛》《都市丽人》《男人装》《时尚先生》《足球世界》《女性月刊》《音乐艺术》《当代体育》《环球荧幕》《当代歌坛》《大众汽车》《中外服装》《大众文艺》《旅游天地》《旅游世界》《西南旅游》《宠物世界》《时代影视》《东方明星》《文化娱乐》《风景名胜》《电影之友》《青年博览》《名牌世界》《摄影之友》《服饰文化》《环球体育》《高尔夫》《电影评介》《音乐世界》《健与美》《健美风采》《喜剧世界》《上海电视》《看电影》《时代影视》《大众电影》《电影世界》《文化娱乐》《旅行者》

网络媒体

新浪网
搜狐新闻
网易
新华网
光明网
人民网
TOM 新闻
中国网
腾讯
中华网
中青在线
中广网
MSN
21CN
YAHOO
北青网
央视网
慧聪网
中青网
国际在线
千龙网
中国企业新闻网
凤凰网
和讯网
新华网巴中
中国日报网
新华报业网
阿里巴巴
东方网
上海热线
上海新闻网
上海在线
上海之窗
上海网
上海都市网
上海信息港
华东网
上海视窗
解放牛网
京华网
IT 频道
上海信息网
北京信息网
北京都市网
北京消费网
北京经济网
中国都市网
北京信息港
北京热线
北京视窗
北京资讯网
北京在线
新北京网
华讯网
华网在线
聚焦北京网
京城信息网
北方网
京津网
北方视窗
天津视窗
天津信息网
天津新网
天津热线
天津在线
华北网
天津新闻网
酷天津网
天津焦点
天津网
重庆视窗
精彩重庆
重庆新闻网
重庆信息网
重庆晚报
看重庆网
重庆热点
重庆热线
东北网
东北在线
黑龙江之窗
黑龙江热线
黑龙江品牌网
哈尔滨热线
黑龙江信息网
内蒙古品牌网
内蒙古信息网
猫扑
浙江在线
海南在线
天府热线 杭州网
南广汉在线
深圳之窗
荆楚网
华龙网
华商网
州在线
商都网
中国宁波网
四川在线
古城热线
西安热线
北国网
武汉热线
中国江苏网

浙江都市网
大众网
大连天健网
大江网
银河网
中国江西网
福建之窗
南海网
汉网
半岛网
株洲网
每日甘肃网
义乌热线
舟山网
山长汀网
中国台州网
龙虎网
广州视窗
河北新闻网
金黔在线
泉州网
余姚生活网
江西热线
浙江都市网
三峡热线
东齐鲁热线
胶东在线
沈阳网
东北网
湖南在线
兴网
云网
天山网
唐山热线
临安新闻网
长城在线
河南网
新丝路热线

佛山在线
福州网
宁波都市网
百灵网
威海新闻网
华翼网
长三角城市网
红网
国际在线
京华网
千龙新闻网
东方网
论新闻网
广西新闻网
东北新闻网
中国青年网
新闻人传播网
中青在线
东南网
北方新闻网
光明网
大公网
长江网
西部网
山西新闻网
金华新闻网
安新闻网
东方早报网
义乌新闻网
中原网
恩施新闻网
青海新闻网
太原新闻网
三峡长阳网
青岛新闻网
黑龙江新闻网
今视网
云南网

珠海新闻网
宁夏新闻网
延边新闻网
星岛环球网
深圳新闻网
温州网
环球网
新民网
东方财富网
中国经济网
中金在线
全景网
中国金融网
中国财经信息
FT 中文网
中国证券网
第一理财网
至诚理财网
经济观察网
中国财经网
第一金融网
中国公关网
中国营销传播网
国企业新闻网
湖南经济新闻网
天下财经网
财经网
中国品牌网
中国经济新闻网
全球品牌网
育儿网
资讯网
中国人力资源网
服饰中国网
中国纺织服装网
中华传媒网
中国食品信息网
IT168

泡泡网
中关村在线
电脑之家
小熊在线
奇客网
爱丽女性网
太平洋女性网
名品导购网
尤卡时尚网
瑞丽女性网
妆点网
时尚网
太平洋汽车网
车评网
同程旅游网
平安健康网
中国孕育网
中国健康网
中体网
体坛网
体育资源网
大众体育网
体育资讯网
体育画报网
汽车之家
易车网
51 汽车
中国汽车网
途牛旅行网
游多多旅行网

自媒体

1. 吴晓波：吴晓波经济频道，财经专栏知名自媒体人。
2. 罗振宇：逻辑思维创办人，知名自媒体。
3. 鬼脚七：原淘宝搜索负责人，电商和搜索专家
4. 龚文祥：知名微博电商营销自媒体人。
5. 卢松松：知名 IT 博主，互联网观察员。
6. 魏武挥：知名博客 ItTalks。新媒体的实践者、研究者和批判者。
7. 城宇：知名媒体专栏作家，评论人，易观网主编。
8. 李靖：李叫兽系列文案分析知名自媒体人。
9. 康永王：知名营销自媒体，新媒体营销策划人。
10. 波旬：知乎大牛，营销专家。
11. 刘兴亮：知名互联网专家、资深营销顾问。
12. 瞬雨：技术评论人，经济观察家，环球时报特约评论员。
13. 阑夕：最热门的新闻评论，最萌的猫星人、汪星人，这里是生活面面观。
14. 朱卫坤：实名网络营销倡导人，无实名不营销，传递网络正能量！
15. 小马宋：暴风魔镜创意合伙人，前奥美互动助理创意总监。
16. 小刀马：99 年涉足网络世界，多家科技网站开有专栏。
17. 于斌：科技名博，现南京易讯通 CEO。
18. 王易见：互联网业内知名人士，著名 IT 评论家。
19. 喻拓：科技媒体专栏作者。评互联网，侃旅游电商，社会化媒体营销研究者。
20. 独孤依风：自由撰稿人，多家科技媒体专栏作家，低调的互联网第三方评论人士。
21. 青龙老贼：朱晓鸣 WeMedia 自媒体联盟创始人。
22. 程苓峰：中国媒体业新锐人物，《云科技》创始人。
23. 方建华：北京华夏嘉文化传播有限公司 CEO，专栏作家。
24. 牛智超：自媒体实践者，科技人文思考者，偶尔梦中语言。

25. 康斯坦丁：科幻的视角、科普的态度分享世界百态。
26. 叶小舟：另类媒体眼看尽网络世界。
27. 瞬雨：技术评论人，经济观察家，环球时报特约评论员。
28. 杨晓春：资深媒体人，国家高级品牌管理师，专注于品牌战略研究策划。
29. 金错刀：科技商业观察家。微创新提出者，创新派网。
30. 色影师：取景框教会了我们看世界的另一种方式!
31. 柳华芳：没有人文精神，互联网将失去意义。
32. IT 早茶：每天早上为你奉上最新鲜的 IT 资讯，互联网干货分享!IT 早茶，有味道!
33. 方孟：酒店网络营销专家，博鳌和悦海景度假酒店网络运营经理。
34. 王威龙：各互联网新媒体网站专栏作家；每日闲谈互联网那些事。
35. 粥悦悦：幼儿成长道路上的漫画家，系列漫画粥悦悦。
36. 吕商：黄河创办，主要关注 IT 界投资并购、上市、第三方支付、互联网金融等。
37. 王易见：互联网业内知名人士，著名 IT 评论家
38. 左林右狸：雷锋网创始人林军、笨狸二人转，负责互联网业界八卦和无厘头。
39. 沈禄政：7 年互联网从业经历，移动 139 客户总监。
40. 孙永杰：重返媒体，老兵新传。
41. 陈海宁：非知名财经评论人。
42. 沙水：互联网里打酱油的旁观者，坚持有态度无立场不站队。
43. 大话科技：快刀青衣，过三奔四望五买不起墓地。
44. 侯继勇：《21 世纪经济报道》高级记者。
45. 赵宏民：互联网评论人，现任微媒体主编，专注移动互联网产业。
46. 许维：关心自媒体、传媒、移动互联网、微博、微信的发展状况。
47. 范戈：大学肄业、伪码农、技术宅、创业者、胖子。
48. 宋官军：笔名墨明棋妙，网络营销专家。新媒体行销探索者。
49. 王冠雄：资深 IT 经理人、FT 中文网专栏撰稿人。
50. 微板报：专注于产业话题和时事话题等。
51. 沈跃德：枯燥的数据中探寻其中不一样的秘密。
52. 琪德隆咚强：章修琪创办，关注互联网行业动态，用调侃的方式看互联网众生像。
53. 袁泽民：网络营销实践者观察人。
54. 王通博客：通王科技创始人。实战派 SEO 与网络营销专家。
55. 小道消息：“丁香园”技术部负责人，分享身边一些突发奇想。
56. 苏一壹：科技自媒体，分享科技资讯与品牌观点。
57. 宋官军：笔名墨明棋妙，网络营销专家。新媒体行销探索者。
58. 于健：自媒体网络自由化、深圳互联网活动汇发起人，深圳吃货落地先行者。
59. B 座 12 楼：关注创业、投资以及与商业有关的新变化与新趋势。
60. 普及社：黄渊普主办，以普及电商知识、互联网意识、社会常识为目标。
61. StevenL：一个关注汽车的自媒体。
62. 敖小白：科技商业价值发现者，自媒体人。

63. 邝新华：关注科技，关注人文，关注被社会洪流裹挟的你和我。
64. 亿欧网：O2O 新媒体。
65. 科技不吐不快：关注科技动态和电商消息的自媒体。
66. 金鹏远：有趣改变世界。社交网络传播的思考者和实践者。
67. 王凯：《凯叔讲故事》负责人，原某电视台主持人。
68. 李建伟：腾讯教育频道原主编，北京小柚科技有限公司创始人
69. 叶铁桥：《中国青年报》原特别报道部记者、副主任。
70. 郭泽德：大学学术类第一公号创办人。
71. 崔俊超：知名自媒体人。
72. 李明曦：关注互联网科技行业最新动态。
73. 淘营：分享最实用的互联网知识。
74. 江湖老刘：资深自媒体人。
75. 吹 IP：懂生活，爱科技的自媒体。
76. 科客：富有活力的科技资讯自媒体。
77. 徐明德：新媒体营销运营自媒体。
78. 通信生活报：搜狐资深 IT 记者。
79. 创业那点事儿：关注互联网圈投融资。
80. 牟长青：DOWNEWS 专栏作家。
81. 史永翔：《史永翔说赚钱》栏目创办者。
82. 郭静的互联网圈：关注互联网圈动态的自媒体。
83. 俊世太保：一个专门写博客的自媒体。
84. 涂磊老涂：知名主持人，情感导师涂磊的唯一原创文章发布平台。
85. 数码极客：数字时代新媒体。
86. 倪叔：科技商业观察者，电商一线老兵。
87. 朱桂林：一个不学无术，只学不做的媒体人。
88. 沙悟社：关注设计动态，盘点商业科技。
89. 长江云：关注湖北科技创业资讯。
90. 吴婷：专栏作家，聊情感，谈读书，说生活。
91. 笨鸟堂读书：四十不惑读书自媒体。
92. 老朱观科技：研读科技动态和最新科技产品。
93. DJ 晨洋：关注传统传媒动态的自媒体。
94. 广告狂：无比闷骚的创意分享平台。
95. 掌柜攻略：餐饮人的自媒体平台。
96. 光亮指尖：以市场为先导的图书自媒体。
97. 鸵鸟电台：新媒体创业社群平台。
98. 驼峰搞趣：专注有趣科技分享。
99. 陈德杏：网络营销好吃先生社群。
100. 刘敏华：微媒体联盟总经理。

附录 2

相关法规

广告法

（1994 年 10 月 27 日第八届全国人民代表大会常务委员会第十次会议通过 2015 年 4 月 24 日第十二届全国人民代表大会常务委员会第十四次会议修订）

目录

第一章 总则
第二章 广告内容准则
第三章 广告行为规范
第四章 监督管理
第五章 法律责任
第六章 附则

条文

第一章 总则

第一条 为了规范广告活动，保护消费者的合法权益，促进广告业的健康发展，维护社会经济秩序，制定本法。

第二条在中华人民共和国境内，商品经营者或者服务提供者通过一定媒介和形式直接或者间接地介绍自己所推销的商品或者服务的商业广告活动，适用本法。

本法所称广告主，是指为推销商品或者服务，自行或者委托他人设计、制作、发布广告的自然人、法人或者其他组织。

本法所称广告经营者，是指接受委托提供广告设计、制作、代理服务的自然人、法人或者其他组织。

本法所称广告发布者，是指为广告主或者广告主委托的广告经营者发布广告的自然人、法人或者其他组织。

本法所称广告代言人，是指广告主以外的，在广告中以自己的名义或者形象对商品、服务作推荐、证明的自然人、法人或者其他组织。

第三条 广告应当真实、合法，以健康的表现形式表达广告内容，符合社会主义精神文明建设和弘扬中华民族优秀传统文化的要求。

第四条 广告不得含有虚假或者引人误解的内容，不得欺骗、误导消费者。

广告主应当对广告内容的真实性负责。

第五条 广告主、广告经营者、广告发布者从事广告活动，应当遵守法律、法规，诚实信用，公平竞争。

第六条 国务院工商行政管理部门主管全国的广告监督管理工作，国务院有关部门在各自的职责范围内负责广告管理相关工作。

县级以上地方工商行政管理部门主管本行政区域的广告监督管理工作，县级以上地方人民政府有关部门在各自的职责范围内负责广告管理相关工作。

第七条广告行业组织依照法律、法规和章程的规定，制定行业规范，加强行业自律，促进行业发展，引导会员依法从事广告活动，推动广告行业诚信建设。

第二章　广告内容准则

第八条广告中对商品的性能、功能、产地、用途、质量、成分、价格、生产者、有效期限、允诺等或者对服务的内容、提供者、形式、质量、价格、允诺等有表示的，应当准确、清楚、明白。

广告中表明推销的商品或者服务附带赠送的，应当明示所附带赠送商品或者服务的品种、规格、数量、期限和方式。

法律、行政法规规定广告中应当明示的内容，应当显著、清晰表示。

第九条 广告不得有下列情形：

（一）使用或者变相使用中华人民共和国的国旗、国歌、国徽，军旗、军歌、军徽；

（二）使用或者变相使用国家机关、国家机关工作人员的名义或者形象；

（三）使用“国家级”、“最高级”、“最佳”等用语；

（四）损害国家的尊严或者利益，泄露国家秘密；

（五）妨碍社会安定，损害社会公共利益；

（六）危害人身、财产安全，泄露个人隐私；

（七）妨碍社会公共秩序或者违背社会良好风尚；

（八）含有淫秽、色情、赌博、迷信、恐怖、暴力的内容；

（九）含有民族、种族、宗教、性别歧视的内容；

（十）妨碍环境、自然资源或者文化遗产保护；

（十一）法律、行政法规规定禁止的其他情形。

第十条 广告不得损害未成年人和残疾人的身心健康。

第十一条 广告内容涉及的事项需要取得行政许可的，应当与许可的内容相符合。

广告使用数据、统计资料、调查结果、文摘、引用语等引证内容的，应当真实、准确，并表明出处。引证内容有适用范围和有效期限的，应当明确表示。

第十二条 广告中涉及专利产品或者专利方法的，应当标明专利号和专利种类。

未取得专利权的，不得在广告中谎称取得专利权。

禁止使用未授予专利权的专利申请和已经终止、撤销、无效的专利作广告。

第十三条 广告不得贬低其他生产经营者的商品或者服务。

第十四条 广告应当具有可识别性，能够使消费者辨明其为广告。

大众传播媒介不得以新闻报道形式变相发布广告。通过大众传播媒介发布的广告应当显著标明“广告”，与其他非广告信息相区别，不得使消费者产生误解。

广播电台、电视台发布广告，应当遵守国务院有关部门关于时长、方式的规定，并应当对广告时长作出明显提示。

第十五条麻醉药品、精神药品、医疗用毒性药品、放射性药品等特殊药品，药品类易制毒化学品，以及戒毒治疗的药品、医疗器械和治疗方法，不得作广告。

前款规定以外的处方药，只能在国务院卫生行政部门和国务院药品监督管理部门共同指定的医学、药学专业刊物上作广告。

第十六条 医疗、药品、医疗器械广告不得含有下列内容：

（一）表示功效、安全性的断言或者保证；

（二）说明治愈率或者有效率；

（三）与其他药品、医疗器械的功效和安全性或者其他医疗机构比较；

（四）利用广告代言人作推荐、证明；

（五）法律、行政法规规定禁止的其他内容。

药品广告的内容不得与国务院药品监督管理部门批准的说明书不一致，并应当显著标明禁忌、不良反应。处方药广告应当显著标明“本广告仅供医学药学专业人士阅读”，非处方药广告应当显著标明“请按药品说明书或者在药师指导下购买和使用”。

推荐给个人自用的医疗器械的广告，应当显著标明“请仔细阅读产品说明书或者在医务人员的指导下购买和使用”。医疗器械产品注册证明文件中有禁忌内容、注意事项的，广告中应当显著标明“禁忌内容或者注意事项详见说明书”。

第十七条除医疗、药品、医疗器械广告外，禁止其他任何广告涉及疾病治疗功能，并不得使用医疗用语或者易使推销的商品与药品、医疗器械相混淆的用语。

第十八条 保健食品广告不得含有下列内容：

（一）表示功效、安全性的断言或者保证；

（二）涉及疾病预防、治疗功能；

（三）声称或者暗示广告商品为保障健康所必需；

（四）与药品、其他保健食品进行比较；

（五）利用广告代言人作推荐、证明；

（六）法律、行政法规规定禁止的其他内容。

保健食品广告应当显著标明“本品不能代替药物”。

第十九条广播电台、电视台、报刊音像出版单位、互联网信息服务提供者不得以介绍健康、养生知识等形式变相发布医疗、药品、医疗器械、保健食品广告。

第二十条 禁止在大众传播媒介或者公共场所发布声称全部或者部分替代母乳的婴儿乳制品、饮料和其他食品广告。

第二十一条 农药、兽药、饲料和饲料添加剂广告不得含有下列内容：

（一）表示功效、安全性的断言或者保证；

（二）利用科研单位、学术机构、技术推广机构、行业协会或者专业人士、用户的名义或者形象作推荐、证明；

（三）说明有效率；

（四）违反安全使用规程的文字、语言或者画面；

（五）法律、行政法规规定禁止的其他内容。

第二十二条 禁止在大众传播媒介或者公共场所、公共交通工具、户外发布烟草广告。禁止向未成年人发送任何形式的烟草广告。

禁止利用其他商品或者服务的广告、公益广告，宣传烟草制品名称、商标、包装、装潢以及类似内容。

烟草制品生产者或者销售者发布的迁址、更名、招聘等启事中，不得含有烟草制品名称、商标、包装、装潢以及类似内容。

第二十三条 酒类广告不得含有下列内容：

（一）诱导、怂恿饮酒或者宣传无节制饮酒；

（二）出现饮酒的动作；

（三）表现驾驶车、船、飞机等活动；

（四）明示或者暗示饮酒有消除紧张和焦虑、增加体力等功效。

第二十四条 教育、培训广告不得含有下列内容：

（一）对升学、通过考试、获得学位学历或者合格证书，或者对教育、培训的效果作出明示或者暗示的保证性承诺；

（二）明示或者暗示有相关考试机构或者其工作人员、考试命题人员参与教育、培训；

（三）利用科研单位、学术机构、教育机构、行业协会、专业人士、受益者的名义或者形象作推荐、证明。

第二十五条招商等有投资回报预期的商品或者服务广告，应当对可能存在的风险以及风险责任承担有合理提示或者警示，并不得含有下列内容：

（一）对未来效果、收益或者与其相关的情况作出保证性承诺，明示或者暗示保本、无风险或者保收益等，国家另有规定的除外；

（二）利用学术机构、行业协会、专业人士、受益者的名义或者形象作推荐、证明。

第二十六条 房地产广告，房源信息应当真实，面积应当表明为建筑面积或者套内建筑面积，并不得含有下列内容：

（一）升值或者投资回报的承诺；

（二）以项目到达某一具体参照物的所需时间表示项目位置；

（三）违反国家有关价格管理的规定；

（四）对规划或者建设中的交通、商业、文化教育设施以及其他市政条件作误导宣传。

第二十七条农作物种子、林木种子、草种子、种畜禽、水产苗种和种养殖广告关于品种名称、生产性能、生长量或者产量、品质、抗性、特殊使用价值、经济价值、适宜种植或者养殖的范围和条件等方面的表述应当真实、清楚、明白，并不得含有下列内容：

（一）作科学上无法验证的断言；

（二）表示功效的断言或者保证；

（三）对经济效益进行分析、预测或者作保证性承诺；

（四）利用科研单位、学术机构、技术推广机构、行业协会或者专业人士、用户的名义或者形象作推荐、证明。

第二十八条 广告以虚假或者引人误解的内容欺骗、误导消费者的，构成虚假广告。

广告有下列情形之一的，为虚假广告：

（一）商品或者服务不存在的；

（二）商品的性能、功能、产地、用途、质量、规格、成分、价格、生产者、有效期限、销售状况、曾获荣誉等信息，或者服务的内容、提供者、形式、质量、价格、销售状况、曾获荣誉等信息，以及与商品或者服务有关的允诺等信息与实际情况不符，对购买行为有实质性影响的；

（三）使用虚构、伪造或者无法验证的科研成果、统计资料、调查结果、文摘、引用语等信息作证明材料的；

（四）虚构使用商品或者接受服务的效果的；

（五）以虚假或者引人误解的内容欺骗、误导消费者的其他情形。

第三章　广告行为规范

第二十九条　广播电台、电视台、报刊出版单位从事广告发布业务的，应当设有专门从事广告业务的机构，配备必要的人员，具有与发布广告相适应的场所、设备，并向县级以上地方工商行政管理部门办理广告发布登记。

第三十条 广告主、广告经营者、广告发布者之间在广告活动中应当依法订立书面合同。

第三十一条 广告主、广告经营者、广告发布者不得在广告活动中进行任何形式的不正当竞争。

第三十二条 广告主委托设计、制作、发布广告，应当委托具有合法经营资格的广告经营者、广告发布者。

第三十三条广告主或者广告经营者在广告中使用他人名义或者形象的，应当事先取得其书面同意；使用无民事行为能力人、限制民事行为能力人的名义或者形象的，应当事先取得其监护人的书面同意。

第三十四条 广告经营者、广告发布者应当按照国家有关规定，建立、健全广告业务的承接登记、审核、档案管理制度。

广告经营者、广告发布者依据法律、行政法规查验有关证明文件，核对广告内容。对内容不符或者证明文件不全的广告，广告经营者不得提供设计、制作、代理服务，广告发布者不得发布。

第三十五条 广告经营者、广告发布者应当公布其收费标准和收费办法。

第三十六条 广告发布者向广告主、广告经营者提供的覆盖率、收视率、点击率、发行量等资料应当真实。

第三十七条法律、行政法规规定禁止生产、销售的产品或者提供的服务，以及禁止发布广告的商品或者服务，任何单位或者个人不得设计、制作、代理、发布广告。

第三十八条广告代言人在广告中对商品、服务作推荐、证明，应当依据事实，符合本法和有关法律、行政法规规定，并不得为其未使用过的商品或者未接受过的服务作推荐、证明。

不得利用不满十周岁的未成年人作为广告代言人。

对在虚假广告中作推荐、证明受到行政处罚未满三年的自然人、法人或者其他组织，不得利用其作为广告代言人。

第三十九条不得在中小学校、幼儿园内开展广告活动，不得利用中小学生和幼儿的教材、教辅材料、练习册、文具、教具、校服、校车等发布或者变相发布广告，但公益广告除外。

第四十条在针对未成年人的大众传播媒介上不得发布医疗、药品、保健食品、医疗器械、化妆品、酒类、美容广告，以及不利于未成年人身心健康的网络游戏广告。

针对不满十四周岁的未成年人的商品或者服务的广告不得含有下列内容：

（一）劝诱其要求家长购买广告商品或者服务；

（二）可能引发其模仿不安全行为。

第四十一条县级以上地方人民政府应当组织有关部门加强对利用户外场所、空间、设施等发布户外广告的监督管理，制定户外广告设置规划和安全要求。

户外广告的管理办法，由地方性法规、地方政府规章规定。

第四十二条 有下列情形之一的，不得设置户外广告：

（一）利用交通安全设施、交通标志的；

（二）影响市政公共设施、交通安全设施、交通标志、消防设施、消防安全标志使用的；

（三）妨碍生产或者人民生活，损害市容市貌的；

（四）在国家机关、文物保护单位、风景名胜区等的建筑控制地带，或者县级以上地方人民政府禁止设置户外广告的区域设置的。

第四十三条 任何单位或者个人未经当事人同意或者请求，不得向其住宅、交通工具等发送广告，也不得以电子信息方式向其发送广告。

以电子信息方式发送广告的，应当明示发送者的真实身份和联系方式，并向接收者提供拒绝继续接收的方式。

第四十四条 利用互联网从事广告活动，适用本法的各项规定。

利用互联网发布、发送广告，不得影响用户正常使用网络。在互联网页面以弹出等形式发布的广告，应当显著标明关闭标志，确保一键关闭。

第四十五条公共场所的管理者或者电信业务经营者、互联网信息服务提供者对其明知或者应知的利用其场所或者信息传输、发布平台发送、发布违法广告的，应当予以制止。

第四章　监督管理

第四十六条发布医疗、药品、医疗器械、农药、兽药和保健食品广告，以及法律、行政法规规定应当进行审查的其他广告，应当在发布前由有关部门（以下称广告审查机关）对广告内容进行审查；未经审查，不得发布。

第四十七条 广告主申请广告审查，应当依照法律、行政法规向广告审查机关提交有关证明文件。

广告审查机关应当依照法律、行政法规规定作出审查决定，并应当将审查批准文件抄送同级工商行政管理部门。广告审查机关应当及时向社会公布批准的广告。

第四十八条 任何单位或者个人不得伪造、变造或者转让广告审查批准文件。

第四十九条 工商行政管理部门履行广告监督管理职责，可以行使下列职权：

（一）对涉嫌从事违法广告活动的场所实施现场检查；

（二）询问涉嫌违法当事人或者其法定代表人、主要负责人和其他有关人员，对有关单位或者个人进行调查；

（三）要求涉嫌违法当事人限期提供有关证明文件；

（四）查阅、复制与涉嫌违法广告有关的合同、票据、账簿、广告作品和其他有关资料；

（五）查封、扣押与涉嫌违法广告直接相关的广告物品、经营工具、设备等财物；

（六）责令暂停发布可能造成严重后果的涉嫌违法广告；

（七）法律、行政法规规定的其他职权。

工商行政管理部门应当建立健全广告监测制度，完善监测措施，及时发现和依法查处违法广告行为。

第五十条 国务院工商行政管理部门会同国务院有关部门，制定大众传播媒介广告发布行为规范。

第五十一条 工商行政管理部门依照本法规定行使职权，当事人应当协助、配合，不得拒绝、阻挠。

第五十二条 工商行政管理部门和有关部门及其工作人员对其在广告监督管理活动中知悉的商业秘密负有保密义务。

第五十三条任何单位或者个人有权向工商行政管理部门和有关部门投诉、举报违反本法的行为。工商行政管理部门和有关部门应当向社会公开受理投诉、举报的电话、信箱或者电子邮件地址，接到投诉、举报的部门应当自收到投诉之日起七个工作日内，予以处理并告知投诉、举报人。

工商行政管理部门和有关部门不依法履行职责的，任何单位或者个人有权向其上级机关或者监察机关举报。接到举报的机关应当依法作出处理，并将处理结果及时告知举报人。

有关部门应当为投诉、举报人保密。

第五十四条消费者协会和其他消费者组织对违反本法规定，发布虚假广告侵害消费者合法权益，以及其他损害社会公共利益的行为，依法进行社会监督。

第五章 法律责任

第五十五条 违反本法规定，发布虚假广告的，由工商行政管理部门责令停止发布广告，责令广告主在相应范围内消除影响，处广告费用三倍以上五倍以下的罚款，广告费用无法计算或者明显偏低的，处二十万元以上一百万元以下的罚款；两年内有三次以上违法行为或者有其他严重情节的，处广告费用五倍以上十倍以下的罚款，广告费用无法计算或者明显偏低的，处一百万元以上二百万元以下的罚款，可以吊销营业执照，并由广告审查机关撤销广告审查批准文件、一年内不受理其广告审查申请。

医疗机构有前款规定违法行为，情节严重的，除由工商行政管理部门依照本法处罚外，卫生行政部门可以吊销诊疗科目或者吊销医疗机构执业许可证。

广告经营者、广告发布者明知或者应知广告虚假仍设计、制作、代理、发布的，由工商行政管理部门没收广告费用，并处广告费用三倍以上五倍以下的罚款，广告费用无法计算或者明显偏低的，处二十万元以上一百万元以下的罚款；两年内有三次以上违法行为或者有其他严重情节的，处广告费用五倍以上十倍以下的罚款，广告费用无法计算或者明显偏低的，处一百万元以上二百万元以下的罚款，并可以由有关部门暂停广告发布业务、吊销营业执照、吊销广告发布登记证件。

广告主、广告经营者、广告发布者有本条第一款、第三款规定行为，构成犯罪的，依法追究刑事责任。

第五十六条违反本法规定，发布虚假广告，欺骗、误导消费者，使购买商品或者接受服务的消费者的合法权益受到损害的，由广告主依法承担民事责任。广告经营者、广告发布者不能提供广告主的真实名称、地址和有效联系方式的，消费者可以要求广告经营者、广告发布者先行赔偿。

关系消费者生命健康的商品或者服务的虚假广告，造成消费者损害的，其广告经营者、广告发布者、广告代言人应当与广告主承担连带责任。

前款规定以外的商品或者服务的虚假广告，造成消费者损害的，其广告经营者、广告发布者、广告代言人，明知或者应知广告虚假仍设计、制作、代理、发布或者作推荐、证明的，应当与广告主承担连带责任。

第五十七条有下列行为之一的，由工商行政管理部门责令停止发布广告，对广告主处二十万元以上一百万元以下的罚款，情节严重的，并可以吊销营业执照，由广告审查机关撤销广告审查批准文件、一年内不受理其广告审查申请；对广告经营者、广告发布者，由工商行政管理部门没收广告费用，处二十万元以上一百万元以下的罚款，情节严重的，并可以吊销营业执照、吊销广告发布登记证件：

（一）发布有本法第九条、第十条规定的禁止情形的广告的；

（二）违反本法第十五条规定发布处方药广告、药品类易制毒化学品广告、戒毒治疗的医疗器械和治疗方法广告的；

（三）违反本法第二十条规定，发布声称全部或者部分替代母乳的婴儿乳制品、饮料和其他食品广告的；

（四）违反本法第二十二条规定发布烟草广告的；

（五）违反本法第三十七条规定，利用广告推销禁止生产、销售的产品或者提供的服务，或者禁止发布广告的商品或者服务的；

（六）违反本法第四十条第一款规定，在针对未成年人的大众传播媒介上发布医疗、药品、保健食品、医疗器械、化妆品、酒类、美容广告，以及不利于未成年人身心健康的网络游戏广告的。

第五十八条有下列行为之一的，由工商行政管理部门责令停止发布广告，责令广告主在相应范围内消除影响，处广告费用一倍以上三倍以下的罚款，广告费用无法计算或者明显偏低的，处十万元以上二十万元以下的罚款；情节严重的，处广告费用三倍以上五倍以下的罚款，广告费用无法计算或者明显偏低的，处二十万元以上一百万元以下的罚款，可以吊销营业执照，并由广告审查机关撤销广告审查批准文件、一年内不受理其广告审查申请：

（一）违反本法第十六条规定发布医疗、药品、医疗器械广告的；

（二）违反本法第十七条规定，在广告中涉及疾病治疗功能，以及使用医疗用语或者易使推销的商品与药品、医疗器械相混淆的用语的；

（三）违反本法第十八条规定发布保健食品广告的；

（四）违反本法第二十一条规定发布农药、兽药、饲料和饲料添加剂广告的；

（五）违反本法第二十三条规定发布酒类广告的；

（六）违反本法第二十四条规定发布教育、培训广告的；

（七）违反本法第二十五条规定发布招商等有投资回报预期的商品或者服务广告的；

（八）违反本法第二十六条规定发布房地产广告的；

（九）违反本法第二十七条规定发布农作物种子、林木种子、草种子、种畜禽、水产苗种和种养殖广告的；

（十）违反本法第三十八条第二款规定，利用不满十周岁的未成年人作为广告代言人的；

（十一）违反本法第三十八条第三款规定，利用自然人、法人或者其他组织作为广告代言人的；

（十二）违反本法第三十九条规定，在中小学校、幼儿园内或者利用与中小学生、幼儿有关的物品发布广告的；

（十三）违反本法第四十条第二款规定，发布针对不满十四周岁的未成年人的商品或者服务的广告的；

（十四）违反本法第四十六条规定，未经审查发布广告的。

医疗机构有前款规定违法行为，情节严重的，除由工商行政管理部门依照本法处罚外，卫生行政部门可以吊销诊疗科目或者吊销医疗机构执业许可证。

广告经营者、广告发布者明知或者应知有本条第一款规定违法行为仍设计、制作、代理、发布的，由工商行政管理部门没收广告费用，并处广告费用一倍以上三倍以下的罚款，广告费用无法计算或者明显偏低的，处十万元以上二十万元以下的罚款；情节严重的，处广告费用三倍以上五倍以下的罚款，广告费用无法计算或者明显偏低的，处二十万元以上一百万元以下的罚款，并可以由有关部门暂停广告发布业务、吊销营业执照、吊销广告发布登记证件。

第五十九条 有下列行为之一的，由工商行政管理部门责令停止发布广告，对广告主处十万元以下的罚款：

（一）广告内容违反本法第八条规定的；

（二）广告引证内容违反本法第十一条规定的；

（三）涉及专利的广告违反本法第十二条规定的；

（四）违反本法第十三条规定，广告贬低其他生产经营者的商品或者服务的。

广告经营者、广告发布者明知或者应知有前款规定违法行为仍设计、制作、代理、发布的，由工商行政管理部门处十万元以下的罚款。

广告违反本法第十四条规定，不具有可识别性的，或者违反本法第十九条规定，变相发布医疗、药品、医疗器械、保健食品广告的，由工商行政管理部门责令改正，对广告发布者处十万元以下的罚款。

第六十条违反本法第二十九条规定，广播电台、电视台、报刊出版单位未办理广告发布登记，擅自从事广告发布业务的，由工商行政管理部门责令改正，没收违法所得，违法所得一万元以上的，并处违法所得一倍以上三倍以下的罚款；违法所得不足一万元的，并处五千元以上三万元以下的罚款。

第六十一条违反本法第三十四条规定，广告经营者、广告发布者未按照国家有关规定建立、健全广告业务管理制度的，或者未对广告内容进行核对的，由工商行政管理部门责令改正，可以处五万元以下的罚款。

违反本法第三十五条规定，广告经营者、广告发布者未公布其收费标准和收费办法的，由价格主管部门责令改正，可以处五万元以下的罚款。

第六十二条 广告代言人有下列情形之一的，由工商行政管理部门没收违法所得，并处违法所得一倍以上二倍以下的罚款：

（一）违反本法第十六条第一款第四项规定，在医疗、药品、医疗器械广告中作推荐、证明的；

（二）违反本法第十八条第一款第五项规定，在保健食品广告中作推荐、证明的；

（三）违反本法第三十八条第一款规定，为其未使用过的商品或者未接受过的服务作推荐、证明的；

（四）明知或者应知广告虚假仍在广告中对商品、服务作推荐、证明的。

第六十三条 违反本法第四十三条规定发送广告的，由有关部门责令停止违法行为，对广告主处五千元以上三万元以下的罚款。

违反本法第四十四条第二款规定，利用互联网发布广告，未显著标明关闭标志，确保一键关闭的，由工商行政管理部门责令改正，对广告主处五千元以上三万元以下的罚款。

第六十四条违反本法第四十五条规定，公共场所的管理者和电信业务经营者、互联网信息服务提供者，明知或者应知广告活动违法不予制止的，由工商行政管理部门没收违法所得，违法所得五万元以上的，并处违法所得一倍以上三倍以下的罚款，违法所得不足五万元的，并处一万元以上五万元以下的罚款；情节严重的，由有关部门依法停止相关业务。

第六十五条违反本法规定，隐瞒真实情况或者提供虚假材料申请广告审查的，广告审查机关不予受理或者不予批准，予以警告，一年内不受理该申请人的广告审查申请；以欺骗、贿赂等不正当手段取得广告审查批准的，广告审查机关予以撤销，处十万元以上二十万元以下的罚款，三年内不受理该申请人的广告审查申请。

第六十六条违反本法规定，伪造、变造或者转让广告审查批准文件的，由工商行政管理部门没收违法所得，并处一万元以上十万元以下的罚款。

第六十七条 有本法规定的违法行为的，由工商行政管理部门记入信用档案，并依照有关法律、行政法规规定予以公示。

第六十八条广播电台、电视台、报刊音像出版单位发布违法广告，或者以新闻报道形式变相发布广告，或者以介绍健康、养生知识等形式变相发布医疗、药品、医疗器械、保健食品广告，工商行政管理部门依照本法给予处罚的，应当通报新闻出版广电部门以及其他有关部门。新闻出版广电部门以及其他有关部门应当依法对负有责任的主管人员和直接责任人员给予处分；情节严重的，并可以暂停媒体的广告发布业务。

新闻出版广电部门以及其他有关部门未依照前款规定对广播电台、电视台、报刊音像出版单位进行处理的，对负有责任的主管人员和直接责任人员，依法给予处分。

第六十九条 广告主、广告经营者、广告发布者违反本法规定，有下列侵权行为之一的，依法承担民事责任：

（一）在广告中损害未成年人或者残疾人的身心健康的；

（二）假冒他人专利的；

（三）贬低其他生产经营者的商品、服务的；

（四）在广告中未经同意使用他人名义或者形象的；

（五）其他侵犯他人合法民事权益的。

第七十条因发布虚假广告，或者有其他本法规定的违法行为，被吊销营业执照的公司、企业的法定代表人，对违法行为负有个人责任的，自该公司、企业被吊销营业执照之日起三年内不得担任公司、企业的董事、监事、高级管理人员。

第七十一条违反本法规定，拒绝、阻挠工商行政管理部门监督检查，或者有其他构成违反治安管理行为的，依法给予治安管理处罚；构成犯罪的，依法追究刑事责任。

第七十二条广告审查机关对违法的广告内容作出审查批准决定的，对负有责任的主管人员和直接责任人员，由任免机关或者监察机关依法给予处分；构成犯罪的，依法追究刑事责任。

第七十三条工商行政管理部门对在履行广告监测职责中发现的违法广告行为或者对经投诉、举报的违法广告行为，不依法予以查处的，对负有责任的主管人员和直接责任人员，依法给予处分。

工商行政管理部门和负责广告管理相关工作的有关部门的工作人员玩忽职守、滥用职权、徇私舞弊的，依法给予处分。

有前两款行为，构成犯罪的，依法追究刑事责任。

第六章　附则

第七十四条 国家鼓励、支持开展公益广告宣传活动，传播社会主义核心价值观，倡导文明风尚。

大众传播媒介有义务发布公益广告。广播电台、电视台、报刊出版单位应当按照规定的版面、时段、时长发布公益广告。公益广告的管理办法，由国务院工商行政管理部门会同有关部门制定。

第七十五条 本法自 2015 年 9 月 1 日起施行。

网络安全法

目录

第一章 总 则

第二章 网络安全支持与促进

第三章 网络运行安全

第一节 一般规定

第二节 关键信息基础设施的运行安全
第四章 网络信息安全
第五章 监测预警与应急处置
第六章 法律责任
第七章 附 则

条文

第一章 总则

第一条 为了保障网络安全，维护网络空间主权和国家安全、社会公共利益，保护公民、法人和其他组织的合法权益，促进经济社会信息化健康发展，制定本法。

第二条 在中华人民共和国境内建设、运营、维护和使用网络，以及网络安全的监督管理，适用本法。

第三条 国家坚持网络安全与信息化发展并重，遵循积极利用、科学发展、依法管理、确保安全的方针，推进网络基础设施建设和互联互通，鼓励网络技术创新和应用，支持培养网络安全人才，建立健全网络安全保障体系，提高网络安全保护能力。

第四条 国家制定并不断完善网络安全战略，明确保障网络安全的基本要求和主要目标，提出重点领域的网络安全政策、工作任务和措施。

第五条 国家采取措施，监测、防御、处置来源于中华人民共和国境内外的网络安全风险和威胁，保护关键信息基础设施免受攻击、侵入、干扰和破坏，依法惩治网络违法犯罪活动，维护网络空间安全和秩序。

第六条 国家倡导诚实守信、健康文明的网络行为，推动传播社会主义核心价值观，采取措施提高全社会的网络安全意识和水平，形成全社会共同参与促进网络安全的良好环境。

第七条 国家积极开展网络空间治理、网络技术研发和标准制定、打击网络违法犯罪等方面的国际交流与合作，推动构建和平、安全、开放、合作的网络空间，建立多边、民主、透明的网络治理体系。

第八条 国家网信部门负责统筹协调网络安全工作和相关监督管理工作。国务院电信主管部门、公安部门和其他有关机关依照本法和有关法律、行政法规的规定，在各自职责范围内负责网络安全保护和监督管理工作。

县级以上地方人民政府有关部门的网络安全保护和监督管理职责，按照国家有关规定确定。

第九条 网络运营者开展经营和服务活动，必须遵守法律、行政法规，尊重社会公德，遵守商业道德，诚实信用，履行网络安全保护义务，接受政府和社会的监督，承担社会责任。

第十条 建设、运营网络或者通过网络提供服务，应当依照法律、行政法规的规定和国家标准的强制性要求，采取技术措施和其他必要措施，保障网络安全、稳定运行，有效应对网络安全事件，防范网络违法犯罪活动，维护网络数据的完整性、保密性和可用性。

第十一条 网络相关行业组织按照章程，加强行业自律，制定网络安全行为规范，指导会员加强网络安全保护，提高网络安全保护水平，促进行业健康发展。

第十二条 国家保护公民、法人和其他组织依法使用网络的权利，促进网络接入普及，提升网络服务水平，为社会提供安全、便利的网络服务，保障网络信息依法有序自由流动。

任何个人和组织使用网络应当遵守宪法法律，遵守公共秩序，尊重社会公德，不得危害网络安全，不得利用网络从事危害国家安全、荣誉和利益，煽动颠覆国家政权、推翻社会主义制度，煽动分裂国家、破坏国家统一，宣扬恐怖主义、极端主义，宣扬民族仇恨、民族歧视，传播暴力、淫秽色情信息，编造、传播虚假信息扰乱经济秩序和社会秩序，以及侵害他人名誉、隐私、知识产权和其他合法权益等活动。

第十三条 国家支持研究开发有利于未成年人健康成长的网络产品和服务，依法惩治利用网络从事危害未成年人身心健康的活动，为未成年人提供安全、健康的网络环境。

第十四条 任何个人和组织有权对危害网络安全的行为向网信、电信、公安等部门举报。收到举报的部门应当及时依法作出处理；不属于本部门职责的，应当及时移送有权处理的部门。

有关部门应当对举报人的相关信息予以保密，保护举报人的合法权益。

第二章　网络安全支持与促进

第十五条 国家建立和完善网络安全标准体系。国务院标准化行政主管部门和国务院其他有关部门根据各自的职责，组织制定并适时修订有关网络安全管理以及网络产品、服务和运行安全的国家标准、行业标准。

国家支持企业、研究机构、高等学校、网络相关行业组织参与网络安全国家标准、行业标准的制定。

第十六条 国务院和省、自治区、直辖市人民政府应当统筹规划，加大投入，扶持重点网络安全技术产业和项目，支持网络安全技术的研究开发和应用，推广安全可信的网络产品和服务，保护网络技术知识产权，支持企业、研究机构和高等学校等参与国家网络安全技术创新项目。

第十七条 国家推进网络安全社会化服务体系建设，鼓励有关企业、机构开展网络安全认证、检测和风险评估等安全服务。

第十八条 国家鼓励开发网络数据安全保护和利用技术，促进公共数据资源开放，推动技术创新和经济社会发展。

国家支持创新网络安全管理方式，运用网络新技术，提升网络安全保护水平。

第十九条 各级人民政府及其有关部门应当组织开展经常性的网络安全宣传教育，并指导、督促有关单位做好网络安全宣传教育工作。

大众传播媒介应当有针对性地面向社会进行网络安全宣传教育。

第二十条 国家支持企业和高等学校、职业学校等教育培训机构开展网络安全相关教育与培训，采取多种方式培养网络安全人才，促进网络安全人才交流。

第三章　网络运行安全

第一节 一般规定

第二十一条 国家实行网络安全等级保护制度。网络运营者应当按照网络安全等级保护制度的要求，履行下列安全保护义务，保障网络免受干扰、破坏或者未经授权的访问，防止网络数据泄露或者被窃取、篡改：

（一）制定内部安全管理制度和操作规程，确定网络安全负责人，落实网络安全保护责任；

（二）采取防范计算机病毒和网络攻击、网络侵入等危害网络安全行为的技术措施；

（三）采取监测、记录网络运行状态、网络安全事件的技术措施，并按照规定留存相关的网络日志不少于六个月；

（四）采取数据分类、重要数据备份和加密等措施；

（五）法律、行政法规规定的其他义务。

第二十二条 网络产品、服务应当符合相关国家标准的强制性要求。网络产品、服务的提供者不得设置恶意程序；发现其网络产品、服务存在安全缺陷、漏洞等风险时，应当立即采取补救措施，按照规定及时告知用户并向有关主管部门报告。

网络产品、服务的提供者应当为其产品、服务持续提供安全维护；在规定或者当事人约定的期限内，不得终止提供安全维护。

网络产品、服务具有收集用户信息功能的，其提供者应当向用户明示并取得同意；涉及用户个人信息的，还应当遵守本法和有关法律、行政法规关于个人信息保护的规定。

第二十三条 网络关键设备和网络安全专用产品应当按照相关国家标准的强制性要求，由具备资格的机构安全认证合格或者安全检测符合要求后，方可销售或者提供。国家网信部门会同国务院有关部门制定、公布网络关键设备和网络安全专用产品目录，并推动安全认证和安全检测结果互认，避免重复认证、检测。

第二十四条 网络运营者为用户办理网络接入、域名注册服务，办理固定电话、移动电话等入网手续，或者为用户提供信息发布、即时通信等服务，在与用户签订协议或者确认提供服务时，应当要求用户提供真实身份信息。用户不提供真实身份信息的，网络运营者不得为其提供相关服务。

国家实施网络可信身份战略，支持研究开发安全、方便的电子身份认证技术，推动不同电子身份认证之间的互认。

第二十五条 网络运营者应当制定网络安全事件应急预案，及时处置系统漏洞、计算机病毒、网络攻击、网络侵入等安全风险；在发生危害网络安全的事件时，立即启动应急预案，采取相应的补救措施，并按照规定向有关主管部门报告。

第二十六条　开展网络安全认证、检测、风险评估等活动，向社会发布系统漏洞、计算机病毒、网络攻击、网络侵入等网络安全信息，应当遵守国家有关规定。

第二十七条　任何个人和组织不得从事非法侵入他人网络、干扰他人网络正常功能、窃取网络数据等危害网络安全的活动；不得提供专门用于从事侵入网络、干扰网络正常功能及防护措施、窃取网络数据等危害网络安全活动的程序、工具；明知他人从事危害网络安全的活动的，不得为其提供技术支持、广告推广、支付结算等帮助。

第二十八条 网络运营者应当为公安机关、国家安全机关依法维护国家安全和侦查犯罪的活动提供技术支持和协助。

第二十九条 国家支持网络运营者之间在网络安全信息收集、分析、通报和应急处置等方面进行合作，提高网络运营者的安全保障能力。

有关行业组织建立健全本行业的网络安全保护规范和协作机制，加强对网络安全风险的分析评估，定期向会员进行风险警示，支持、协助会员应对网络安全风险。

第三十条 网信部门和有关部门在履行网络安全保护职责中获取的信息，只能用于维护网络安全的需要，不得用于其他用途。

第二节 关键信息基础设施的运行安全

第三十一条 国家对公共通信和信息服务、能源、交通、水利、金融、公共服务、电子政务等重要行业和领域，以及其他一旦遭到破坏、丧失功能或者数据泄露，可能严重危害国家安全、国计民生、公共利益的关键信息基础设施，在网络安全等级保护制度的基础上，实行重点保护。关键信息基础设施的具体范围和安全保护办法由国务院制定。

国家鼓励关键信息基础设施以外的网络运营者自愿参与关键信息基础设施保护体系。

第三十二条 按照国务院规定的职责分工，负责关键信息基础设施安全保护工作的部门分别编制并组织实施本行业、本领域的关键信息基础设施安全规划，指导和监督关键信息基础设施运行安全保护工作。

第三十三条 建设关键信息基础设施应当确保其具有支持业务稳定、持续运行的性能，并保证安全技术措施同步规划、同步建设、同步使用。

第三十四条 除本法第二十一条的规定外，关键信息基础设施的运营者还应当履行下列安全保护义务：

（一）设置专门安全管理机构和安全管理负责人，并对该负责人和关键岗位的人员进行安全背景审查；

（二）定期对从业人员进行网络安全教育、技术培训和技能考核；

（三）对重要系统和数据库进行容灾备份；

（四）制定网络安全事件应急预案，并定期进行演练；

（五）法律、行政法规规定的其他义务。

第三十五条 关键信息基础设施的运营者采购网络产品和服务，可能影响国家安全的，应当通过国家网信部门会同国务院有关部门组织的国家安全审查。

第三十六条 关键信息基础设施的运营者采购网络产品和服务，应当按照规定与提供者签订安全保密协议，明确安全和保密义务与责任。

第三十七条 关键信息基础设施的运营者在中华人民共和国境内运营中收集和产生的个人信息和重要数据应当在境内存储。因业务需要，确需向境外提供的，应当按照国家网信部门会同国务院有关部门制定的办法进行安全评估；法律、行政法规另有规定的，依照其规定。

第三十八条 关键信息基础设施的运营者应当自行或者委托网络安全服务机构对其网络的安全性和可能存在的风险每年至少进行一次检测评估，并将检测评估情况和改进措施报送相关负责关键信息基础设施安全保护工作的部门。

第三十九条　国家网信部门应当统筹协调有关部门对关键信息基础设施的安全保护采取下列措施：

（一）对关键信息基础设施的安全风险进行抽查检测，提出改进措施，必要时可以委托网络安全服务机构对网络存在的安全风险进行检测评估；

（二）定期组织关键信息基础设施的运营者进行网络安全应急演练，提高应对网络安全事件的水平和协同配合能力；

（三）促进有关部门、关键信息基础设施的运营者以及有关研究机构、网络安全服务机构等之间的网络安全信息共享；

（四）对网络安全事件的应急处置与网络功能的恢复等，提供技术支持和协助。

第四章　网络信息安全

第四十条 网络运营者应当对其收集的用户信息严格保密，并建立健全用户信息保护制度。

第四十一条 网络运营者收集、使用个人信息，应当遵循合法、正当、必要的原则，公开收集、使用规则，明示收集、使用信息的目的、方式和范围，并经被收集者同意。

网络运营者不得收集与其提供的服务无关的个人信息，不得违反法律、行政法规的规定和双方的约定收集、使用个人信息，并应当依照法律、行政法规的规定和与用户的约定，处理其保存的个人信息。

第四十二条　网络运营者不得泄露、篡改、毁损其收集的个人信息；未经被收集者同意，不得向他人提供个人信息。但是，经过处理无法识别特定个人且不能复原的除外。

网络运营者应当采取技术措施和其他必要措施，确保其收集的个人信息安全，防止信息泄露、毁损、丢失。在发生或者可能发生个人信息泄露、毁损、丢失的情况时，应当立即采取补救措施，按照规定及时告知用户并向有关主管部门报告。

第四十三条　个人发现网络运营者违反法律、行政法规的规定或者双方的约定收集、使用其个人信息的，有权要求网络运营者删除其个人信息；发现网络运营者收集、存储的其个人信息有错误的，有权要求网络运营者予以更正。网络运营者应当采取措施予以删除或者更正。

第四十四条　任何个人和组织不得窃取或者以其他非法方式获取个人信息，不得非法出售或者非法向他人提供个人信息。

第四十五条　依法负有网络安全监督管理职责的部门及其工作人员，必须对在履行职责中知悉的个人信息、隐私和商业秘密严格保密，不得泄露、出售或者非法向他人提供。

第四十六条　任何个人和组织应当对其使用网络的行为负责，不得设立用于实施诈骗，传授犯罪方法，制作或者销售违禁物品、管制物品等违法犯罪活动的网站、通信群组，不得利用网络发布涉及实施诈骗，制作或者销售违禁物品、管制物品以及其他违法犯罪活动的信息。

第四十七条　网络运营者应当加强对其用户发布的信息的管理，发现法律、行政法规禁止发布或者传输的信息的，应当立即停止传输该信息，采取消除等处置措施，防止信息扩散，保存有关记录，并向有关主管部门报告。

第四十八条 任何个人和组织发送的电子信息、提供的应用软件，不得设置恶意程序，不得含有法律、行政法规禁止发布或者传输的信息。

电子信息发送服务提供者和应用软件下载服务提供者，应当履行安全管理义务，知道其用户有前款规定行为的，应当停止提供服务，采取消除等处置措施，保存有关记录，并向有关主管部门报告。

第四十九条 网络运营者应当建立网络信息安全投诉、举报制度，公布投诉、举报方式等信息，及时受理并处理有关网络信息安全的投诉和举报。

网络运营者对网信部门和有关部门依法实施的监督检查，应当予以配合。

第五十条 国家网信部门和有关部门依法履行网络信息安全监督管理职责，发现法律、行政法规禁止发布或者传输的信息的，应当要求网络运营者停止传输，采取消除等处置措施，保存有关记录；对来源于中华人民共和国境外的上述信息，应当通知有关机构采取技术措施和其他必要措施阻断传播。

第五章 监测预警与应急处置

第五十一条 国家建立网络安全监测预警和信息通报制度。国家网信部门应当统筹协调有关部门加强网络安全信息收集、分析和通报工作，按照规定统一发布网络安全监测预警信息。

第五十二条 负责关键信息基础设施安全保护工作的部门，应当建立健全本行业、本领域的网络安全监测预警和信息通报制度，并按照规定报送网络安全监测预警信息。

第五十三条 国家网信部门协调有关部门建立健全网络安全风险评估和应急工作机制，制定网络安全事件应急预案，并定期组织演练。

负责关键信息基础设施安全保护工作的部门应当制定本行业、本领域的网络安全事件应急预案，并定期组织演练。

网络安全事件应急预案应当按照事件发生后的危害程度、影响范围等因素对网络安全事件进行分级，并规定相应的应急处置措施。

第五十四条 网络安全事件发生的风险增大时，省级以上人民政府有关部门应当按照规定的权限和程序，并根据网络安全风险的特点和可能造成的危害，采取下列措施：

（一）要求有关部门、机构和人员及时收集、报告有关信息，加强对网络安全风险的监测；

（二）组织有关部门、机构和专业人员，对网络安全风险信息进行分析评估，预测事件发生的可能性、影响范围和危害程度；

（三）向社会发布网络安全风险预警，发布避免、减轻危害的措施。

第五十五条 发生网络安全事件，应当立即启动网络安全事件应急预案，对网络安全事件进行调查和评估，要求网络运营者采取技术措施和其他必要措施，消除安全隐患，防止危害扩大，并及时向社会发布与公众有关的警示信息。

第五十六条 省级以上人民政府有关部门在履行网络安全监督管理职责中，发现网络存在较大安全风险或者发生安全事件的，可以按照规定的权限和程序对该网络的运营者的法定代表人或者主要负责人进行约谈。网络运营者应当按照要求采取措施，进行整改，消除隐患。

第五十七条 因网络安全事件，发生突发事件或者生产安全事故的，应当依照《中华人民共和国突发事件应对法》、《中华人民共和国安全生产法》等有关法律、行政法规的规定处置。

第五十八条 因维护国家安全和社会公共秩序，处置重大突发社会安全事件的需要，经国务院决定或者批准，可以在特定区域对网络通信采取限制等临时措施。

第六章 法律责任

第五十九条 网络运营者不履行本法第二十一条、第二十五条规定的网络安全保护义务的，由有关主管部门责令改正，给予警告；拒不改正或者导致危害网络安全等后果的，处一万元以上十万元以下罚款，对直接负责的主管人员处五千元以上五万元以下罚款。

关键信息基础设施的运营者不履行本法第三十三条、第三十四条、第三十六条、第三十八条规定的网络安全保护义务的，由有关主管部门责令改正，给予警告；拒不改正或者导致危害网络安全等后果的，处十万元以上一百万元以下罚款，对直接负责的主管人员处一万元以上十万元以下罚款。

第六十条 违反本法第二十二条第一款、第二款和第四十八条第一款规定，有下列行为之一的，由有关主管部门责令改正，给予警告；拒不改正或者导致危害网络安全等后果的，处五万元以上五十万元以下罚款，对直接负责的主管人员处一万元以上十万元以下罚款：

（一）设置恶意程序的；

（二）对其产品、服务存在的安全缺陷、漏洞等风险未立即采取补救措施，或者未按照规定及时告知用户并向有关主管部门报告的；

（三）擅自终止为其产品、服务提供安全维护的。

第六十一条 网络运营者违反本法第二十四条第一款规定，未要求用户提供真实身份信息，或者对不提供真实身份信息的用户提供相关服务的，由有关主管部门责令改正；拒不改正或者情节严重的，处五万元以上五十万元以下罚款，并可以由有关主管部门责令暂停相关业务、停业整顿、关闭网站、吊销相关业务许可证或者吊销营业执照，对直接负责的主管人员和其他直接责任人员处一万元以上十万元以下罚款。

第六十二条 违反本法第二十六条规定，开展网络安全认证、检测、风险评估等活动，或者向社会发布系统漏洞、计算机病毒、网络攻击、网络侵入等网络安全信息的，由有关主管部门责令改正，给予警告；拒不改正或者情节严重的，处一万元以上十万元以下罚款，并可以由有关主管部门责令暂停相关业务、停业整顿、关闭网站、吊销相关业务许可证或者吊销营业执照，对直接负责的主管人员和其他直接责任人员处五千元以上五万元以下罚款。

第六十三条 违反本法第二十七条规定，从事危害网络安全的活动，或者提供专门用于从事危害网络安全活动的程序、工具，或者为他人从事危害网络安全的活动提供技术支持、广告推广、支付结算等帮助，尚不构成犯罪的，由公安机关没收违法所得，处五日以下拘留，可以并处五万元以上五十万元以下罚款；情节较重的，处五日以上十五日以下拘留，可以并处十万元以上一百万元以下罚款。

单位有前款行为的，由公安机关没收违法所得，处十万元以上一百万元以下罚款，并对直接负责的主管人员和其他直接责任人员依照前款规定处罚。

违反本法第二十七条规定，受到治安管理处罚的人员，五年内不得从事网络安全管理和网络运营关键岗位的工作；受到刑事处罚的人员，终身不得从事网络安全管理和网络运营关键岗位的工作。

第六十四条 网络运营者、网络产品或者服务的提供者违反本法第二十二条第三款、第四十一条至第四十三条规定，侵害个人信息依法得到保护的权利的，由有关主管部门责令改正，可以根据情节单处或者并处警告、没收违法所得、处违法所得一倍以上十倍以下罚款，没有违法所得的，处一百万元以下罚款，对直接负责的主管人员和其他直接责任人员处一万元以上十万元以下罚款；情节严重的，并可以责令暂停相关业务、停业整顿、关闭网站、吊销相关业务许可证或者吊销营业执照。

违反本法第四十四条规定，窃取或者以其他非法方式获取、非法出售或者非法向他人提供个人信息，尚不构成犯罪的，由公安机关没收违法所得，并处违法所得一倍以上十倍以下罚款，没有违法所得的，处一百万元以下罚款。

第六十五条 关键信息基础设施的运营者违反本法第三十五条规定，使用未经安全审查或者安全审查未通过的网络产品或者服务的，由有关主管部门责令停止使用，处采购金额一倍以上十倍以下罚款；对直接负责的主管人员和其他直接责任人员处一万元以上十万元以下罚款。

第六十六条 关键信息基础设施的运营者违反本法第三十七条规定，在境外存储网络数据，或者向境外提供网络数据的，由有关主管部门责令改正，给予警告，没收违法所得，处五万元以上五十万元以下罚款，并可以责令暂停相关业务、停业整顿、关闭网站、吊销相关业务许可证或者吊销营业执照；对直接负责的主管人员和其他直接责任人员处一万元以上十万元以下罚款。

第六十七条 违反本法第四十六条规定，设立用于实施违法犯罪活动的网站、通信群组，或者利用网络发布涉及实施违法犯罪活动的信息，尚不构成犯罪的，由公安机关处五日以下拘留，可以并处一万元以上十万元以下罚款；情节较重的，处五日以上十五日以下拘留，可以并处五万元以上五十万元以下罚款。关闭用于实施违法犯罪活动的网站、通信群组。

单位有前款行为的，由公安机关处十万元以上五十万元以下罚款，并对直接负责的主管人员和其他直接责任人员依照前款规定处罚。

第六十八条 网络运营者违反本法第四十七条规定，对法律、行政法规禁止发布或者传输的信息未停止传输、采取消除等处置措施、保存有关记录的，由有关主管部门责令改正，给予警告，没收违法所得；拒不改正或者情节严重的，处十万元以上五十万元以下罚款，并可以责令暂停相关业务、停业整顿、关闭网站、吊销相关业务许可证或者吊销营业执照，对直接负责的主管人员和其他直接责任人员处一万元以上十万元以下罚款。

电子信息发送服务提供者、应用软件下载服务提供者，不履行本法第四十八条第二款规定的安全管理义务的，依照前款规定处罚。

第六十九条 网络运营者违反本法规定，有下列行为之一的，由有关主管部门责令改正；拒不改正或者情节严重的，处五万元以上五十万元以下罚款，对直接负责的主管人员和其他直接责任人员，处一万元以上十万元以下罚款：

（一）不按照有关部门的要求对法律、行政法规禁止发布或者传输的信息，采取停止传输、消除等处置措施的；

（二）拒绝、阻碍有关部门依法实施的监督检查的；

（三）拒不向公安机关、国家安全机关提供技术支持和协助的。

第七十条 发布或者传输本法第十二条第二款和其他法律、行政法规禁止发布或者传输的信息的，依照有关法律、行政法规的规定处罚。

第七十一条 有本法规定的违法行为的，依照有关法律、行政法规的规定记入信用档案，并予以公示。

第七十二条 国家机关政务网络的运营者不履行本法规定的网络安全保护义务的，由其上级机关或者有关机关责令改正；对直接负责的主管人员和其他直接责任人员依法给予处分。

第七十三条 网信部门和有关部门违反本法第三十条规定，将在履行网络安全保护职责中获取的信息用于其他用途的，对直接负责的主管人员和其他直接责任人员依法给予处分。

网信部门和有关部门的工作人员玩忽职守、滥用职权、徇私舞弊，尚不构成犯罪的，依法给予处分。

第七十四条 违反本法规定，给他人造成损害的，依法承担民事责任。

违反本法规定，构成违反治安管理行为的，依法给予治安管理处罚；构成犯罪的，依法追究刑事责任。

第七十五条 境外的机构、组织、个人从事攻击、侵入、干扰、破坏等危害中华人民共和国的关键信息基础设施的活动，造成严重后果的，依法追究法律责任；国务院公安部门和有关部门并可以决定对该机构、组织、个人采取冻结财产或者其他必要的制裁措施。

第七章 附则

第七十六条 本法下列用语的含义：

（一）网络，是指由计算机或者其他信息终端及相关设备组成的按照一定的规则和程序对信息进行收集、存储、传输、交换、处理的系统。

（二）网络安全，是指通过采取必要措施，防范对网络的攻击、侵入、干扰、破坏和非法使用以及意外事故，使网络处于稳定可靠运行的状态，以及保障网络数据的完整性、保密性、可用性的能力。

（三）网络运营者，是指网络的所有者、管理者和网络服务提供者。

（四）网络数据，是指通过网络收集、存储、传输、处理和产生的各种电子数据。

（五）个人信息，是指以电子或者其他方式记录的能够单独或者与其他信息结合识别自然人个人身份的各种信息，包括但不限于自然人的姓名、出生日期、身份证件号码、个人生物识别信息、住址、电话号码等。

第七十七条 存储、处理涉及国家秘密信息的网络的运行安全保护，除应当遵守本法外，还应当遵守保密法律、行政法规的规定。

第七十八条 军事网络的安全保护，由中央军事委员会另行规定。

第七十九条 本法自 2017 年 6 月 1 日起施行。

内 容 简 介

作者有着三十多年媒体投放经验，在记者行业、营销策划、标准制定、品牌与服务认证、国家行业等协会方面摸爬滚打，在媒体投放方面有着丰富的经验。书中的媒体投放观点是作者多年实战经验的结晶，希望能给正困惑于媒体投放的商贸企业家、新闻出版、广告人等带来参考和意见。希望在新媒体组合的营销思想驱动下，广告业以一种极富生命力的广告形式将碎片化的信息及注意力聚焦，将产品与品牌信息，以及消费者需求进行良好的沟通管理。

图书在版编目（CIP）数据

媒体组合密码 / 谭新政编著. —北京：电子工业出版社，2017.8
ISBN 978-7-121-32388-1

Ⅰ. ①媒… Ⅱ. ①谭… Ⅲ. ①企业管理－商业广告－传播学－研究 Ⅳ. ①F274

中国版本图书馆 CIP 数据核字（2017）第 187534 号

策划编辑：祁玉芹
责任编辑：鄂卫华
印　　刷：中国电影出版社印刷厂
装　　订：中国电影出版社印刷厂
出版发行：电子工业出版社
　　　　　北京市海淀区万寿路 173 信箱　邮编　100036
开　　本：787×1092　1/16　印张：15　字数：356 千字
版　　次：2017 年 8 月第 1 版
印　　次：2023 年 3 月第 3 次印刷
定　　价：55.00 元

凡所购买电子工业出版社图书有缺损问题，请向购买书店调换。若书店售缺，请与本社发行部联系，联系及邮购电话：（010）88254888，88258888。

质量投诉请发邮件至 zlts@phei.com.cn，盗版侵权举报请发邮件至 dbqq@phei.com.cn。

本书咨询联系方式：lilye@phei.com.cn。